Michail Gorbatschow
Der Zerfall der Sowjetunion

Michail
Gorbatschow

Der Zerfall der Sowjetunion

Aus dem Russischen übersetzt
von Ursula Krause, Melitta Bailleu
und Günter Jäniche

C. BERTELSMANN

1. Auflage

Umschlaggestaltung: Jürgen Stockmeier
Satz: Uhl + Massopust, Aalen
Druck und Bindung: Mohndruck Gütersloh
ISBN 3-570-02068-1
Printed in Germany

Inhalt

Anhang

An den Leser

In den letzten Wochen habe ich etliche Artikel über die Vorgänge im Dezember 1991 gelesen – besonnene und anschuldigende, fundierte und aus der Luft gegriffene, kühl argumentierende und emotionale. Sie enthalten viel Wahres, aber noch mehr Konstruiertes und Erfundenes. Mich hat natürlich vor allem interessiert, von welcher Perspektive die jeweiligen Autoren ausgegangen sind. Natürlich bin ich mir in diesem Zusammenhang über die Problematik im klaren, Ereignisse zu beurteilen, wenn man aus der Distanz mit ihnen konfrontiert wird oder, im Gegenteil, aktiv an ihnen beteiligt ist. Wie auch immer, es geht um das Wesentliche.

Ich möchte darstellen, welche Position ich während der Dezemberereignisse bezogen habe, da innerhalb der Bevölkerung darüber keine Vorstellung besteht. Meine Argumente kamen vielen ungelegen. Also wurden sie, entgegen den Regeln der Glasnost, entweder verschwiegen oder bis zur Unkenntlichkeit gekürzt. Das Fernsehen verhielt sich in dieser Hinsicht noch am fairsten. Leider bleiben seine Informationen je nach ihrer Bedeutung nicht lange und nur unvollkommen haften, besonders wenn es um komplizierte und umstrittene Problembereiche geht. Die Presse aber, hier in erster Linie die Boulevardblätter, zog es vor zu schildern, welchen Eindruck die Journalisten von Begegnungen mit mir bekommen hatten, anstatt sich mit dem Inhalt meiner Ausführungen zu damals anstehenden Fragen zu befassen.

Die Wurzeln dieser Ereignisse reichen sowohl in unsere ferne Vergangenheit zurück als auch in die Jahre der Perestroika. Jedoch ist es schon jetzt möglich, einen der Hauptgründe anzuführen für das, was sich abgespielt hat – die Desintegration der Gesellschaft, die nach dem Staatsstreich im August zu einer gewaltigen zerstörerischen Kraft geworden war. Heute kann man hören und lesen, die »Notständler« hätten sich darum bemüht, den Zerfall des Landes abzuwenden und den Staat als Ganzes zu erhalten. Jemand machte sich sogar daran, den Putsch als Versuch darzustellen, den Erfolg der demokratischen Reformen zu gewährleisten. Das alles ist aus den Fingern gesogen. Die Beweggründe der Verschwörung sind offensichtlich – die alte Ordnung sollte wiedererweckt und bewahrt werden, wobei man nicht einmal davor zurückschrecken wollte, die Errungenschaften der Perestroika zu liquidieren. Die Aktionen der »Notständler« verhinderten die Unterzeichnung des Unionsvertrags, die Realisierung des Antikrisenprogramms und den Reformierungsprozeß der KPdSU.

Im vorliegenden Buch möchte ich meine Positionen in der Form skizzieren, wie ich sie während der Tage und Wochen im Dezember vertreten habe, also nicht dem heutigen Tag angepaßt und auch nicht revidiert unter Berücksichtigung der Ereignisse schon dieses Jahres.

Nach reichlichem Überlegen habe ich beschlossen, meine Einschätzung der Dezemberereignisse auf diese Weise zu veröffentlichen. Das tue ich schon deshalb, weil sich viele, die für die Geschehnisse jener Tage mitverantwortlich sind, heute heftig darum bemühen, ihr Verhalten vom Dezember zu rechtfertigen.

Man könnte sagen, der Zug sei abgefahren, jetzt brauche keiner mehr nach einer Schlägerei noch drohend seine Fäuste zu recken, was in aller Welt bedeuten heute die damals geäußerten Gedanken und Sorgen. Dem kann ich nicht zustimmen. Die Umwandlung der Union setzt eben erst ein, äußerst schwierige und verantwortungsvolle Entscheidungen stehen uns noch bevor. Eine Analyse der Dezemberereignisse, der Positionen ihrer Akteure kann viel dazu beitragen zu erkennen, an was es den Völkern, die seit Jahrhunderten zusammenleben, jetzt und in Zukunft zuallererst mangelt.

Außerdem soll die Öffentlichkeit wissen, wie die verschiedenen Politiker jeweils mit der Meinung der Bürger umgesprungen sind. Ist es etwa nicht bezeichnend und paradox, daß sich die große Masse der Wähler (im November und Dezember des vergangenen Jahres mehr als im Referendum im März) für den Erhalt der Union ausgesprochen hat, während die von ihnen gewählten Obersten Sowjets und Präsidenten sich darum nicht scherten und andere Beschlüsse faßten?

Und noch etwas spielt eine Rolle. Je mehr sich der politische Kampf auf die Frage Sein oder Nichtsein der Union konzentrierte, desto heftiger schwoll auch die gegen mich gerichtete Kritik an, die dabei mitunter Vergangenes heraufbeschwor. Im Rahmen meiner Äußerungen und Reden hielt ich es in jenen Dezembertagen deshalb für unumgänglich, auch die Logik meiner Handlungen im Verlauf der Perestroika zu begründen. Dem ist der zweite Teil meines Buches gewidmet.

Wie dem auch sei, das vorliegende Buch basiert auf meinen Äußerungen im Dezember – sowohl auf denen bei uns und im Ausland veröffentlichten als auch auf solchen, die nicht in die Presse gelangten. Eine Bearbeitung des Materials lief nur darauf hinaus, es sozusagen zu ordnen. Unter gleichem Blickwinkel habe ich an bestimmten Stellen Kommentare eingefügt.

Die Wahl im Dezember: Eine neue Staatsform oder der Zerfall des Landes?

Vorbemerkung

Der Putsch im August hat die Herausbildung neuer Unionsbeziehungen zwischen den Souveränen Staaten vereitelt oder erschwert, die Desintegration nicht nur des Staates, sondern auch der Gesellschaft vorangetrieben. Da mir klargeworden war, welche Gefahr die neue Situation für die demokratischen Umgestaltungen mit sich brachte, gab ich der Wiederaufnahme der Arbeit am Unionsvertrag die absolute Priorität. Alle meine Handlungen im Verlaufe der außerordentlichen Sitzung des Obersten Sowjets, der sofort nach dem Putsch einberufen wurde und den Beschluß faßte, unverzüglich einen außerordentlichen Kongreß der Volksdeputierten anzuberaumen, waren davon bestimmt. Dieser Kongreß wurde am 2. September eröffnet.

Als wir die Atmosphäre und insbesondere die Diskussion über die Tagesordnung mitbekamen, waren die Führer der einzelnen Republiken und ich auf das äußerste besorgt, dieser Kongreß könnte sich, wie auch die vorangegangenen, in fruchtlosen Streitereien verstricken, was von der angespannten Lage begünstigt wurde. Dabei sollte das Land keinen Tag lang in einem Zustand politischer Zersetzung und Perspektivlosigkeit verharren.

In nächtlichen Debatten wurden sie dann geboren, die Idee und der Text der Erklärung des Präsidenten der UdSSR und der obersten Führer der Unionsrepubliken (ihn unterschrieben zehn Republiken, und da sich auch Georgien an der Ausarbeitung beteiligt hatte, entstand die bekannte Formel »10 bzw. 11 plus 1«).

Damals meinte ich – und der Ansicht bin ich auch noch heute –, der Präsident und die Führer der Republiken hätten auf dem Kongreß mit einer gemeinsamen Erklärung auftreten müssen – diese war damals wichtiger als eine noch so glänzende Rede des Unionspräsidenten. Letztendlich kam es darüber auch zu einer Einigung, obwohl es in dieser Beziehung auch viele Spekulationen gab.

Die Erklärung stellte ein Programm vor, was unverzüglich zu geschehen habe, um das Land aus der gefährlichen Phase der politischen Krise herauszuführen. Unter anderem sollten alle interessierten Republiken einen Vertrag über eine Union Souveräner Staaten ausarbeiten, in der jede individuell die Form ihrer Zugehörigkeit zur Union selbständig hätte bestimmen können.

Zwar hatte der Kongreß genug mit seiner eigenen prekären Situation zu tun, dennoch mußte jeder seiner Teilnehmer spüren, in welchem Zustand sich die Gesellschaft befand. Vom Standpunkt der Demokratie aus lief auf dieser Tagung nicht alles so ganz sauber und glatt – aber das zu verlangen, wäre unrealistisch gewesen. Immerhin wurden dort die Grundpositionen fixiert: Der Unionsvertrag ist nötig, der Wirtschaftsvertrag unumgänglich. Vereinbart wurden auch die Beibehaltung einheitlicher Streitkräfte, die Einhaltung der internationalen Verpflichtungen und eine gemeinsame, koordinierte Außenpolitik.

Nach stürmischen Debatten nahm der Kongreß das Paket der Beschlüsse an, das die Aufgaben für die Übergangsperiode festlegte, darunter auch das verfassungsmäßige Gesetz über die Staatsorgane der Union während dieser Zeitspanne (s. Anhang).

Für eine abgestimmte Lösung von Fragen der Innen- und der Außenpolitik, die gemeinsame Interessen der einzelnen Republiken berührten, wurde der Staatsrat gegründet, dem der Unionspräsident sowie hochgestellte Persönlichkeiten der Republiken angehörten.

Faktisch wurde sofort mit der Ausarbeitung einer Neufassung des Unionsvertrags begonnen. Am 10. September traf ich mich mit Boris Jelzin, um mit ihm damit zusammenhängende Probleme zu besprechen. Am 16. September befaßte sich der Staatsrat mit der Zukunft der Union, wobei acht Republiken – RSFSR, Bjelarus, Usbekistan, Kasachstan, Turkmenistan, Aserbaidschan, Tadschikistan und Kyrgystan – eine positive Haltung vertraten.

Auf derselben Sitzung erörterte der Staatsrat den Entwurf eines Wirtschaftsvertrags, ausgearbeitet von der Kommission Jawlinskis. Gleichzeitig vollzog sich, entsprechend den veränderten Bedingungen, die Bildung unionsübergreifender Machtstrukturen – neue Führer wurden ernannt, die Reorganisation des Außenministeriums, des Verteidigungsministeriums, des Innenministeriums und des Komitees für Staatssicherheit begonnen und ein republikenverbindendes Wirtschaftskomitee gegründet.

Die Mehrzahl der ehemaligen Unionsrepubliken beteiligte sich an der Ausarbeitung eines Vertrags zur Wirtschaftsgemeinschaft. Nachdem acht Souveräne Staaten diesen am 18. Oktober unterzeichnet hatten, wurde er den Republikparlamenten zur Ratifizierung zugeschickt. Das republikenverbindende Wirtschaftskomitee nahm seine Tätigkeit auf. In den Republiken begannen sich die Mitglieder des vom Kongreß der Volksdeputierten berufenen neuen Obersten Sowjets der UdSSR zu formieren. Seine erste Sitzung, wenn auch in unvollständiger Zusammensetzung, fand am 21. Oktober statt.

Zu dieser Zeit lag den Staatsratsmitgliedern schon der überarbeitete Entwurf eines Unionsvertrags zur Begutachtung vor. Der Beschluß wurde gefaßt, an den Obersten Sowjet der Ukraine heranzutreten und ihn aufzufordern, sich an der Ausarbeitung des neuen Vertrags zu beteiligen.

Auf diese Weise gelang es, nach beharrlicher und gemeinsamer harter Arbeit den Prozeß von Nowo-Ogarewo zu erneuern, ihn wieder »in seine alten Bahnen« zu lenken. Angestrengt arbeiteten die Experten, legten erst einen Entwurf vor, dann einen weiteren, bis am 14. November erneut in Nowo-Ogarewo der Staatsrat zusammentrat – ein schwerer, aber fruchtbarer Tag. Eine verschärfte Diskussion setzte ein. Der Streit drehte sich um die zentrale Frage: Was werden wir haben – einen Bundesstaat oder einen Staatenbund? Man könnte meinen, es habe sich um eine rein verbale Auseinandersetzung gehandelt, aber sie war von der Problematik diktiert, ob wir ein Land sein oder uns in mehrere Länder aufteilen würden, mit allen daraus erwachsenden Folgen für die Bürger, die Wirtschaft, die Wissenschaft, die Streitkräfte, die Außenpolitik.

Vier Stunden lang setzten wir uns damit auseinander, was nötig sei für den Frieden dieser Völker, die unser Riesenland bewohnten. Ein anderer, erneuerter, reformierter Unionsstaat, aber eben *ein* Staat; das könnte eine Union sein, aber in einer anderen, nichtstaatlichen Form, oder eine Gemeinschaft – alle diese Begriffe kamen in der sachlichen Diskussion zur Sprache. Sie gipfelte darin, daß wir einhellig zu der Meinung gelangten: Es muß ein *konföderativer Bundesstaat* sein. Noch auf der Pressekonferenz in Nowo-Ogarewo stellten sich die Republikführer geschlossen der Öffentlichkeit und offenbarten ihre Position.

Mitunter hatte ich den Eindruck, daß meine Gesprächspartner dazu neigten, die Frage zu vereinfachen, wenn sie nämlich meine Argumente zur Verteidigung des Bundesstaats als Versuch deuteten, aus falschen Erwägungen heraus das Zentrum zu bewahren. Ich sprach auf dieser Pressekonferenz als letzter und sagte: »Der Vertrag über eine Union Souveräner Staaten ist für die Reformierung unseres multinationalen Einheitsstaats als Basis einfach unumgänglich – gerade auch im Hinblick auf die Lösung der allerdringendsten Aufgaben. Wenn sich die Republiken nicht untereinander abstimmen, greifen keine Reformen. Wir müssen uns abstimmen, weil wir nun einmal miteinander verknüpft sind, dem dürfen wir uns nicht verschließen. Aufteilen und dann herumrätseln, ob das von Vorteil war oder nicht, so etwas dürfen wir uns nicht leisten. Wenn wir auseinandergehen und nationale, isolierte Staaten bilden, so wird sich der Prozeß der Abstimmung und des Zusammenspiels selbst im Rahmen einer Gemeinschaft außergewöhnlich erschweren.«

Hier ein Kommentar und die Reportage der Zeitung »Iswestia« über die Ergebnisse der Staatsratssitzung vom 14. November.

Union Souveräner Staaten (USS)

»Ein Ereignis, das am 14. November in der Nähe von Moskau in Nowo-Ogarewo stattfand, kann ermutigend genannt werden.

Die sieben Republiken, die an der Staatsratssitzung teilgenommen haben, sprachen sich für die Bildung einer neuen politischen Union aus. Das ist so etwas wie eine Sensation. In der letzten Zeit sah sich kaum noch jemand in der Lage, an eine Wiederaufnahme der Arbeit am Unionsvertrag zu glauben – zumindest nicht in allernächster Zukunft. Und dennoch hat das Leben alles an seinen Platz gerückt. Viele Republiken sind zu dem Entschluß gelangt, daß ein Voranschreiten ohne politische Union unmöglich ist.

Die meiste Zeit widmeten die Mitglieder des Staatsrats dem Meinungsaustausch über den Status der künftigen Union. Drei Varianten wurden diskutiert: entweder einfach eine Union Souveräner Staaten ohne eigene Staatsform; eine Union mit zentralisierter Staatsmacht, also eine föderative, konföderative oder eine Union, die gewisse staatliche Funktionen ausübt, jedoch ohne Status eines Staats und ohne Namen. Auch über einige Kompromißlösungen wurde beraten. Schließlich einigten sich die Teilnehmer auf eine Union Souveräner Staaten – auf einen Konföderationsstaat, der die Funktionen ausübt, die ihm durch die am Vertrag beteiligten Staaten übertragen worden sind.

Position Rußlands – *Boris Jelzin:* Es läßt sich schwer voraussagen, wie viele Staaten der Union beitreten, aber ich bin der festen Überzeugung, daß die Union zustande kommt.

Kasachstan – *Nursultan Nasarbajew:* Die Republik ist stets für die Beibehaltung der Union eingetreten, selbstverständlich nicht für jene, die wir hatten, sondern für die Union, die heute real existiert, und das ist eine Union Souveräner Staaten – ihre Mitglieder sind selbständig und gleichberechtigt. Wenn ich diese Haltung einnehme, drücke ich damit die Meinung der Mehrheit der Bevölkerung Kasachstans aus. Was für eine Union wir letztendlich haben werden – eine konföderative oder eine andere – das wird die Zukunft zeigen.

Bjelarus – *Stanislaw Schuschkewitsch:* Meiner Überzeugung nach ist die Wahrscheinlichkeit einer neuen Unionsgründung wesentlich größer geworden. Ich meine, es wird eine Union geben.

Kyrgystan – *Askar Akajew:* Ich schließe mich meinen Vorrednern an. Ich bin voll Zuversicht – die Union wird kommen.

Turkmenistan – *Sachat Muradow* (Vorsitzender des Obersten Republiksowjets): Auf der dieser Tage stattgefundenen Sitzung des Obersten Sowjets haben alle Abgeordneten dafür gestimmt, daß unsere Republik der Union Souveräner Staaten angehören soll.

Tadschikistan – *Akbarscho Iskandarow* (Stellvertretender Vorsitzender des Obersten Sowjets): Unsere Republik war von Anfang an für die Union. Nach der heutigen Sitzung stellt sich die Überzeugung ein, daß sie kommen wird.

In der Hauptsache sind wir uns also einig, wir werden ein Staat sein – ein Subjekt internationalen Rechts. Allerdings muß die neue USS (so ihr zukünftiger Name) ohne eigene Verfassung auskommmen. Sie wird ersetzt durch den Vertrag über die Union Souveräner Staaten. Die Fragen der Staatsbürgerschaft bedürfen erst noch der Ausarbeitung – es dürfte eine unionsgebundene sein wie bisher. Die Union wird ihr eigenes Parlament haben – zwei Kammern – sowie eine Regierung. Was nun das zwischenstaatliche Wirtschaftskomitee (ZWK) angeht, so kommt diesem in der Übergangsperiode die Aufgabe des Regierungsorgans zu. Der Regierung der USS werden neben dem Premierminister seine Stellvertreter und die Minister der Unionsressorts angehören, die gemäß den Bedingungen des neuen Vertrags beibehalten bleiben.

Ausführlich kam im Staatsrat auch zur Sprache, welche Rolle die Republiken spielen werden und wie das Zentrum beschaffen sein soll. Michail Gorbatschow vertritt die Ansicht, daß hier eine ›riesige Neuverteilung der Vollmachten‹ ins Haus steht. Die Republiken sind kategorisch dagegen, das alte Zentrum unter dem Druck dieser oder anderer Umstände zu reanimieren. ›Ich teile diesen Standpunkt‹, erklärte der Präsident der UdSSR, ›allerdings unter einer Bedingung: Der neue Staat muß über effektive Machtfunktionen und Vollmachten verfügen.‹

Die USS wird auch eine eigene oberste Amtsperson haben – einen Präsidenten, ebenso ist die Ernennung eines Vizepräsidenten vorgesehen. Der Präsident wird von den Bürgern der Republiken gewählt, die der Union angehören.

Selbstverständlich wurden alle diese Fragen vorerst nur annähernd erörtert. Da steht noch ein großes Stück Arbeit bevor. Der derzeitige Entwurf eines Unionsvertrags und der vorherige, der am 20. August zur Unterzeichnung vorlag, unterscheiden sich doch wesentlich voneinander. Im Prinzip aber wurden viele grundlegende Punkte des neuen Vertrags diskutiert und abgestimmt. Die Staatsratsmitglieder werden zur Beratung über die verbleibenden Probleme ein weiteres Mal zusammenkommen. Das genaue Datum dieser Sitzung steht zur Zeit allerdings noch nicht fest.

Auf die Frage des Korrespondenten der ›Iswestia‹ nach einem etwaigen Zeitpunkt für den Abschluß des Vertrags über die USS sagte Gorbatschow:

›Wir alle hegen den Wunsch, diesen Prozeß so schnell wie möglich zu bewältigen. Andererseits dürfen wir nichts überstürzen. Nach der nächsten Sitzung des Staatsrats setzt der eigentliche Prozeß ein, den man dann schon zeitlich wird festlegen können. Die Hauptsache besteht darin, das Tempo zu halten und keine Zeit mit politischen Zänkereien zu vergeuden.‹

Den Vertragsentwurf müssen auch noch die Obersten Republiksowjets prüfen. Billigen sie ihn, so wird er sofort nach der Unterzeichnung durch die bevollmächtigten Delegationen in Kraft gesetzt.

... Es heißt, jemand habe bei der Debatte über den Namen der künftigen Union eingewendet, ›USS‹ klinge nicht gerade angenehm. Boris Jelzin habe dazu nur gelächelt und gesagt: ›Was soll's, daran gewöhnen wir uns.‹«

Die letzte Staatsratssitzung

Am 25. November kam der Staatsrat abermals in Nowo-Ogarewo zusammen. Die Ergebnisse dieser Sitzung trug ich sofort auf einer Pressekonferenz vor. Es folgt ihr stenographisches Protokoll.

»*Michail Gorbatschow:* Den ersten Teil der Tagesordnung haben wir abgeschlossen. Darin ging es um die Beendigung der Vorarbeiten zum Vertrag über die Union Souveräner Staaten, damit wir ihn an die Obersten Sowjets der Republiken und an den Obersten Sowjet der UdSSR weiterleiten und ihn veröffentlichen können. Die Frage kam auf, wir hätten früher verabredet, jedes Blatt einzeln zu paraphieren. Wir einigten uns dahingehend, der Linie der kollektiven Meinungsäußerung und der kollektiven Paraphierung des Staatsratsbeschlusses zu folgen. Nach einer recht langwierigen Arbeit – wobei es galt, einen ganzen Komplex an Fragen zu bewältigen, von denen viele erst während der Arbeit an der letzten Variante aufkamen und von den Führern der Souveränen Staaten gelöst wurden –, nach alledem haben wir folgenden Beschluß gefaßt: Der ausgearbeitete Entwurf des Vertrags über eine Union Souveräner Staaten ist den Obersten Sowjets der Souveränen Staaten und dem Obersten Sowjet der UdSSR vorzulegen mit der Bitte, diesen zu prüfen, ihn zur Unterzeichnung noch im laufenden Jahr vorzubereiten und dann in der Presse zu veröffentlichen.

Ich stelle fest, daß wieder alles in seine alten Bahnen zurückgekehrt ist. Wir wollen doch offen sein – wahrscheinlich geht das bei diesem Material gar nicht anders. Also, es hat zwar scharfe, ernste Debatten gegeben, aber alle waren sich über eines im klaren: Eine erneute Verzögerung ging einfach nicht an.

Das Land und die Gesellschaft befinden sich in einem Zustand, der einen Abschluß dieses Prozesses erzwingt. Solange wir nämlich den Hauptknoten nicht lösen – die Frage der Staatlichkeit –, greifen weder die Reformen noch der Wirtschaftsvertrag noch sonst etwas. Deshalb gab es zu dem, was wir auf der letzten Staatsratssitzung am 14. November abgesprochen hatten, auch keine wesentlichen, grundlegenden Veränderungen. Diese trugen mehr redaktionellen Charakter. Das einzige, was vielleicht über diesen Rahmen hinausging, war die Herausnahme eines Vorschlags aus dem Vertragsentwurf, der einen Vorsitzenden des Obersten Sowjets der UdSSR vorsah. Der Vizepräsident ist geblieben, ebenso die beiden Kammern des Obersten Sowjets und das Amt des Präsidenten, der von den Bürgern gewählt wird in Übereinstimmung mit dem Gesetz, das der Annahme bedarf. Der Staatsrat ist wiederhergestellt, und nicht nur das: Die Genossen haben geäußert, dieses Organ sollte eine effektivere Rolle spielen, die Kraft und den Einfluß behalten, die es gerade erlangt hat. Eine in dieser Hinsicht etwas ›abgeschwächte‹ Formulierung, wie sie im Entwurf enthalten war, befriedigte die Genossen nicht. Sie sprachen sich dafür aus, der Staatsrat solle auf staatlicher Ebene und unter der Führung des Präsidenten als Instrument zur Abstimmung von Innen- und Außenpolitik fungieren, dessen Beschlüsse von verbindlichem Charakter seien; er solle, um es auf einen Nenner zu bringen, effektiv auftreten. Anders ausgedrückt: Es wurde beschlossen, die Funktionen des Staatsrats in der Form wiederherzustellen, in der sie prinzipiell im Gesetz über die staatlichen Strukturen und Leitungsorgane während der Übergangsperiode festgelegt und umrissen sind.

Soviel zum Wesentlichen, das in den Entwurf eingebracht wurde. Und noch etwas, das ebenfalls von Belang ist: Die Sitzungsteilnehmer äußerten den Wunsch, die Staatsanwaltschaft solle nicht als selbständige Institution existieren, vielmehr solle sie als Aufsichtsorgan über die Gesetzestreue gemäß den Erfahrungen des Auslands dem Obersten Gericht der Union angehören. Weiter gab es noch eine Diskussion über die gemeinsame Führung, also über die Vollmacht der Unionsorgane. Hier entstanden allerdings keine großen Diskrepanzen; man suchte sich darüber zu verständigen, was unter abgestimmter Außenpolitik zu verstehen sei. Darüber hatten wir schon auf der letzten Staatsratssitzung gesprochen. Damals einigten wir uns auf den Vermerk, der die Notwendigkeit eines Abkommens oder Vertrags über eine Koordinierung der Außenpolitik betont. Der wieder zum Außenminister berufene Genosse Schewardnadse fragt nun aber, was koordiniert werden soll. Dies ist Sache der Politik. Deshalb haben wir eine Formulierung gefunden, die ein Abstimmen der Außenpolitik und ihre Koordinierung sowie die Prinzipien der Koordinierung vorschreibt.

Das also wäre in etwa das Grundlegendste, worüber es zu diskutieren galt.

Zurückgekehrt sind wir auch wieder zu der Frage: Ist die Konföderation eine Union oder ein Staat? Das war der bedeutungsvollste Teil unserer Sitzung. Trotzdem sind wir bei der Formulierung geblieben, über die wir uns auf der letzten Staatsratssitzung geeinigt hatten, und zwar: Die Union Souveräner Staaten ist ein konföderativer demokratischer Staat. Diese Konzeption wurde dann in allen Abschnitten des Entwurfs beibehalten. Damit wäre also die sehr schwierige, sehr verantwortungsvolle Arbeit auf einer so wichtigen Etappe, der Prüfung im Staatsrat, beendet. Ich meine, in zwei Tagen könnten wir den Text präzisiert haben und verschicken.

Korrespondent der ›Interfax‹: Noch vor zehn Tagen erklärten alle Präsidenten, daß paraphiert wird. Das ist die international anerkannte Norm. Meinen Sie nicht, daß der Verzicht darauf nicht unbegründet ist, zumindest aber die abwartende Haltung der politischen Führer der Republiken widerspiegelt. Denn er zögert ja den Nowo-Ogarewo-Prozeß womöglich hinaus?

Michail Gorbatschow: Sagen wir es so: Die Führer der Republiken halten sich gewissermaßen Raum für Handlungsfreiheit offen und berufen sich politisch richtig darauf, daß der Prozeß seinen Abschluß eben doch in den Obersten Sowjets findet. Sie wollten gegenüber den Obersten Sowjets nicht unhöflich sein. Im Grunde genommen aber, um bei der internationalen Sprache zu bleiben, bedeutet ein solcher Staatsratsbeschluß Paraphierung – der abgestimmte Entwurf wird zur Begutachtung dem Organ übergeben, das die letzten Entscheidungen trifft.

›Prawda‹: Ist die Möglichkeit, den Vertrag Anfang Dezember zu unterzeichnen, noch gegeben?

Michail Gorbatschow: Ich meine, Anfang Dezember nicht. Aber Mitte Dezember, so um den zwanzigsten herum, ohne weiteres. Die Arbeit in den Komitees steht noch bevor, in den Obersten Sowjets, dann die Debatten bis hin zur Sanktion und zur Benennung der bevollmächtigten Delegationen, die den Auftrag erhalten, den Text endgültig zu redigieren – wie wir es beschlossen haben – und ihn zu unterzeichnen. Auf alle Fälle müssen wir alles daransetzen, das Ganze möglichst schnell zu Ende zu bringen, weil wir die Gesellschaft in diesem Zustand unmöglich länger belassen dürfen. Das habe ich ein übriges Mal empfunden, als ich in Irkutsk war, und sogar in der mehr oder weniger friedlichen Republik Kyrgystan. Dort lautet die Hauptfrage ebenfalls: Bleibt der Frieden der Nationen untereinander erhalten? Die Menschen machen Schweres durch, sie haben große Sorgen.

Zentrales Fernsehen: Michail Sergejewitsch, niemand von uns kennt den Text des Unionsvertrags, von dem Sie heute gesprochen haben. Könnten Sie kurz ausführen, welche Rolle darin dem Präsidenten der Union zukommt? Wird er vom ganzen Volk gewählt?

Michail Gorbatschow: Der Präsident ist das Haupt des konföderativen Staates, er wird von den Bürgern laut Gesetz für fünf Jahre gewählt, nicht mehr als zwei Legislaturperioden nacheinander; er ist Oberkommandierender der Bewaffneten Streitkräfte; er führt die Regierung und bestimmt alles, was mit der exekutiven Macht zu tun hat; er leitet den Staatsrat. Im übrigen, Sie wissen das, hänge ich an dieser Formulierung und verteidige sie. Ich sehe doch: Meine Kollegen im Staatsrat sind einem mächtigen Druck verschiedener Strömungen ausgesetzt, die bezweifeln, ob es ratsam sei, den Staat zu erhalten. Ich bin überzeugt, wenn wir diesen Stimmungen nachgeben, wenn wir den Wunsch im Volk nach einem Unionsstaat ignorieren – und er ist jetzt stärker vorhanden als beim Referendum –, dann reichen alle unsere Kräfte nicht aus. Das wird schwer – darüber müssen sich die Menschen im klaren sein –, selbst wenn wir den Vertrag unterzeichnen und den Unionsstaat behalten: Zu vieles wurde schon versäumt. Die Gesellschaft ist schon genug desintegriert, alles liegt zerstört... Ein Mitglied des Staatsrats hat gesagt: Was wollen wir eigentlich gründen – einen Staat oder, um mit Majakowski zu sprechen, eine ›Wolke in Hosen‹? Ich meine, sein Vergleich trifft den Nagel auf den Kopf. Sollten wir uns nicht in einem erneuerten, reformierten Unionsstaat wiederfinden, in dem die Unionsrepubliken einen neuen Status erhalten und der andere Unionsorgane haben wird, sondern in dieser Wolke – das wäre, ich sage es frei heraus, eine Tragödie. Ich hoffe doch, daß alle das begriffen haben. Mir steht nicht zu zu behaupten, Gorbatschow empfinde seine Verantwortung vor den Menschen mehr als andere, manche empfänden überhaupt keine. Das wäre meinen Kollegen gegenüber einfach ungehörig: Sie bekommen doch in ihren Republiken Tag für Tag die Stimmung zu spüren, den Druck sämtlicher Strömungen, aller Gesellschaftsschichten. Ich möchte einfach nur unterstreichen: Die Zeit ist reif, genug manövriert! Jeder soll sagen, wofür er ist, und dann können sich die Menschen ein Bild machen.

Sender ›Majak‹: Nach dem zu urteilen, was Sie gesagt haben, ergab sich heute offenbar die Notwendigkeit, erneut eine Erörterung der Punkte im Vertrag aufzunehmen, die schon als abgestimmt galten. Erschwert eine solche Verfahrensweise nicht den Vertragsprozeß als Ganzes?

Michail Gorbatschow: Ich habe Ihnen doch schon gesagt, daß wir zu einigen Fragen, sogar zu prinzipiellen, zurückkehren mußten. Im Prinzip aber stimmen wir überein. Es wurde auf nichts Grundsätzliches verzichtet. Verlorengegangen ist nichts.

›Moskauer Nachrichten‹: Michail Sergejewitsch, haben Sie noch Hoffnung, daß sich dem Vertrag auch die Republiken anschließen, die heute an den Beratungen von Nowo-Ogarewo nicht teilgenommen haben?

Michail Gorbatschow: Da bin ich mir sicher.

›Moskauer Nachrichten‹: Welche?

Michail Gorbatschow: Die Ukraine wird sich anschließen. Ohne sie kann ich mir den Unionsvertrag nicht vorstellen. Überzeugt bin ich deswegen, weil ich die Stimmung der Menschen in der Ukraine kenne.

Zeitung ›Trud‹: Wird die Frage nach dem Namen für unseren neuen Staat noch gesondert behandelt? Es sollte doch zu denken geben, daß die Abkürzung USS schon kritisiert wird.

Michail Gorbatschow: Auf der Sitzung heute habe ich unter Bezug darauf, daß dieses Thema derzeit in der Presse so breit behandelt wird, gesagt: Reden wir darüber, wie reagieren wir auf entsprechende Äußerungen der Presse? Alle Genossen haben sich dafür ausgesprochen, den Namen USS beizubehalten, wie es schon auf der letzten Staatsratssitzung vereinbart worden war.

›Unabhängige Zeitung‹: In welcher Form wird die Frage der einheitlichen Streitkräfte der Union entschieden? Der vorangegangene Entwurf enthielt doch die Klausel, dieser Punkt sei noch nicht fertig ausgearbeitet.

Michail Gorbatschow: Die Streitkräfte finden im Vertrag jetzt in einem gesonderten Abschnitt Berücksichtigung. Dort heißt es, daß sie einheitlich sind und zentralisiert befehligt werden, daß nebenher aber eine Vereinbarung besteht, laut der den Republiken auch neue Möglichkeiten vorbehalten bleiben. Insbesondere wurde schon beschlossen, daß die Zivilverteidigung, die Wehrkommandos und die Baueinheiten den Republiken unterstehen. Darüber hinaus wird zusätzlich ein Mechanismus gesondert ausgearbeitet und durchdacht, auf welche Weise die Republiken bei der Verwirklichung und Inkraftsetzung von Funktionen der zentralen Führung der Streitkräfte beteiligt werden können. Das heißt also, daß der Vertrag, der über die Verteidigung und kollektive Sicherheit abgeschlossen wird, alle diese Fragen ›erhellt‹ und ›festschreibt‹. Aber der einheitliche Charakter der Streitkräfte wird gewahrt bleiben.«

Über diese letzte Staatsratssitzung mußte ich dann noch einmal am 12. Dezember, schon nach dem Treffen in Minsk, ziemlich ausführlich Pressevertretern berichten.

»Im Vorfeld des Referendums wandelte sich die Lage in der Ukraine zusehends. Wieder und wieder berief ich mich auf die zwei Wochen zuvor (am 14. September) erfolgte Vereinbarung mit sieben Republiken und führte Argumente zugunsten des konföderativen Unionsstaats an. Die Diskussion heizte sich so sehr auf, daß ich sagte: Gut, ich achte eure Haltung, aber zustimmen kann ich nicht. Dann ging ich zurück in mein Zimmer und ließ die Kollegen ihre Wahl ohne mich treffen.

Nach geraumer Zeit kamen Jelzin und Schuschkewitsch zu mir. Sie brachten den Entwurf zum Beschluß des Staatsrats, betreffend den Entwurf des Unionsvertrags. Im Prinzip hatte er die Form, in der er am 14. vereinbart worden war. Bekanntlich ging es dabei darum, daß die Union Souveräner Staaten ein konföderativer demokratischer Staat ist. Ich versah den Beschlußentwurf mit meinen Bemerkungen, Jelzin und Schuschkewitsch stimmten mir zu, dann kehrten wir in den Sitzungssaal zurück und setzten die Debatte, die redaktionelle Arbeit am Beschlußentwurf des Staatsrats fort. Anschließend unterzeichneten alle. In diesem Beschluß hieß es: ›. . . der vom Staatsrat ausgearbeitete Vertrag ist zur Prüfung an die Parlamente weiterzuleiten‹, was bedeutete, daß das Papier nach dieser Prozedur endgültig unterzeichnet werden sollte.

Im Grunde genommen war das der Weg, der zurückgelegt wurde...

Das ukrainische Phänomen

Auf diese Weise machte vor dem ›ukrainischen Phänomen‹ die Auffassung die Runde, daß wir einen konföderativen Staat haben werden mit einheitlichen Bewaffneten Streitkräften, mit einem gemeinsamen Markt, einer abgestimmten Außenpolitik, Valuta, Bankenverbund, Energetik, kosmischer Tätigkeit, Transport- und Nachrichtenwesen, eben mit sämtlichen Bereichen, welche die Union für alle wahrnimmt.

Wenn es nun in der Minsker Verlautbarung heißt, der Vertragsprozeß sei in eine Sackgasse geraten, frage ich: Wer sitzt eigentlich darin? Wo doch acht Republiken ihre Bereitschaft signalisiert hatten, den Unionsvertrag zu unterzeichnen und die Debatten darüber in den Parlamenten im Gange waren. Auf meinem Schreibtisch lag schon das Gutachten eines Komitees des russischen Parlaments, das den Vertrag guthieß und sogar vorschlug, die Union müsse unbedingt eine Verfassung haben, was im Entwurf nicht einmal vorgesehen war. Die Ukraine in einer Sackgasse? Also schön, dann rennen wir uns eben nicht auch dort fest, sondern ziehen die Ukraine heraus – die Mittel hierfür werden wir schon finden.

Boris Jelzin hat mich immer wieder gefragt: Womit können Sie gewährleisten, daß die Ukraine sich am Unionsvertrag beteiligt? Meine Antwort: Sobald Rußland und andere Republiken ihn unterzeichnen, zieht die Ukraine schon nach. Sollte sie an einer Vollmitgliedschaft nicht interessiert sein, könnte sie fürs erste Mitglied der Verteidigungsunion werden. Davon hat Krawtschuk doch bereits gesprochen, als er noch Präsidentschaftskandidat war, wobei er auf jeden Fall die strategische Ausrüstung meinte. Die Ukraine war schon Beteiligte am Wirtschaftsvertrag. Das Abkommen über wissenschaftlich-technische Zusammenarbeit und weiteres mehr hätte sie ebenfalls unterzeichnen können. Allgemein gesprochen wären durchaus differenzierte Verbindungen zwischen der Ukraine und der Union möglich gewesen. Es war nur eine Frage der Zeit und des Vorgehens.

Dem Argument mit der Sackgasse, mit dem man mir die ganze Zeit über gekommen ist, begegne ich also mit gesundem Menschenverstand. Und ich habe jedesmal geantwortet: Die Frage ist, ob wir mit der Ukraine hineingehen in diese Sackgasse oder ob wir sie dort gemeinsam herausziehen.

Ich muß jedoch zugeben, daß sich die Diskussionen und überhaupt alles, was am 25. November im Staatsrat ablief, mir schwer auf die Seele gelegt haben. Es war mir so vorgekommen, als habe Boris Jelzin unsere Übereinkunft bezüglich die Hauptfragen des neuen Vertrags nicht von ungefähr über den Haufen geworfen und plötzlich vor aller Welt Thesen aus der Vergangenheit ans Licht gezerrt, die schon vereinbarte Punkte wegwischten.«

Mein Aufruf an die Weißrussen

Die Lage wurde immer gespannter. Am 28. November gab ich der weißrussischen »Volkszeitung« ein ausführliches Interview. Es wurde jedoch außer in dieser Zeitung sonst nirgends veröffentlicht.

»*Frage:* Michail Sergejewitsch, Sie bleiben Optimist und bewahren äußerlich Ruhe inmitten des, so will es scheinen, allgemeinen Untergangs und Zerfalls der Union. Der Fehlschlag mit der Paraphierung des politischen Vertrags in Nowo-Ogarewo hat die Perspektive der Union, wie wir meinen, womöglich noch gespenstischer werden lassen. Was verleiht Ihnen die Kraft und den Glauben daran, daß die Union Souveräner Staaten allem zum Trotz doch noch zustande kommt?

Michail Gorbatschow: In den letzten Wochen habe ich mich dazu sehr oft geäußert, möchte es aber noch einmal wiederholen: Sollten wir bei der Lösung dieser entscheidenden Frage den Fehler begehen, uns über der Ausarbeitung der Standpunkte zu entzweien, versetzen wir allen Umgestaltungen einen ungeheuren Schlag, tragen wir das zu Grabe, was schon erreicht wurde, und bringen die Völker aller Republiken, allgemein gesprochen, in eine schwere Lage. Ich würde es so ausdrücken: Heute geht es in der Politik und bei den Beschlüssen, über die wir uns zu einigen haben, vorrangig um die Union. Sie fragen, warum? Das ist das Problem des Marktes, unaufhaltsam sinkt die Produktion ... Alle desintegrierenden Prozesse würden sich mit noch größerer Kraft bemerkbar machen, wollten wir die Entscheidung über die Frage bezüglich der Union auf die lange Bank schieben.

Die allerwichtigste Frage betrifft die Staatlichkeit. Ich bedaure es sehr, daß meine Kollegen im Staatsrat dem Druck der verschiedenen Strömungen gegenüber so sensibel sind. Sie gibt es jetzt bei uns in allen Republiken mehr als genug, und mancherorts haben sie die Schalthebel besetzt. Ich meine die Strömungen, die nationalistische Konzeptionen verbreiten und separatistische Bestrebungen nähren. Ihre Wurzeln stecken in der Geschichte, sind Reaktionen auf diese oder andere schwere Etappen. Das kann man alles verstehen, nur bin ich dagegen, daß negative Schlußfolgerungen aus einer Analyse der schwächeren Abschnitte in unserer Geschichte auf die Politik der Republiken übertragen werden. Weil wir als ein riesengroßes Ganzes existiert haben, als eine komplizierte Welt, die in hundertzwanzig Sprachen spricht. Bei uns ist alles miteinander verflochten. Am meisten Sorgen mache ich mir um die Menschen und ihre Schicksale. Wir konnten uns doch aufhalten, wo wir wollten, wir haben uns überall zu Hause gefühlt. Jemand war, sagen wir, in Weißrußland als Soldat stationiert und ist dort wohnen geblieben, hat eine Familie gegründet ... Auf einmal würden alle, die, aus welchen Gründen auch immer, den Wohnort gewechselt haben, mancherorts in einem fremden Staat leben. Das ist kein einfaches Problem, deshalb setze ich es an die erste Stelle. Fünfundsiebzig Millionen Menschen wohnen außerhalb ihrer ›eigentlichen Heimat‹. Sollen sie nun etwa plötzlich als Bürger zweiter Klasse dastehen? Man möge uns gar nicht erst zu besänftigen suchen, daß alles im Rahmen bilateraler Verträge zwischen den Republiken geregelt werde. Ich glaube das nicht, so läßt sich das Problem nicht lösen. Es muß ein Staat erhalten bleiben, der jedem Menschen Rechtsschutz gewährleistet.

Verfolge ich diesen Gedanken weiter, muß ich auf das Baltikum verweisen. Wir alle hier haben die Absichtserklärungen gehört, wieder und wieder ist uns versprochen worden, daß in dieser Hinsicht dort alles garantiert sei. Und was geschieht jetzt – wie wird beispielsweise die Frage der Staatsbürgerschaft entschieden? Ob gewollt oder ungewollt, herauskommt dabei, daß gewisse Bürger, die in den baltischen Republiken leben, wie Menschen zweiter Klasse behandelt werden. Weltorganisationen zum Schutze der Menschenrechte haben darauf schon ihre Aufmerksamkeit gerichtet, und sie gehen mittlerweile so weit, die Frage zu stellen, ob den betreffenden Regierungen womöglich keine Kredite mehr gewährt werden sollten.

Vor dem Hintergrund der Katastrophe, die sich bei uns ereignen könnte, verblaßt sogar die Tragödie Jugoslawiens, Serbiens und Kroatiens, die schon vielzähligen Tod heraufbeschworen, etliche Kulturgüter zerstört und Milliardenschäden angerichtet hat. Deshalb darf es nicht dazu kommen, daß wir Gewebe zerreißen, die in Jahrhunderten entstanden sind. Ich wiederhole: bloß nicht dem Druck bestimmter Kräfte nachgeben, die über ihre Handlungen keine Rechenschaft ablegen.

Ich muß sagen, daß der Vorsitzende des Obersten Sowjets Ihrer Republik, Stanislaw Schuschkewitsch, mir gefällt. Er ist selbständig, wägt seine Gedanken ab. Ein ausgesprochener Intellektueller, geradeheraus und offen. Was er weiß, dafür steht er, wo er sich nicht auskennt, maßt er sich kein Urteil an. Er sagt: ›Wissen Sie, Michail Sergejewitsch, die Situation bei mir ist kompliziert, und um Abweichungen auszuschließen, müßten wir über diese Frage im Obersten Sowjet beraten, das würde ein, zwei Wochen beanspruchen.‹ Boris Jelzin wiederum sagt, er sei bereit, den Text des Vertrags zu paraphieren – vorausgesetzt, die aus dem Obersten Sowjet Rußlands bereits eingetroffenen Anmerkungen werden ihm beigefügt. Völlig zu Unrecht hat die Presse, die unsere wie die westliche, eine Kampagne über das Scheitern des Nowo-Ogarewo-Prozesses entfacht . . . Der Fall scheint klar: Jemandem liegt daran, alles unbedingt so hinzustellen. Ich aber bin dennoch überzeugt, daß meine Kollegen das Wesen der Dinge richtig erkannt haben. Übrigens haben alle den Beschluß so gut wie vollzogen.

Wie auch immer, ich bin überzeugt, daß alle die Union brauchen. Dazu möchte ich folgendes bemerken. Wie soziologische Forschungen ergaben, befürworten jetzt, da die wirtschaftlichen Bande reißen, viele Menschen ohne Arbeit dastehen und es in den Familien ungemütlich wird, immer mehr Bürger die Union, und hauptsächlich das nährt meine Überzeugung.

Auf die Frage nach der derzeitigen Macht des Präsidenten lautet meine Antwort: Solange wir keinen neuen Vertrag abgeschlossen, kein System neuer Unionsorgane festgelegt haben, bleibt der Übergangszustand bestehen, und ihm enspricht dann die Übergangsstruktur. Das Schlüsselorgan der Übergangsperiode ist der Staatsrat.

Was mich zum gegenwärtigen Zeitpunkt am meisten beschäftigt, ist der Abschluß des Nowo-Ogarewo-Prozesses und die Unterzeichnung des politischen Vertrags. Damit schaffen wir neuen Lebensraum. Die Vollmachten werden bereits umverteilt. Die Lösung der Probleme der Landwirtschaft, Lebensmittel- und Leichtindustrie obliegt jetzt den Republiken. Das ist auch richtig so, immerhin geht es um etwas, das sich auf ihrem Territorium befindet. Nur haben das leider noch nicht alle mitbekommen. Sie versuchen nach wie vor, das Zentrum verantwortlich zu machen. Reden halten kann man ein, zwei Jahre, nun aber heißt es endlich antworten. Die Rechte haben sie bekommen, und damit beginnt immer auch die Verantwortung. Rechte und Pflichten, Rechte und Verantwortung – das geht stets Hand in Hand.

Die bürokratische Zentrale, die in dem so riesigen Land sogar einer Republik die Luft zum Überleben genommen hat, ganz zu schweigen von den Regionen, hat sich – das ist allen bekannt – längst schon mehr als überlebt. Obwohl vieles natürlich lange Zeit mit dem Funktionieren dieses Mittelpunkts zusammenhing, mit dem gedankenlosen Fassen von Beschlüssen zur Produktivkräfteverteilung und zu vielen anderen Problemen. Das rächt sich jetzt durch Verkantungen in der Wirtschaft, durch übermäßigen Transport und schwere ökologische Schäden.

Also muß bei uns vieles anders werden. Ich bin ein überzeugter Anhänger von Veränderungen, aber indem wir uns von einem Extrem abkehren, von der Einheitlichkeit, dürfen wir es auf keinen Fall zum Chaos oder zum Zerfall der Union kommen lassen. Das hätte für uns nicht wiedergutzumachende Auswirkungen.

Wir brauchen die Union, um die Probleme auf menschlichem, wissenschaftlich-technischem, wirtschaftlichem und anderen Gebieten zu regeln. Und nicht nur wir brauchen die Union – Europa und die ganze Welt benötigen sie ebenso. Sie ist ein wichtiger Stützpfeiler der heutigen Weltordnung. Im Ausland ruft das Auseinanderdriften der Union äußerste Besorgnis hervor. Dort hat man erkannt, daß die Folgen nicht nur für die Union selbst verheerend sein, sondern auch für Europa und die übrige Welt unheilvolle Auswirkungen mit sich bringen könnten. Jugoslawien bietet ein anschauliches Beispiel. In der Tat – wozu die Union zerstören, die sich zur Zivilisation hin entwickelt? Wozu eine demokratische Union ablehnen, die im Rahmen eines neuen Denkens die Zusammenarbeit mit allen anstrebt? Man muß schon ein völlig verantwortungsloser Mensch sein, um den Zusammenbruch eines solchen Gebildes herbeizuwünschen.

Sogar jene, die wir als potentielle Gegner ansahen, erkennen heute, daß die Weltöffentlichkeit alles tun muß, um die Union am Leben zu erhalten. Erstaunliche Dinge geschehen: In Madrid hat König Juan Carlos einen Empfang gegeben, auf dem ich mich mit Bush und Gonzales getroffen habe. Wir hatten ein vierstündiges offenes Gespräch. Bezeichnend war, daß sie mich alle unisono davon zu überzeugen suchten, wie wichtig der Erhalt der Union aus ihrer Sicht sei. Mich wollten sie überzeugen! Am nächsten Tag suchte ich auf seinen Wunsch hin Mitterrand auf. Er sagt das gleiche. In Rom kamen die Nato-Mitgliedstaaten zusammen, sie haben das sogar in ihre Abschlußdokumente aufgenommen.

Demnach stellt die Union eine objektive Notwendigkeit dar, die sich aus der derzeitigen Kräfteverteilung sowie aus der Tatsache ergibt, daß unser riesiger Vielvölkerstaat in der Welt eine große konstruktive, schöpferische Kraft bildet. Den Republiken, wenn sie gemäß ihrer neuen Rolle auf den Schutz nationaler Interessen bedacht sind, steht das Festhalten an der Union nicht im Wege. Eine koordinierte Außenpolitik bei ausgedehnter Handlungsfreiheit der Republiken in Fragen der Wirtschaft und bei der Lösung sozialer Probleme – das nenne ich eine fortschrittliche Formel.

Rußland und die anderen Republiken

Frage: In den letzten Wochen wurde von der Führung Rußlands, insbesondere vom Präsidenten Rußlands Boris Jelzin, angeordnet, daß zu nationalisieren sei, was vor kurzem noch Allunionseigentum war. Das betriffft im Falle Rußlands den Staatsschatz, die Staatliche Münze, das Eigentum des in Auflösung begriffenen Justizministeriums der UdSSR sowie das Monopol auf Aktivitäten des Außenhandels. Diese Schritte wurden einseitig unternommen, ohne vorherige Konsultation der übrigen Republiken. Sehen Sie in diesem Vorgehen keine Ähnlichkeit mit den Aktivitäten der Führer von Georgien und Moldawien, die militärisches Eigentum auf dem Territorium ihrer Republiken für nationalisiert erklärten? Wurden diese Schritte nicht von nur einer Logik bestimmt – jener eines weiteren Zerfalls der Unionsstrukturen?

Als Unionsoberhaupt haben Sie, Michail Sergejewitsch, überhaupt nicht auf diese Schritte der russischen Führung reagiert. Bedeutet eine solche Verhaltensweise des Präsidenten nicht eine erzwungene Kompromißbereitschaft gegenüber allen Unternehmungen Rußlands?

Michail Gorbatschow: Das ist eine komplizierte Frage. Aber so ist unser Leben, so ist unsere Zeit. Diese Fragen müssen gestellt und beantwortet werden – besonders wenn sie politische Beschlüsse betreffen, noch dazu auf einer so verantwortungsvollen Entwicklungsstufe der Gesellschaft. Bei mir hat sich in letzter Zeit die Empfindung einer vollkommenen inneren Freiheit eingestellt. Wir haben einen Punkt erreicht, an dem wir uns selbst und dem Volk gegenüber offen sein müssen. Uns verbleibt einfach nicht mehr die Zeit, den Dialog und die Beantwortung brennender Fragen routinemäßig anzugehen.

Ich würde meine Antwort in zwei Teile gliedern. Erstens: Wir müssen auf dem Weg der Reformen voranschreiten. Das dürfte jedem klar sein. Das Leben verlangt Vorwärtsbewegung. Dieser Tage bin ich aus Irkutsk zurückgekehrt, wo vor allem zwei Themen anklangen – zum einen: Tut etwas, die Geduld der Menschen geht zu Ende, zum zweiten: die Union. Ich würde sogar sagen, das Schicksal der Union bewegt die Menschen am meisten.

Von diesem Blickwinkel aus, meine ich, sollten wir die Entschlossenheit Rußlands, der größten Republik, unterstützen, auf der Grundlage einer Schlichtungskonzeption den Weg weiterer Reformen zur Marktwirtschaft voranzuschreiten. Genau in diese Richtung bewegte sich die Diskussion im Staatsrat während des geschlossenen Teils seiner Sitzung. Mit Boris Jelzin habe ich noch am Abend zuvor gesprochen, gleich als ich von meiner Reise nach Irkutsk und Kyrgystan zurückkam. Er sagte, er sei bereit, die Kollegen von seinen Absichten zu unterrichten und in völligem Einvernehmen vorzugehen.

Derart radikale Veränderungen sind mit einem großen Risiko verbunden. Einerseits müssen wir die Menschen umfassend informieren, damit sie verstehen: Das ist wichtig, das muß hingenommen werden, weil auf die schwere Zeit dann der positive Prozeß folgt. Andererseits sind wir verpflichtet, die Bevölkerung vor den schlimmsten Auswirkungen zu bewahren. Das hängt in vielem von der Folgerichtigkeit der Schritte ab. Wenn wir die Preise einfach freigeben, ohne dieses Problem gelöst zu haben, dann käme das der Erfüllung des Programms der ›Fünfhundert Tage‹ gleich, aber eben vom Ende her. Was wir vor allem brauchen, ist ein Block von Maßnahmen als Anreiz für den Produzenten – für den Bauern, den Genossenschaftler und den Unternehmer . . . Besonders müssen wir dabei an die Arbeiter in staatlichen Betrieben denken, sie stellen die Hauptmasse der Bevölkerung dar. Vertreter von Arbeiterkollektiven haben mir rundheraus gesagt: Solltet ihr uns in dieser Phase übergehen, dann werdet ihr Schlimmeres erleben als den Putsch vom August. Mit uns werdet ihr nicht so leicht fertig wie mit dem Aufstand. Es war ein knallhartes Gespräch. Die Arbeiter stellen Forderungen: Wenn ihr Beschlüsse und Rechtsnormen festlegt, die uns die Befugnis über Handelsfreiheit und Entstaatlichung gewährleistet und uns erlaubt, über die erzeugten Lebensmittel und den erzielten Gewinn zu verfügen, dann legen wir uns ins Zeug. Wenn nicht, gehen wir auf die Straße und entscheiden unser Schicksal auf unsere Weise.

Folglich sind die ersten notwendigen Schritte: dem Produzenten Freiheit einräumen, seine Arbeit gut stimulieren und seine Initiative fördern.

Das wäre der erste Teil.

Zweitens: Wir müssen unverzüglich, ohne Aufschub eine Reihe von Maßnahmen zum sozialen Schutz der Werktätigen beschließen. Sagen wir es so: Der Arbeiter in der Produktion kann seine persönlichen Interessen auch unter marktwirtschaftlichen Bedingungen vertreten – vorausgesetzt natürlich, die Probleme Lohn, Erlös und Sozialfürsorge sind gelöst. Was aber machen die Bürger, die von bereitgestellten Haushaltsmitteln leben: die Lehrer, Ärzte, Armeeangehörigen, Rentner oder Studenten? Sie müssen doch auch wissen, woran sie sind. Der Staat hat für ihre soziale Sicherheit zu sorgen.

Jetzt zur Stabilisierung des Finanzsystems. Der Etat muß beschnitten werden, wo immer das möglich ist. Auch die Rüstungsausgaben müssen gekürzt werden. Ist das geschehen, dann fügen wir dem Gesamtsystem ökonomischer Reformen auch keinen Schaden zu, wenn wir die Preise freigeben. Hals über Kopf dürfen die Preise nicht liberalisiert werden. Wir dürfen aber genausowenig zulassen, daß der Markt, der sich gerade erst herausbildet, sofort wieder in Schutt und Asche gelegt wird.

Die Russen haben das Paket ihrer ökonomischen Programme allen Republiken zugeschickt, also beabsichtigen sie nicht, im Alleingang zu handeln. Es stimmt, diese Situation kennt keine Ideallösungen, und man sollte auch nicht auf sie hoffen. Auf der anderen Seite stehen Dinge zur Diskussion, die einer Absprache mit den Republiken bedürfen. Sie müssen erörtert werden, das ist eine Sache des Prinzips. Rußland hat diesbezüglich die Initiative ergriffen, und schon am Montag muß Iwan Silajew zusammen mit den Regierungschefs der Republiken einen konkreten Mechanismus zur Realisierung der ökonomischen Reformen ausarbeiten. Hierzu haben wir im Staatsrat verabredet, daß die Ministerpräsidenten so lange wie nötig tagen werden, da es heute keine wichtigere Frage gibt.

Reformen müssen sein, aber sie müssen zusammen durchgeführt werden, in Abstimmung mit allen Republiken. Das betrifft auch die Preise, genauer gesagt: den Mechanismus des Übergangs zu freien Preisen, zu neuen Steuern und vielem anderen. In jeder Republik wird es hier und da individuelle Nuancen geben. Sie lassen sich nicht vermeiden, aber eine gemeiname Linie muß sich abzeichnen. Andernfalls hätten wir allenthalben zwischen den Republiken Störungen und Deformierungen.

Frage: Ich stelle Ihnen diese Frage nicht von ungefähr. Unser Stanislaw Schuschkewitsch hat im Parlament einen schweren Stand. Die Opposition steht auf und sagt: Die letzten Anordnungen des Präsidenten Rußlands zwingen Bjelarus und andere Republiken in die Knie, während Sie uns fortwährend von der Realität einer Union auf gleichberechtigter Basis zu überzeugen suchen. Was nicht so einfach zu widerlegen ist . . . Deshalb möchte ich Sie fragen, Michail Sergejewitsch: Wie ist es zu erklären, daß der Präsident der UdSSR nicht unmittelbar auf den Beschluß der russischen Führung reagiert hat? Auf die Bestimmungen, die gegen die bestehende Ordnung und letztendlich gegen die Verpflichtungen als Unionsmitglied verstoßen?

Michail Gorbatschow: Ich habe reagiert und gesagt: Ich begrüße die gemeiname Zielrichtung der Maßnahmen und die Hauptkomponenten dieses Programms. Aber ich habe damals auch hervorgehoben, daß es ein schwerwiegender Fehler war, die Preise freizugeben, ehe der Mechanismus erarbeitet war.

Nun zur Hauptsache. Ich hatte ein Gespräch mit Boris Jelzin, ich habe ihn dabei gebeten zu erklären, ob die Liberalisierung der Preise in Koordinierung mit den Republiken erfolge oder im Alleingang Rußlands. Er hat geantwortet: ›Koordiniert.‹ Das ist wichtig. Auch im Staatsrat habe ich gesagt: Ich nehme die Erklärung des Präsidenten Rußlands zur Kenntnis, daß alles in Absprache mit den Republiken geschieht. Im übrigen wird schon daran gearbeitet, auch von seiten des Staatsrats. Meiner Aufmerksamkeit ist diese Frage also nicht entgangen.

Ich denke, wir sollten uns nicht wegen jeder Verordnung die Köpfe einschlagen. Andererseits darf man aber prinzipielle Dinge nicht unbeachtet lassen. Das kann den Russen und allen anderen nur dienlich sein.

Wer Entschlüsse faßt, sollte einsehen: Wenn wir die Union wollen, wenn wir den Wirtschaftsvertrag unterzeichnen, dann müssen wir uns auch an die Generallinie halten.

Ich meine, das spiegelt doch noch etwas anderes wider: Nicht alles steht in Jelzins Macht. Auch er sieht sich einem riesigen Druck seitens der unterschiedlichsten Kräfte ausgesetzt.«

Nationalitätenkonflikte sind nicht mit Gewalt zu lösen

In Beantwortung der Frage über Nagorny-Karabagh habe ich gesagt: »Wie die Erfahrung zeigt, ist es falsch, auf Gewalt zu setzen. Wir leben in einem anderen Land, in einer anderen Zeit. Wenn wir Demokraten sind, müssen wir uns selbst dann noch als solche verhalten, sollten wir mit einem Protest in politischer Form konfrontiert werden. Sowohl im letzten als auch im vorangegangenen Staatsrat haben wir uns für eine friedliche Bereinigung des Konflikts ausgesprochen, als es um Nagorny-Karabagh ging. Fangen wir nun an, die sich streitenden Parteien mit der Waffe niederzuzwingen – wohin sollte das führen? Hinter den Kampftrupps stehen Dörfer, einfache Menschen. Das gäbe eine blutige Tragödie. Zivilisten und Soldaten kämen um. Die Auseinandersetzungen gewaltsam zu beenden, das wäre möglich. Aber erinnern wir uns an Afghanistan, was hat uns das eingebracht? Erinnern wir uns an Jugoslawien, was hat die Unterdrückung dort bewirkt? Erinnern wir uns doch an die lokalen Ereignisse: Als wir einfach Ordnungshüter sein wollten, ließe sich das noch vertreten, als wir jedoch damit begannen, Gewalt anzuwenden, führte das zu einem Drama in der Gesellschaft. Sie haben das in Ihrer Republik doch auch durchgemacht. Ich kenne sie sehr gut. Ich kenne viele Weißrussen und neige mich vor Ihrem Volk. Nur ist dieser Kelch doch auch an Ihnen nicht vorbeigegangen. (Dies wurde von dem Journalisten aus Weißrußland bestätigt.)

Denken Sie an die Geschichte in Kuropaty. Ich habe mich damals eingemischt und mich bemüht, ihre führenden Männer zur Vernunft zu rufen – ›Macht damit Schluß!‹. Gewalt sollte jedenfalls nicht zur Anwendung kommen.

Zweitens: Alles muß auf dem Weg der Verfassung geregelt werden. Es gibt Gesetze, und die müssen eingehalten werden.

Und drittens: Sollten diese Kampftrupps über Gebühr Widerspenstigkeit an den Tag legen – immer wieder finden sich Menschen, die sich keinem unterordnen; das sind Heckenschützen, die Gefallen an ihrer Rolle gefunden haben –, dann müssen in diesem Fall in Übereinstimmung mit dem Gesetz die Rechtsschutzorgane eingreifen. Wo nötig, auch mit Gewalt. Trotzdem möchten wir auf politischem Wege und durch Verhandlungen so viel Einvernehmen durchsetzen, daß in den Konfliktzonen Frieden einzieht. Darauf zielt auch ein Beschluß – daß nämlich in Gegenden, wo sich die Ereignisse besonders zugespitzt haben, Zonen geschaffen werden, die der Kontrolle durch Truppen des Innenministeriums unterstellt sind. Mancherorts ist dort auch die Stationierung von Einheiten der Armee unumgänglich. Das geschieht, um die verfeindeten Seiten zu trennen und den Kampfhähnen die Möglichkeiten zu nehmen, in bevölkerten Gebieten aufeinander loszugehen. Sie legen doch Feuer, schießen ...

Frage: Sie als Präsident haben wiederholt die Entwaffnung illegaler Verbände angeordnet. Warum wurden diese Anordnungen nicht konsequent befolgt, und wieso waren die Truppen des Unionsinnenministeriums und die Einheiten der Armee jedesmal der Situation hilflos ausgeliefert?

Michail Gorbatschow: Weil die örtlichen Behörden nicht entsprechend darauf reagiert haben. Ich muß Ihnen sagen – es stimmt nicht, daß alles absolut unlenkbar ist. Im Grunde genommen läßt sich zu neunzig Prozent alles in die Tat umsetzen und spiegelt in etwa unsere derzeitige Position wider.«

Noch einmal über die Ukraine

Ein weißrussischer Korrespondent hat sich für meine Meinung über die Vorgänge in der Ukraine interessiert. Ich habe gesagt: »Vor zwei Jahren mußte ich des öfteren über die Situation in der Ukraine sprechen. Sie kennen meinen Standpunkt. Zur Zeit scheint die Lage mehr oder weniger ruhig, die Lage scheint normal. Ich persönlich sehe die Ukraine als kompakte, geschlossene Republik, als Zusammenschluß interessanter Regionen, die auf der Grundlage der Arbeitsteilung zusammenarbeiten. Insgesamt gesehen eine wunderschöne Republik ... Aber, achten Sie darauf, wie dort der Unabhängigkeitsgedanke strapaziert wird: meiner Meinung nach bei weitem nicht nur mit Blick auf den Wahlkampf.

Achten Sie darauf, wohin das führt. Es dürfte allgemein bekannt sein, wie Charkow zur Ukraine gekommen ist: Die Bolschewiki haben sich diese Stadt einverleibt, um in der Rada die Mehrheit zu erlangen . . . Erinnern wir uns an die Krim – auch sie gehört in die russische Geschichte. Und sollte man vorhaben, die Ukraine von der Union loszulösen, was wird dann aus den zwölf bis fünfzehn Millionen Russen, die dort leben, und wer will so etwas überhaupt? Ich bin für die Selbstbestimmung ohne einen Abbau der Union. Das alles ist möglich, momentan sogar dermaßen, daß wir bereits zu ahnen beginnen: Irgendwo sind wir übers Ziel hinausgeschossen. Wir müssen auf Tuchfühlung bleiben, Brüche kämen uns teuer zu stehen.«

›Der weißrussische Aspekt‹

»*Frage:* Gestatten Sie, jetzt zum ›weißrussischen Fragenkomplex‹ überzugehen. Kehren wir zurück zu den Ereignissen vom März dieses Jahres, zu Ihrer Ankunft in Weißrußland. Wieso hat sich der Präsident der UdSSR und Generalsekretär des ZK der KPdSU vom lokalen Parteiapparat zum Tanzbären machen lassen und im Zirkus mitgespielt, der um diesen Besuch herum veranstaltet wurde? Sie wußten doch, was das für Leute sind – die Spitzen der Kommunistischen Partei in Weißrußland. Wie läßt es sich darüber hinaus erklären, daß Sie während dieser Reise für einen Auftritt im Parlament der Souveränen Republik nur ganze fünf Minuten Zeit fanden?

Michail Gorbatschow: Wenn wir schon über meine Reise nach Weißrußland sprechen wollen, so stand sie in erster Linie in Zusammenhang mit Tschernobyl. Das übrige war zweitrangig. Angesichts der Katastrophe von Tschernobyl waren alle gleich – Konservative wie Demokraten. Diese Reise hat einen ganz starken Eindruck auf mich gemacht. Man fährt durch ein Dorf – eine Bilderbuchlandschaft, der passende Platz für ein Erholungsheim, sollte man meinen, dabei steht alles verlassen, sind keine Menschen mehr da. Nur ist deshalb in dieser Zone niemand mit seinen Ansichten hausieren gegangen – gesprochen wurde darüber, wie in der Not zu helfen wäre.

Zu dieser Zeit befand ich mich in einem sehr starken Widerstreit mit mir selbst. Erinnern Sie sich an die Februarreden einiger unserer Genossen, die vorschlugen, die Ärmel aufzukrempeln und geradewegs zum Angriff auf die Straße zu gehen. Andere wollten ihnen entgegentreten. Damals in Weißrußland habe ich vielleicht zum erstenmal versucht, das Thema gutes Einvernehmen, Zentrismus ins Gespräch zu bringen. Nur hörten einige aus meinen Worten heraus, ich gäbe den Rechten den Vorzug.

Und tatsächlich war die Reaktion unterschiedlich.

Ich denke nicht, daß ich in der Rede damals jemanden bevorzugt habe. Ich lasse mich einfach zu leicht zum Schwärmen verleiten, auch in der Politik. Der Hauptgedanke war, die gegensätzlichen Positionen nicht aufeinanderprallen zu lassen. Mitunter kommen sie unter einen Hut, wie es nach dem Putsch im ukrainischen Parlament der Fall war, als zusammen mit den Separatisten auch die Vertreter des GKTschP für die Eigenständigkeit stimmten. Sobald sich gegensätzliche Anschauungen aber nicht mehr vereinbaren lassen, wäre das Unglück da. Deshalb möchte ich es so ausdrücken: Jede Region, jede Republik soll ihren eigenen Weg gehen. Auch Weißrußland hat ihn gehen müssen. Mein Bestreben war stets, daß sich die politischen Prozesse in dieser Republik in einem gemeinsamen, demokratischen Rahmen abwickeln. Weißrußland ist anfänglich auf der Stelle getreten und hat dann auf einmal solch einen ›Satz‹ gemacht, daß man auf der anderen Seite drüben schon warnen mußte – ihr guten Genossen, überlegt, was ihr tut. Dessenungeachtet halte ich auch jetzt daran fest, daß das Volk Weißrußlands mit seinem Verantwortungsbewußtsein, mit seiner Selbstbeherrschung, die diesen Menschen, wenn man so will, im Blut liegt, eine sehr wichtige, unverwechselbare Rolle spielt und noch spielen wird im Zusammenschluß der neuen Union und beim Festhalten an unserer Gemeinsamkeit. Ich werde den Gedanken nicht los, daß es sogar noch mehr tun könnte als jetzt. Und man sollte sich nicht scheuen, den Leuten, denen die

Führung des weißrussischen Volks heute anvertraut ist, offen die Meinung zu sagen. Ich bin überzeugt, daß wir in den Weißrussen temperamentvolle Anhänger haben, die für unsere Gemeinsamkeit in ihrer Geschichte vieles erdulden mußten.

Mein Verhältnis zu den Weißrussen war stets sehr gut. Ich wünsche mir sehr, daß sie möglichst wenig unter der nationalen Katastrophe von Tschernobyl zu leiden haben. Oft wird uns vorgeworfen: Dieses habt ihr nicht rechtzeitig erkannt und jenes auch nicht. Dabei dringen wir jetzt erst tiefer in diese Materie ein. Es klingt natürlich entsetzlich, wenn ein Volk, so die Behauptung, als ›Versuchskarnickel‹ dient. Nein, wir haben die Erfahrung der ganzen Welt eingeholt, die der IAEO (Internationale Atomenergie-Organisation), der Japaner und aller Länder, in denen Atomreaktoren arbeiten. Bis jetzt wurden bereits sechzehn oder gar achtzehn Milliarden Rubel ausgegeben, und noch hat sich nichts Wesentliches getan. So einfach läßt sich die Not nicht beheben.

Für mich ist jetzt eines wichtig – auf dieser verantwortungsvollen Etappe alle meine Kraft einzusetzen, damit unser Staat erhalten bleibt. Unordnung und Chaos haben uns genug zu schaffen gemacht. Noch können wir sie in den Griff kriegen, wenn wir das Problem Staat lösen.«

Zwischen dem Referendum in der Ukraine und dem Treffen in Minsk

In der Weltöffentlichkeit, besonders in Europa und in den Vereinigten Staaten, hat die Situation in der Ukraine in Zusammenhang mit dem Referendum Besorgnis erregt.

Am 30. November rief mich Präsident George Bush an. Das Telefonat mit ihm war ein weiterer Beweis für den freundschaftlichen Charakter unseres praktisch regelmäßigen Meinungsaustauschs, es unterstrich die Bedeutung der entstandenen Beziehungen – nicht nur unter bilateralem Aspekt, sondern auch in weitgespannter, internationaler Hinsicht.

George Bush äußerte sich sehr lobend über die Anstrengungen Moskaus zur Beilegung des Konflikts zwischen Aserbaidschan und Armenien. Er vermittelte mir, von welchen Eindrücken sich das Weiße Haus bei der Erarbeitung seiner Haltung zum Referendum in der Ukraine leiten läßt. Dem galt ein großer Teil unseres fünfundvierzigminütigen Gesprächs.

In Beantwortung seiner Frage nach meiner Meinung über die Unabhängigkeitserklärung der Ukraine betonte ich eindeutig deren nichtseparatistischen Charakter. Die Unabhängigkeit, die auch von anderen Republiken schon früher proklamiert wurde, eröffnet noch größere Möglichkeiten für eine freie und absolut freiwillige Beteiligung an der Bildung der neuen Union, die für jeden und für alle zusammengenommen lebensnotwendig ist. Ich neige nicht dazu, den Entscheid der Bürger der Ukraine für ihre Unabhängigkeit als einen Bruch mit der Union zu betrachten. Die Vorgänge dort als in diese Richtung gehend auszulegen, könnte sich als Heraufbeschwörung einer Katastrophe für die Republik, für die Ukraine selbst, für Rußland, für Europa und für die Welt erweisen.

George Bush hat mich eingeweiht in die Pläne hinsichtlich der Entwicklung der Beziehungen zur Ukraine wie auch zu Rußland und zu anderen Souveränen Republiken. Dabei teilte er mir mit, die Linie der USA sei darauf ausgerichtet, daß diese Beziehungen den eigenen Anstrengungen der Republiken zur Lösung von Fragen in Zusammenhang mit der künftigen, neuen Union keinen Schaden zufügten.

Nach dem ukrainischen Referendum geriet der Gründungsprozeß der neuen Union allerdings aus seiner Bahn. Natürlich war die Haltung der ukrainischen Führung dabei nicht unwesentlich. Bald nach den Abkommen von Minsk und Alma-Ata traten die eigentlichen Absichten dann zutage. Wesentlich ist jedoch auch dabei, daß die Führung Rußlands das ukrainische Phänomen zum Anlaß nahm, der Idee der Union den Garaus zu machen. In der Umgebung des Präsidenten Rußlands kursierte lange schon das Konzept »Union ohne Zentrum«. Ich aber halte das für einen Fehler – vom Blickwinkel der Interessen Rußlands aus sowieso, ganz zu schweigen von jenen der anderen Republiken. Ohne das Unionszentrum ergäbe sich für Rußland eine völlig neue Situation.

Ein Zentrum wäre in der neuen Union Souveräner Staaten objektiv notwendig – auch für Rußland, zur Verwirklichung seiner Rolle. Die Republiken brauchen es als ihren Dreh- und Angelpunkt, wo die Parität unterstützt wird, wo Erörterungen und Absprachen möglich sind und dergleichen mehr.

In den ersten Dezembertagen bekam ich die Ergebnisse der allerletzten Meinungsumfrage auf den Tisch. Es zeigte sich, daß sich die Stimmen, welche die Union befürworteten, im Vergleich zum vorangegangenen Monat noch gemehrt hatten.

Das ist die Grundlage, auf die ich meine Haltung stütze.

Appell an die Gesetzlichkeit

Am 3. Dezember richtete ich ein Schreiben an die Parlamentarier des Landes, in dem ich meine Konzeption einer neuen Staatlichkeit summarisch vorstellte. Wenn ich es heute überlese, finde ich, daß ich im Grunde recht hatte, als ich vor den Gefahren eines Zerfalls warnte.

Ich möchte das Dokument hier in voller Länge veröffentlichen.

»Verehrte Abgeordnete der Obersten Sowjets der Souveränen Staaten!

Die wachsende Sorge um unser Vaterland veranlaßt mich, an Sie heranzutreten. Unter den vielen Krisen, die es durchzustehen hat, ist die gefährlichste jene der Staatlichkeit. Sie wirkt sich in äußerst negativer Weise auf die Bewegungsfreiheit der Behörden aus, die ihren Pflichten gegenüber den Bürgern nicht mehr in vollem Umfang nachkommen können; sie behindert die Wirtschaft, hemmt und ruiniert die Reformen, deformiert die Moral, hetzt die Völker gegeneinander und führt zum Verfall der Kultur.

In jedem Ihrer Souveränen Staaten gibt es heute demokratisch gewählte gesetzgebende und vollziehende Organe. Sie tragen die Verantwortung für eine Politik, die den Interessen der Menschen zu dienen hat. Aber im Alltag wird alles schlechter und schlechter. Eigentlich sollte jeder begriffen haben, daß einer der Hauptgründe dafür in der Desintegration liegt, die gegen die historische Logik der Existenz eines in sich geschlossenen Riesenstaates verstoßen, die Grenzen der Vernunft verlassen hat und so weit gegangen ist, daß sich ihr zerstörerischer Charakter nicht mehr übersehen läßt.

Zur Prüfung vorgelegt finden Sie den Entwurf eines Unionsvertrags. Ihre Entscheidung wird die Gesellschaft entweder zu neuen Lebensformen führen, oder unsere Völker werden sich lange und wahrscheinlich vergeblich im Alleingang freizumachen suchen. Was konkret in letzterem Falle jeden von Ihnen und uns alle zusammen erwartet – die gesamte Welt draußen –, läßt sich unmöglich voraussagen. Eines dürfte feststehen – die Folgen werden brutal sein.

Irgendwann müssen wir doch aus den dramatischen, sogar blutigen Erfahrungen im Zusammenhang mit den Zerwürfnissen, die es in verschiedenen Gegenden des Landes bereits gegeben hat, unsere Lehren ziehen.

Wiederholt schon habe ich öffentlich – in Konferenzen und auf Staatsebene – meine Konzeption der neuen Union dargestellt. Indem ich mich jetzt an Sie wende, möchte ich noch einmal unterstreichen: Es geht nicht um eine Wiedergeburt des alten Zentrums in neuem Gewand. Die alte Union existiert nicht mehr, zu ihr führt kein Weg zurück. Das hat auch der Zusammenbruch des Putsches im August gezeigt. Es geht um die Schaffung eines vollkommen neuen staatlichen und zwischenstaatlichen Gebildes, dessen Wesen unzweideutig aus dem Entwurf des Ihnen vorgelegten Vertrags ersichtlich wird.

Dieses Dokument ist das Produkt einer allseitigen, sehr gewissenhaften Analyse, langwieriger Verhandlungen und sorgfältiger Überarbeitung unter Beteiligung von Vertretern der Souveränen Staaten. Wiederholt haben sich die Führer der Souveränen Republiken mit ihm befaßt, gemeinsam und einzeln. Es wurde mehrmals grundlegend abgeändert, um die konföderativen und demokratischen Prinzipien deutlicher herauszustellen.

Zwei grundlegende Ideen finden sich in die konföderative Konzeption des Vertrags eingebunden, die den Charakter einer neuen, nie dagewesenen Staatlichkeit prägt.

Das eine ist die Idee der Selbstbestimmung, der nationalstaatlichen Souveränität und der Unabhängigkeit.

Das andere ist die Idee der Bündnistreue, der Zusammenarbeit, der Wechselwirkung und der gegenseitigen Hilfe.

Meine Position steht fest. Ich bin für eine neuen Union, für die Union Souveräner Staaten – einen konföderativen demokratischen Staat. Mir liegt daran, daß mein Standpunkt jedem von Ihnen im Vorfeld Ihrer Entscheidung hinlänglich bekannt sei. Länger dürfen wir nicht zögern. Der Zeitverlust könnte sich katastrophal auswirken.

Deshalb bitte ich Sie als die bevollmächtigten Vertreter Ihrer Völker, in den nächsten Tagen den Entwurf zum Vertrag über die Union Souveräner Staaten zu erörtern und ihm zuzustimmen.

Im März dieses Jahres sprach sich eine überwältigende Mehrheit von Bürgern im Referendum unserer Völker für die Erhaltung der erneuerten Union aus. Die letzten Monate voller stürmischer, besorgniserregender und tragischer Ereignisse haben die Menschen nur noch mehr von der Notwendigkeit der Union überzeugt. Das bestätigen alle Meinungsumfragen.

Ich weiß, daß sich die Volksdeputierten jetzt einem Druck seitens der unterschiedlichsten Kräfte ausgesetzt sehen, die häufig entgegengesetzte Positionen und Ansprüche vertreten und von denen jeder eigene Ansichten hat.

Für eine Demokratie ist das alles ganz natürlich. Sie verlangt aber eben auch, Entschlüsse im Interesse der Mehrheit und nicht nur eines Teils der Gesellschaft zu fassen, mag dieser noch so aktiv sein – Entschlüsse von Dauer, nicht für den Augenblick.

Jeder hat das Recht, auf die Union zu verzichten. Es bedeutet aber für die Volksvertreter, auch an die Folgen zu denken. Nur die Union schützt vor der schrecklichsten aller drohenden Gefahren – vor dem Auseinanderbrechen und dem Verlust der jahrhundertealten Strukturen, in die auf einem Sechstel der Erde ganze Völker und Volksgruppen von der Geschichte eingebunden wurden. Der Zerfall einer solchen multinationalen Gemeinschaft brächte Millionen unserer Bürger Nöte, die alle eventuellen zeitweiligen Vorteile aus der Abspaltung überwögen. Für die Dutzende Millionen Menschen, die außerhalb ihrer nationalen Republiken leben und bei denen sich in Generationen ein Gefühl der Verbundenheit mit ihrer riesengroßen Heimat entwickelt hat, käme der Zerfall einer Verurteilung gleich.

Ein Bruch mit der Union könnte nationale, zwischenrepublikanische Zusammenstöße und sogar Kriege heraufbeschwören. Das würde eine Katastrophe für die gesamte internationale Gemeinschaft bedeuten, der Verlust aller Errungenschaften, die wir der Politik des neuen Denkens zu verdanken haben.

Abgrenzung würde die Aussicht auf Einhaltung der Menschenrechte und der Rechte nationaler Minderheiten schmälern. Das bliebe nicht aus – selbst wenn jetzt noch so ehrlich gemeinte Verpflichtungen und Verordnungen verabschiedet werden. Die Beeinträchtigung dieser Rechte aber könnte für die betroffenen Republiken ernsthafte Spannungen mit der Außenwelt hervorrufen, da sie eine Verletzung internationaler Verträge darstellt.

Ein Zerfall käme einem Todesstoß für die Produktivkräfte gleich, die mit dem Gesamtkomplex dermaßen eng verbunden sind, daß sich jetzt schon die vorerst nur relative Entfremdung der Republiken untereinander kraß auf die wirtschaftliche Lage einer jeden von ihnen auswirkt und den Alltag der Menschen noch mehr verschlechtert.

Ein Auseinanderbrechen würde – das muß man klar erkennen – alle Souveränen Staaten hinsichtlich der Entwicklung von Wissenschaft, Technologie und Kultur weit zurückwerfen, wo sie doch im Grunde, und ganz besonders in unserer Zeit, eines fortwährenden organischen Zusammenwirkens und gegenseitigen Befruchtens nicht nur innerhalb der ehemaligen Unionsgrenzen, sondern auch im Weltmaßstab bedürfen. Prestige und Potential unserer Wissenschaft und Kultur hätten in ihrer multinationalen Synthese einen nicht wiedergutzumachenden Schaden hinzunehmen.

Ohne die Union ließe sich eine allmähliche Erosion unserer gemeinsamen Sicherheit und der jeder einzelnen Republik nicht mehr verhindern. Unvermeidbar wäre auch der Verlust an internationaler Autorität, für die alle unsere Völker so teuer haben bezahlen müssen und die jedem Bürger sehr viel bedeutet.

Schließlich sei noch bemerkt, daß niemand das Recht hat zu vergessen, zu welch wichtigem Stützpfeiler unser Staat auf dem Weg der Welt hin zu einer neuen Weltordnung geworden ist.

Genau als solchen sieht man uns. Das bedeutet sowohl Verantwortung als auch Bestätigung unserer Reife. Sollte eine derartige Säule einstürzen, wäre eine Kettenreaktion mit schwer vorhersehbaren Auswirkungen für die gesamte Erde die Folge.

Jede Übertreibung möge mir fernliegen, wenn ich Ihr Augenmerk auf diese Bedrohungen und unausbleiblichen Verluste lenke. Darüber sprechen und schreiben sowohl unsere als auch ausländische Analytiker der unterschiedlichsten Orientierungen. Davon zeugen Zahlenauswertungen, Berechnungen und wissenschaftlich belegte Prognosen weithin angesehener Forschungszentren.

Ich wiederhole: Nirgends kämen wir mit der Erneuerung der Gesellschaft zu Rande, für uns gäbe es kein Heraus aus der Krise und keinen Anschluß an die zivilisierte Welt, schlimmer noch – die allgemeine Katastrophe ließe nicht auf sich warten, würden wir den Prozeß der Desintegration nicht stoppen.

Ich bitte Sie um Zustimmung für eine solche Form gleichberechtigter Zusammenarbeit und Wechselwirkung, die es uns allen ermöglicht, geschlossen – anders gelingt es nicht – diese schwierige und sehr gefährliche Phase unserer gemeinsamen Geschichte zu bewältigen.

Der Staatsrat hat in seinem Aufruf an die Parlamente den Wunsch geäußert, der Vertrag möge noch dieses Jahr zur Ratifizierung vorbereitet werden. Die bevollmächtigten Delegationen der Obersten Sowjets könnten die noch während der letzten Arbeiten am Vertrag eingehenden Bemerkungen prüfen, um schließlich durch die Unterzeichnung des Dokuments das Land erleichtert aufatmen zu lassen, ihm den so wichtigen Halt und die Hoffnung auf ein gemeinsames Voranschreiten zu bieten.«

Die Diskussion über den Entwurf zum Unionsvertrag wurde in den Parlamenten leider in einer Atmosphäre von Panik erstickt, die sich – angeheizt noch durch die Presse – nach dem ukrainischen Referendum ausbreitete. Natürlich hatten auch die destruktiven Aktivitäten der Führer einiger Republiken nicht unwesentlichen Anteil daran.

Nach dem Referendum in der Ukraine kehrte die russische

Führung – ungeachtet des berühmten Ausspruchs Jelzins in Nowo-Ogarewo: »Die Union kommt!« – zu ihrer vorherigen Konzeption zurück und begründete ihr Umschwenken damit, von seiten Rußland sei niemals eine Union ohne die Ukraine befürwortet worden. Das war aber nur ein Vorwand.

Über mein Gespräch mit Jelzin vor seiner Abreise nach Minsk habe ich am 12. Dezember einer großen Gruppe von Journalisten berichtet. Ich habe dem Präsidenten Rußlands alte und neue Argumente zugunsten der Union genannt, mußte jedoch feststellen, daß Jelzin kein Interesse zeigte, sich mit der Thematik eingehend zu befassen – eigentlich wußte er auch gar nicht, was er hätte vorbringen sollen. Deshalb stellte er mir beharrlich immer wieder dieselbe Frage: »Was ist mit der Ukraine – garantieren Sie mir, daß sie sich an dem Vertrag beteiligt?« »Ja«, trieb ich ihn in die Enge, »man kann die Ukraine dafür gewinnen. Voraussetzung dafür ist aber, daß die Russische Föderation den Entwurf als erste erörtert und unterzeichnet. Dann wird die Ukraine schon nachziehen, um den Anschluß nicht zu verpassen. Sie kommt nicht umhin, wenn acht Republiken unterzeichnen.«

Als ich dann erfuhr, daß sich Burbulis und Schachrai in Minsk aufhielten, war mir alles klar. Burbulis hatte seinerzeit ein Papier verfaßt, das über viele Tische gewandert war, obwohl sein Inhalt als »streng vertraulich« galt. Was die Aufzeichnungen besagten? Nun – Rußland hat die Hälfte schon wieder verloren von dem, was es nach dem Augustputsch gewonnen hat; der schlaue Gorbatschow knüpft Verbindungen, reanimiert das alte Zentrum, und die Republiken werden ihn unterstützen. Das alles bringt Rußland nichts, also muß es gestoppt und abgebrochen werden. Von wegen Jawlinskis Absichten in Richtung starkes Zentrum und dergleichen . . . Der russische Plan sieht anderes vor: unabhängige Republiken und Staaten und irgend so ein Gebilde für »Scheidungsprozesse«. Nicht um zusammenzuarbeiten, sondern um die Unabhängigkeit in Loslösung zu verwandeln. Mit einem Wort: Die Heimlichkeiten wurden ruchbar – und alle getroffenen Absprachen einfach über Bord geworfen.

Die russische Führung war gegen jedwedes »Zentrum«. Sie handelte nach dem Prinzip: Jetzt oder nie! Da liegen die Wurzeln dessen, was in Minsk geschah, im Wald »Beloweshskaja Pustscha«. Darin bestand Jelzins gravierendster Fehler.

Sorgenvolle Tage

Die ersten Dezembertage waren von Sorgen gekennzeichnet. Nicht nur Journalisten, auch ausländische Staatsmänner und Vertreter der Öffentlichkeit suchten Kontakt mit mir. Sie wollten wissen, was los war, und welches Schicksal auf die großartigen Unternehmungen wartete, deren Tragweite sich auf die gesamte Weltsituation auswirken würden. Mehr noch, sie erhofften sich von meinen Einschätzungen die Bestätigung ihrer Erwartung, daß nicht alles in die Brüche gehe. Wahrscheinlich lagen sie richtig mit der Annahme, daß in diesem dramatischen Augenblick viel von meiner Haltung abhinge, als die Erhaltung der Stabilität und der friedliche Charakter der stürmischen Entwicklung in Frage standen.

Am 3. Dezember rief mich Bundeskanzler Helmut Kohl an. Wir sind Freunde. Unser Gespräch war wie immer äußerst offen. Das traf auch auf die Fragen zu, die uns berührten. »Sag mal«, erkundigte er sich, »wie stehen die Dinge bei euch nun wirklich?« Meine Antwort lautete: »Wir haben in den nächsten Tagen und Wochen lebenswichtige Probleme zu lösen, die alle mit der Unterzeichnung des neuen Unionsvertrags und mit der praktischen Einführung der breitangelegten Wirtschaftsreformen in Zusammenhang stehen.

Absoluten Vorrang hat für mich die Frage des künftigen Staatsaufbaus. Vergeuden wir jetzt Zeit, erwächst daraus die große Gefahr der Desintegration nicht nur für die Wirtschaft, sondern auch für die Gesellschaft insgesamt. Vorerst gelingt es noch, alles in vernünftigen Grenzen zu halten. Würden wir aber einen weiteren Monat oder zwei zögern, könnte das sehr vieles in Frage stellen, was den Reformenkomplex betrifft.

Ich konnte Boris Jelzin überreden, im Staatsrat Einzelheiten über seine ökonomischen Reformen preiszugeben, und jetzt hat unter Silajews Leitung die Arbeit auf dieser Grundlage so richtig begonnen. Während ich hier mit dir spreche, trifft sich Silajew mit den Regierungsspitzen der Souveränen Republiken. Im Laufe ihrer Beratung hoffe ich durchzusetzen, daß gewisse gefährliche Bestandteile aus Jelzins Programm entweder herausgenommen oder durch entsprechende soziale und stabilisierende Maßnahmen kompensiert werden.

Das Hauptaugenmerk zielt dabei darauf, daß nicht alle Reformen nur auf Preiserhöhung abzielen. In ihnen sollten auch konstruktive Elemente für die Produzenten enthalten sein – also für die Bauern und Arbeiter –, des weiteren für die Schaffung eines funktionierenden Systems der Besteuerung und für die Einführung stabilisierender Versicherungsmaßnahmen. Das wichtigste aber ist und bleibt, daß alle Republiken im Einklang handeln.

Meine Reise neulich durch Sibirien und nach Kyrgystan hat gezeigt, wie sehr die Menschen jetzt auf entscheidende Schritte zur Durchführung der Reformen warten, mit denen jedoch unbedingt ein Programm von Maßnahmen sowohl zum Schutze der Produzenten als auch der Verbraucher einhergehen muß.

Diese Reise hat aber auch gezeigt, daß neben dem Übergang zur Marktwirtschaft noch eine andere wichtige Frage im Mittelpunkt des Interesses steht: die Gründung einer erneuerten Union. Meinungen und Ansichten dazu gibt es in Hülle und Fülle. Bemerkenswert ist, daß derzeit sowohl in der Ukraine als auch in den anderen Souveränen Republiken sogar mehr Menschen für die Union stimmen, als das im Allunionsreferendum der Fall war.

Der neue Entwurf des Unionsvertrags wird momentan in den Parlamenten der Souveränen Republiken und im Obersten Sowjet der UdSSR diskutiert. Ich habe heute allen Parlamentariern ein besonderes Schreiben geschickt mit der Aufforderung, das Werk unverzüglich zu prüfen.

Auch mit Krawtschuk konnte ich heute sprechen. Er machte mir die Zusage, daß wir auf eine Zusammenarbeit zählen können.

Das wäre der Komplex der vorrangig wichtigen Probleme in Zusammenhang mit dem Unionsvertrag. Selbstverständlich gibt es darüber hinaus noch genügend Arbeit mit Armenien, mit Aserbaidschan und mit der Militärreform.

Was die Versorgung mit Lebensmitteln angeht, so scheint die

Lage zur Zeit besonders schwierig zu sein in Moskau, St. Petersburg, Tscheljabinsk und Swerdlowsk. In den übrigen Städten kommt man wohl noch halbwegs zurecht. Dank gebührt den Deutschen für ihre Hilfe. Sie wird nach wie vor dringend gebraucht. Das Wichtigste ist jetzt, alles zu unternehmen, damit das Volk nicht auf die Straße geht.«

»Wie schätzt du die Lage in der Ukraine ein?« wollte Kohl wissen.

»Das dort veranstaltete Referendum versucht man als Abstimmung für die Loslösung von der Union hinzustellen. Unabhängigkeit und Souveränität werden automatisch mit Abspaltung gleichgesetzt. Aber das stimmt nicht. Die übrigen Republiken sind ebenso souverän und unabhängig, doch das katapultiert sie nicht hinaus aus der Union. Im Gegenteil – sie arbeiten mit an der Erschaffung eines neuen, konföderativen Staates.

In der Ukraine aber sind äußerst aktive Kräfte am Werk, die eine vollkommene Loslösung von der Union provozieren möchten. Im Vorfeld der Wahl hatten sie Krawtschuk fest in ihre Arme geschlossen. Die Frage ist, ob er sich aus der Umklammerung befreien kann?

Im Zusammenhang mit den Verhältnissen in der Ukraine erinnere ich mich dessen, worüber ich mit dir im Mai in der Nähe von Kiew gesprochen habe. Sollte es zu einer so abrupten Loslösung von der Union kommen, zum Austritt der Ukraine, dann könnten wir uns dort auf sehr brenzlige Ereignisse gefaßt machen.

Sorge Nummer eins ist jetzt die Zukunft unserer Staatlichkeit. Die Gefahr der Desintegration wächst. Ihr muß unbedingt Einhalt geboten werden. Alle Anstrengungen richten wir jetzt darauf, die Gründung der neuen Union durchzusetzen. Ziehen wir sie hinaus, brächte das unübersehbare Schwierigkeiten, auch für den wirtschaftlichen Zustand aller Republiken.

Ich beabsichtige, Krawtschuk und dem Obersten Sowjet der Ukraine anläßlich der Wahl des Präsidenten meinen Glückwunsch zu schicken. Darin wird auch der Vorschlag enthalten sein, konstruktiv zusammenzuarbeiten und gemeinsam mit den Führern der anderen Souveränen Staaten die weiteren Schritte zur Reformierung der Union zu erörtern. Es darf nicht hingenommen werden, daß separatistische Kräfte in der Unabhängigkeit der Ukraine einen willkommenen Anlaß zur Abspaltung sehen. In diesem Zusammenhang hatte ich ein Gespräch mit George Bush. Ich ersuchte ihn, die Lage nüchtern einzuschätzen und auf Stabilität und das Verhindern von Lageverschiebungen hinzuarbeiten, deren Folgen sich auch für die übrige Welt als äußerst problematisch erweisen könnten.

Ich weiß deinen Standpunkt zu würdigen. Das fällt mir um so leichter, als wir alle gemeinsam, mit der Ukraine und mit Deutschland, am gesamteuropäischen Werk zur Festigung der Zusammenarbeit und Stabilität auf unserem Kontinent werden arbeiten müssen.«

»Einverstanden, Michail«, faßte Kohl zusammen. »Warten wir ab, wie sich die Ereignisse in den nächsten Tagen entwickeln werden. Ich würde nächste Woche gern wieder mit dir sprechen.«

Am 4. Dezember rief mich Lech Walesa, der Präsident Polens, an. Es entwickelte sich ein sehr freundschaftlicher, offener Dialog, der von der Sorge um die Geschlossenheit unseres Landes beherrscht wurde. Walesa begann folgendermaßen: »Ich grüße Sie, Herr Präsident, und alle Völker Ihres Landes. Ich möchte rundheraus erklären, daß ich Ihre Konzeption zur Reformierung der sowjetischen Republiken voll unterstütze und mit ihr solidarisch bin. Die Republiken, die zu Ihrem Staat gehören, haben über lange Jahre enge Verbindungen geknüpft, die jetzt reißen. Ich bin ein Verfechter des evolutionären, nicht des revolutionären Weges zur Realisierung demokratischer Reformen. Freiheit – ja, Demokratie – ja; ein Weg, der zum Bruch von Bindungen führt – nein. Eben deshalb verfolge ich voll Unruhe, wie sich die Situation in einigen Ländern der jungen Demokratie entwickelt.«

Wo nötig, sagte der Präsident Polens, sei er bereit, sich an die Völker unseres Landes zu wenden und sie aufzufordern, Veränderungen auf evolutionärem Weg herbeizuführen. Und einem unserer Fernsehreporter hat er am darauffolgenden Tag zu diesem Thema auch ein Interview gegeben.

Am 5. Dezember telefonierte ich mit dem Premierminister Ungarns, Jozsef Antall. Wir unterhielten uns über bilaterale Beziehungen, aber auch über die Vergangenheit Ungarns seit 1956. Dabei betonte ich, daß die Beteiligung sowjetischer Truppen an den Ereignissen des Jahres 1956 eindeutig eine Einmischung in die inneren Angelegenheiten Ungarns war. Diktiert wurde sie von der damals herrschenden Atmosphäre des »kalten Krieges«, von einer harten Gangart seitens der UdSSR. Wir verabredeten, diese Einmischung in einer entsprechenden öffentlichen Verlautbarung zu bewerten. Außerdem einigten wir uns über eine Verfahrensweise zur Lösung von Fragen, die mit dem Schicksal internierter ungarischer Bürger und der Bestattung von Kriegsgefangenen in Zusammenhang stehen. Wir vereinbarten, zu diesem Themenkomplex eine gemeinsame Arbeitsgruppe zu bilden. Für uns bestand kein Zweifel, daß die demokratischen Umgestaltungen dem neuen Charakter und der Weiterentwicklung der Beziehungen zwischen unseren Ländern dienen würden.

Wie auch in anderen Gesprächen und Zusammenkünften mit der Presse, konzentrierte sich unsere Unterredung auf das Hauptthema – das Schicksal der Union.

»Es ist für uns sehr wichtig«, sagte ich zu Antall, »den Eintritt in die Marktwirtschaft zu überleben. Sie gehen diesen Weg schon lange und haben ihn unter anderen Voraussetzungen begonnen. Das ist ein objektiver Prozeß. Aber Nichtstun macht alles nur schlimmer. Das Leben selbst zwingt die Republiken, Berührungspunkte zu suchen. Das könnten Steuerpolitik, Bankaktivitäten oder Sozialprogramme sein. Das Interesse an derartiger Zusammenarbeit zeigte sich auf dem letzten Treffen der Regierungschefs unter dem Vorsitz von Iwan Silajew. Dabei wurde ein schöner Fortschritt erzielt . . .

Die russische Führung hat jetzt entschlossen den Weg der Reformen eingeschlagen, das sollte den übrigen Republiken den nötigen Anstoß geben. Die Frage der Wirtschaftsreform ist entschieden. Das Problem besteht darin, wie sie sich in die Praxis umsetzen läßt. Hier sind noch viele strittige Punkte aus dem Weg zu räumen. Letzten Endes, denke ich, werden wir das richtige Vorgehen finden.

Im Epizentrum der ganzen Politik steht die Frage der Staatlichkeit. Die Desintegration des Staates hat die gefährliche Schwelle erreicht, an der sogar Leute Angst bekommen, die seinerzeit die Zerrüttung der Union betrieben. Die Bevölkerung ist für die Union. Umfrageergebnisse belegen das sogar deutlicher als im März. Die Frage der Staatlichkeit steht an vorrangigster Stelle. Ehe sie nicht gelöst ist, bekommen wir auch die übrigen Probleme nicht in den Griff, insbesondere die wirtschaftlichen. So stehen im Augenblick die Dinge.

Der globale Aspekt aber besteht darin, daß es Tatsachen gibt, über die man sich nicht hinwegsetzen kann. Unsere Grenzen waren stets administrativ, allerdings wurden sie immer wieder neu zugeschnitten, Gebiete und Regionen ausgetauscht. Nur daß sich das in ein und demselben Staat abspielte, in dem Gebietsregelungen oft auf Kreisebene erfolgten. Kaum aber wird die Souveränität ausgebaut, erinnert man sich an die Geschichte.

Bei uns ist alles Gemeingut – die Verteidigung, das allumfassende System von Transport und Energieversorgung und dergleichen. Das Auseinanderreißen der Menschen ist daher um so tragischer: Jetzt, da die Republiken Trennstriche ziehen, sind plötzlich viele Menschen dort, wo sie, ihre Väter und Großväter gelebt haben, zu Ausländern geworden.

Während die Politiker streiten, werden von allen Seiten Forderungen laut, die gemeinsamen Strukturen beizubehalten. Dieser Tage bedrängten mich die Republikminister für Volksbildung, die forderten, das gesamtstaatliche Komitee für Volksbildung weiterbestehen zu lassen. Kurzum, alles ist sehr kompliziert. Zwei Ebenen müssen miteinander verbunden werden: auf der einen Seite keine Vergewaltigung, kein Auseinanderbrechen der Gesellschaft, auf der anderen Seite eine Reformierung der Union.

Für uns mit an vorrangigster Stelle stehen jetzt die Auswirkungen des Referendums in der Ukraine. Acht Republiken waren bereit, den neuen Unionsvertrag zu unterzeichnen. Ich kann mir nicht vorstellen, daß die Ukraine darauf verzichten wird. Vorerst aber vollzieht sich die Annäherung der Standpunkte sehr schwerfällig. Noch einmal: Wenn die Ausrufung der Souveränität unter den Bedingungen der Union geschieht, behalten die Republiken die bestehenden Rahmen. Tritt eine Republik aus, werden Verhandlungen zum gesamten Komplex der damit in Zusammenhang stehenden Thematik erforderlich. Meine persönliche Aufgabe sehe ich darin, diesen Prozeß in zivilisierten Bahnen zu halten. Möge Gott bei uns eine Wiederholung der jugoslawischen Variante bei verhüten. Die Folgen ließen sich mit dem, was in Jugoslawien geschieht, nicht vergleichen.

Überhaupt heißt es, auf dem Gebiet der zwischennationalen Beziehungen sehr vorsichtig sein. Für uns ist jetzt von größter Bedeutung, nicht zuzulassen, daß die Reformierung der Union zu ihrem Zerfall führt. Er würde zur allgemeinen Tragödie, auch für die Weltgemeinschaft.

Die Geschichte unseres Landes hat sich im Verlauf von zehn Jahrhunderten ineinander verwoben. Eine derartige Völkerverflechtung muß in unserer Epoche ein anderes Staatsgebilde geboten bekommen, für das es wahrscheinlich in der Vergangenheit noch keinen Präzedensfall gegeben hat. Garantieren muß es Sicherheit, Schutz der Bürgerrechte und ein Funktionieren der Allgemeinkommunikation, kurzum – alles das, was wir in die Konzeption unseres konföderativen Staates einbauen. Wird das nicht realisiert, zerreißt der gesamte Riesenraum in Fetzen. Wir würden uns das Leben schwermachen. Um ein Beispiel zu nennen: Solange die Ukraine der Union angehört, existiert das Problem Krim nicht.«

Die Reaktion meines ungarischen Gespächspartners auf diese meine Überlegungen war sehr interessant. Er sagte unter anderem: »Wir achten das Recht der Völker auf Selbstbestimmung, aber dessen Realisierung setzt auch eine effektive Garantie für die Rechte der nationalen Minderheiten voraus. Daß ein Imperium in die Brüche geht, ist kein Unglück. Ich könnte Österreich-Ungarn als Beispiel anführen. Die Tragödie entsteht da, wo Grenzen die Menschen künstlich trennen. Nach dem Ersten Weltkrieg hat Ungarn zwei Drittel seines historischen nationalen Territoriums und ungefähr die Hälfte seiner Bevölkerung verloren.

Unter Berücksichtigung all dessen, Herr Präsident, ist es wichtig, dem Aufbau der Souveränität einen zivilisierten Rahmen zu geben und das Land nicht zum zweiten Libanon werden zu lassen.

Unter den gegenwärtigen Bedingungen könnte das noch fürchterliche Konsequenzen mit sich bringen. Das Beispiel Jugoslawien haben wir vor Augen. Unsere westlichen Partner suchen aktiv nach Wegen zur Überwindung der jugoslawischen Krise. Eine diesbezügliche Beteiligung erwarten wir auch von Ihrem Land.«

Ich habe dem ungarischen Premier versichert, daß ich unter Ausnutzung aller Möglichkeiten danach streben werde, den konföderativen Staat, der souveräne, unabhängige Republiken vereint, zu realisieren. Genau diese Stimmung überwiegt auch in der Bevölkerung. Ich bin mir dessen sicher, auf ihre Unterstützung zählen zu können. Der gesunde Menschenverstand verbietet uns einfach eine Aufteilung.

Die Schlußfolgerung aus diesem Gespräch war die gleiche wie in ähnlichen Fällen: Die Union ist für uns lebensnotwendig, das verlangt die innere Logik unserer historischen Entwicklung. Gleichzeitig ist sie aber auch ein strategischer Stützpfeiler für die Entwicklung der ganzen Welt. Hier stimmen die Interessen tatsächlich überein.

Über diesen zentralen Punkt bin ich mit meinen Kollegen aus den Republiken uneins. So wie sie ihn angehen, wäre eine Aufteilung unseres Landes unabdingbar. Der Engländer Appleyard, ein Sonderbeauftragter John Majors, mit dem ich an diesem Tage zusammenkam, erinnerte mich als Antwort auf meine Vorstellungen an folgendes historisches Ereignis: Das britische Commonwealth hat etwas Ähnliches durchgemacht – und überlebt. Dann fragte er mich: »Wieso folgen Sie, Herr Präsident, der Sie kein Konservativer sind, hier nicht Ihrem ›neuen Denken‹?« Aber wir hatten immer einen Einheitsstaat. Er dehnte sich gleichsam in konzentrischen Kreisen aus und funktionierte als einheitlicher Organismus. Da die Menschen ihre eigentliche Heimat verließen und an anderem Ort neu siedelten, vermischten sich die Nationen, die Stämme; verwandtschaftliche Bindungen wurden geknüpft, und die Erschließung des riesengroßen Raumes vollzog sich gleichsam wie das Knüpfen eines bunten Teppichs. Natürlich gab es dabei auch Willkür, Besetzungen mit »Anschlüssen« Andersdenkender, aber sie wirkten sich nicht maßgeblich auf den Charakter des Landes aus. Eine historische Realität hatte sich zusammengefügt, eine geschlossene, weit ausgedehnte Welt, eine einzigartige Menschengemeinschaft.

Dieses Land hat sich in Tausenden von Jahren zusammengefügt, und alles in ihm ist einzigartig verflochten und wechselseitig verbunden durch die Geschichte, die Kultur, die gemeinsamen Traditionen, durch menschliche und durch Blutsbande, durch das gemeiname Leben, durch Arbeitsteilung, Kooperation in Industrie und Wissenschaft . . .

Ich bin überzeugt: Unter diesen Bedingungen darf sich das Recht auf Selbstbestimmung nicht in Aufteilung oder Abspaltung verkehren, sondern muß durch eine tiefgreifende Umverteilung der Vollmachten, eine einschneidende Reform der Union, durch den Übergang vom Einheitsstaat, der sich bei uns gebildet hat (auch wenn er sich Föderation nannte), zu einer Gemeinschaft im wörtlichen Sinne verwirklicht werden. Als deren Resultat blieben die natürlichen Bindungen, deren Beständigkeit durch die jahrhundertealte Geschichte und die Bedürfnisse der Neuzeit gerechtfertigt sind, erhalten.

Es gibt natürlich genug Leute, die meinen, daß Unabhängigkeit einer Abspaltung, einem Austritt gleichkommt. Unter unseren Bedingungen aber verleiht die Unabhängigkeit einer Republik dieser die Freiheit, von sich aus zu entscheiden, zu wählen: entweder in der Union bleiben und sich an der Erschaffung einer neuen Gemeinschaft beteiligen oder abspalten. Deshalb ist die Unabhängigkeit an sich schon die Basis für eine freie Willensäußerung, die Grundlage für den freiwilligen Entschluß.

Und nun soll solch ein Land zerteilt werden. Ich kann mir einfach nicht vorstellen, wie sich das riesige Territorium zuschneiden ließe. Den »Zuschneider« gibt es nicht, der dies fertigbrächte. So viele Zeitbomben würden in die Zukunft hineinticken, daß mehr als ein Karabagh die Folgen wären.

Diese Dinge muß man unter einer großen, langfristigen Perspektive betrachten: Die Minen, heute noch nicht immer sichtbar, werden irgendwann in die Luft gehen. Das ist jedesmal dann der Fall, wenn sich der Zustand der Wirtschaft verschlechtert, wenn soziale Spannungen auftreten.

Mitte der achtziger Jahre hatte die Welt Glück: Als ihr eindringlich bewußt wurde, daß eine weitere globale Konfrontation nicht länger geduldet werden dürfte – weil wir uns sonst gegenseitig vernichtet hätten –, fand sich ein Häuflein Politiker, das die Gefahr erkannte und verantwortlich handelte.

Die Situation in unserem Land ist jetzt schwer wie nie zuvor. Gehen wir ungeschickt vor, reagieren wir nur auf den Augenblick, ohne Berücksichtigung sich daraus ergebender Folgen, wird sich die Lage noch weiter zuspitzen. Unsere »neuen« Politiker begreifen das nicht. Wie läßt sich das erklären? Ein Teil von ihnen ist erst vor kurzem als Gewinner aus Wahlkampagnen hervorgegangen, hat die Rednerpulte soeben verlassen. Diese Leute müssen sich vorerst noch mit der realen Staatspolitik vertraut machen.

Die Themen, die ich kürzlich ausführlich mit dem Engländer Appleyard erörtert habe, waren Gegenstand eines ausführlichen Interviews mit der französischen Fernsehgesellschaft »Antenne 7«. Meine Gesprächspartnerin war Anne Sinclair.

»Wenn Sie entlang der Längen- und Breitengrade durch das Land gehen«, sagte ich zu der Französin, »werden Sie feststellen, daß heute weitaus mehr Menschen für die Beibehaltung der Union stimmen als beim Referendum im vergangenen Jahr. Das ist mein Betätigungsfeld, das ist für mich wichtig.

... Das Volk der Ukraine hat sich für die Unabhängigkeit entschieden, aber im Märzreferendum auch die Union befürwortet, und die Ergebnisse des Referendums haben nach wie vor Gültigkeit. Es handelt sich um politische Taschenspielertricks, wenn man heute behauptet, daß das Resultat des Referendums für die Abtrennung spricht. Es wird vielleicht der Zeitpunkt kommen, da das Volk sich dazu äußern möchte. Heute stehen wir an der Schwelle sehr wichtiger Ereignisse. Noch befinden wir uns ganz am Anfang, obwohl viele versichern, alles sei schon entschieden.«

Mehrmals in dem Interview kamen die äußeren Umstände zur Sprache, unter denen die Prozesse bei uns abliefen – die positiven und negativen Momente, die unsere Politiker getrost berücksichtigen sollten.

»Für mich ist es sehr interessant zu beobachten«, sagte ich, »wie die Partner, meine Freunde, Ihr Präsident Herr Mitterrand und Kanzler Kohl, vor der Sitzung in Holland die Diskussion über die neue Etappe in der Entwicklung der Europäischen Gemeinschaft führen. Worüber sprechen sie? Herr Kohl hat gestern gesagt, es sei unmöglich, ohne die politische Union in die neue Phase überzuleiten. Und dabei ist nicht nur von der Koordination der Innen-, sondern auch der Außenpolitik die Rede. Ich habe diesen Prozeß moderner Integration verglichen mit dem bei uns zu beobachtenden Versuch, das Land zu zertrennen – ein Land, in dem alles seit langem ökonomisch, politisch und in jeder anderen Hinsicht vermengt ist... Innerhalb des Landes haben wir keine Grenzen. Wußten Sie das? Sogar unter der Sowjetmacht wurden die Beschlüsse gefaßt, die Umrisse einiger Republiken zu verändern, ganze Regionen von einer Republik an die andere abzugeben. Niemand hat darin Probleme gesehen, das galt als völlig normal, weil es sich innerhalb unseres Landes abspielte.

Oder nehmen Sie die Verteidigung. Das interessiert alle – sowohl Sie als auch uns. Die Bewaffneten Streitkräfte sind über ein Riesenterritorium verteilt und entsprechend einer bestimmten Konzeption stationiert, die von unserem Land als einheitlichem Ganzen ausgeht. Verlagern Sie auch nur eine Einheit der Bewaffneten Streitkräfte, sehen Sie sich veranlaßt, alles umzustellen. Ein Verteidigungsraum hat sich gebildet, ein strategischer Raum. Sie wissen, was das ist? Das sind nicht nur Raketen, sondern über die Gebietsflächen aller Republiken verteilte Systeme zur Kontrolle, Beobachtung und Leitung.«

Anne Sinclair fragte, ob ich Jugoslawien als »Labor« für das betrachte, was in der Sowjetunion passieren könnte.

»Ich war und bin der Ansicht, daß die Lehren aus den Auseinandersetzungen innerhalb Jugoslawiens gründlich studiert und durchdacht werden müssen. Aus interner Sicht sollten wir Politiker eine Lehre ziehen – in der Politik darf man nicht zu spät kommen. Damit meine ich, daß wir uns in puncto Reformierung unseres Staates den Vorwurf der Verzögerung gefallen lassen müssen.

Eine nicht weniger wichtige Lehre, nicht nur für die Innen-, sondern auch für die Außenpolitik, besagt: niemals auf Stärke setzen. Durch Stärke läßt sich nichts entscheiden. Die Tragödie Jugoslawiens bestätigt das ein übriges Mal. Sehen Sie, wohin alles geführt hat: Städte sind zerstört, die Wirtschaft liegt am Boden, Schäden in Höhe von Milliarden Dollar sind zu verzeichnen. Was aber das Schlimmste ist – wie viele Leben wurden schon geopfert, wie viele Verwundete! Wieviel Leid kam über die Menschen!

Folglich sollte nur auf den politischen Dialog gesetzt werden, auf demokratische Methoden, auf gegenseitiges Verständnis, auf Zusammenarbeit und auf Kompromisse. Das ist es, wofür ich mich seit langem einsetze. Ich habe es zum Leitfaden meiner Innen- und Außenpolitik gemacht.

Was Jugoslawien angeht, bin ich der Meinung, daß es jemand eilig gehabt hat, sich auf die Seite der Separatisten zu schlagen. Durch überstürzte Anerkennung wurde der Prozeß des Auseinanderbrechens beschleunigt.«

Das Gespräch mit der französischen Journalistin fand zufälligerweise einen Tag vor der Sitzung der Staatsoberhäupter der Europäischen Gemeinschaft im niederländischen Maastricht statt, auf der Vereinbarungen von prinzipieller Bedeutung getroffen wurden. Sie fragte: »In der Zeit, da Sie nach Wegen suchen, sich des Nationalismus zu erwehren, bemüht sich Europa um die Vereinigung. Haben Sie den Eindruck, daß wir in Europa, in ganz Europa, uns mehr und mehr voneinander entfernen?«

Ich antwortete, daß ich den Integrationsprozeß begrüße, und betonte, die Stärke der EG, ihre Dynamik seien positive Faktoren, die den Helsinki-Prozeß bereicherten. Meine Gespräche mit dem Präsidenten Frankreichs und mit dem Kanzler Deutschlands hätten mich nur noch in dem Gedanken bestärkt, daß dieser Prozeß, vollziehe er sich nur in einem Teil Europas, nicht aber auch in dem anderen, dem Helsinki-Gedanken insgesamt schade.

In diesem Zusammenhang hob ich die konstruktive Rolle und den Weitblick des französischen Präsidenten hervor: »Wir sprechen vom europäischen Haus, er spricht von Konföderation. Das ist der richtige Weg, aufeinander zuzugehen.

Bekanntlich stießen die Gedanken des französischen Präsidenten nicht immer auf Verständnis. Das Leben aber zeigt, daß er ein Politiker ist, der weit vorausschaut.«

Meine Haltung zum Referendum in der Ukraine

Anfang Dezember führte ich ein ausgedehntes Gespräch mit einem Vertreter des ukrainischen Fernsehens. Niemand hat dessen Inhalt in der Presse veröffentlicht, obwohl das Interview vom Moskauer und vom Kiewer Fernsehen ausgestrahlt wurde. Ich hatte dem Interview unter einer Bedingung zugestimmt: Der Korrespondent konnte mich fragen, was er wollte, aber die Antworten sollten von den Sendeanstalten ungekürzt gebracht werden.

»Für mich«, sagte ich zu Beginn, »hat dieses Gespräch eine große Bedeutung, weil es sich vor dem Volk der Ukraine abspielt.«

Selbstverständlich war sofort vom Referendum in der Republik die Rede. Ich machte keinen Hehl aus meiner Ablehnung derer, welche die Befürwortung der Unabhängigkeit gleichzeitig auch als Entscheidung für den Bruch mit der Union, für den Austritt aus der Union hinstellen wollten: »Die Souveränität, im Referendum für die Unabhängigkeit durch Abstimmung bekräftigt, bietet dem ukrainischen Staat, dem Volk der Ukraine die Möglichkeit, sich als vollberechtigter Herr auf seiner Erde zu betrachten, an allem teilzuhaben und sämtliche Probleme eigenständig zu lösen.

Ich hege keinen Zweifel, daß die Bürger der Ukraine für die Zusammenarbeit mit den anderen Souveränen Republiken, für die neue Union und für neue Beziehungen sind. Dabei steht nicht die Zerstörung im Vordergrund, sondern die Erschaffung von etwas Neuem. In diesem Sinne werde ich durch umfangreiche Informationen bestätigt. Vor einem Monat wurde eine Umfrage in den Städten Kiew, Moskau, Sankt Petersburg (Leningrad), Krasnojarsk, in Alma-Ata und wohl auch in Nowosibirsk durchgeführt. Die Ergebnisse sind bekannt. Jetzt machte man in fast denselben Städten eine weitere Umfrage. Und bitte: In Moskau haben sich achtzig Prozent für die Beibehaltung der Union ausgesprochen – der neuen, versteht sich –, in Kiew vierundsechzig Prozent der Befragten, während es in Alma-Ata zweiundsiebzig Prozent waren.

Ich hüte mich davor, die Bedeutung solcher Demoskopien zu überschätzen. Es existieren aber doch noch andere Fakten, andere Information – lebendige, menschliche. Hier eine einfache Begebenheit, von der ich denke, daß jeder, der uns zuhört, sie verstehen wird. Der Fahrer meines Wagens kam aus einem Urlaub zurück – ein Trauerfall: In Lugansk war sein Onkel gestorben. Mein Chauffeur war zur Beerdigung gefahren und eine Zeitlang in Lugansk geblieben. Er sagt, dort könne man sich eine Loslösung von der Union gar nicht vorstellen. Die Leute dort sind der Meinung, wir haben zusammengelebt und werden dies auch weiterhin tun . . . Die Frage erhebt sich erst gar nicht. Er erkundigt sich: Wieso schreien dann eure Abspaltler nach einer selbständigen Ukraine? Antwort: Die Abspaltler kamen zweimal hierher, wir haben ihnen ein paar Takte erzählt, wiedergekommen sind die nicht. – Na ja, aber ihr werdet bald das Referendum haben, wofür werdet ihr stimmen? – Wir sind für die Unabhängigkeit, nur nachdem wir in einem Staat gelebt haben, wollen wir auch so weiterleben . . .

Ich denke, weder Politiker noch Journalisten, ganz gleich, welchen Standpunkt sie vertreten, sollten dem Volk den Gedanken aufdrängen, daß es durch Abstimmung für die Unabhängigkeit mit allem bricht, was Jahrhunderte gemeinsamen Lebens mit anderen Völkern zusammengeschmiedet haben.

»Es geht nicht um einen Abbruch der Beziehungen«, bestätigte der Gesprächspartner. »Aber da Klarheit geschaffen werden muß, wäre es doch gut zu wissen, wie sich Unabhängigkeit – entweder es gibt sie, oder es gibt sie nicht – und Bildung der neuen Union miteinander vereinbaren lassen. Da wir die ganze Zeit von diesem dialektischen Zusammenhang sprechen, müßte wahrscheinlich geklärt werden, wie die Unabhängigkeit unter Unionsbedingungen realisiert werden soll.«

Hier nun fing ich an, ihm meinerseits Fragen zu stellen.

»Wie sehen Sie das, ist Deutschland unabhängig?«

»Ja.«

»Ist Frankreich unabhängig?«

»Na ja, in etwa.«

»Aber unabhängig, ja?«

»Die ganze Welt ist integriert.«

»Ist es unabhängig?«

»Es ist unabhängig.«

»Ein souveräner Staat?«

»Ja.«

»Haben Sie darauf geachtet, was für eine Diskussion unter den Europäern vor dem Treffen in Holland im Gange ist? Bei der EG handelt es sich doch nicht nur um eine Wirtschaftsgemeinschaft. Da gibt es auch ein Parlament und andere politische Institutionen, und sie sind für die gesamte Gemeinschaft tätig. Diese souveränen Staaten wollen jedoch ihre Zusammengehörigkeit jetzt durch eine einheitliche Währung und durch einen politischen Bund weiter festigen. Sowohl Kanzler Kohl als auch Präsident Mitterrand haben in diesen Tagen bei öffentlichen Auftritten unterstrichen: Sollte es nur bei einem Wirtschaftsbund, aber keinem politischen bleiben, funktioniert der Schaltkreis nicht. Das streben sie in vollem Bewußtsein an, obwohl sie Repräsentanten souveräner Staaten sind. Sie teilen ein Stück ihrer Souveränität untereinander auf, weil sie darin für sich, für ihr Land einen Nutzen sehen. Dabei büßen sie nichts von ihrer Unabhängigkeit ein. Warum also sollte die Ukraine . . .«

»Angesichts des Niveaus dieser Länder ist das verständlich.«

»Warum sollten die Ukraine oder Rußland oder Weißrußland oder Kasachstan oder Kyrgystan ihre Souveränität verlieren, wenn sie ihre Wahl selbst, unabhängig treffen? Warum sollten sie sich nicht beteiligen an der Erschaffung, am Bau der neuen Union, einer Gemeinschaft, die ihren Interessen entspräche, noch dazu in der derzeitigen Entwicklungsphase der Ukraine wie der übrigen Republiken, bei ihrer derzeitigen Rolle und ihren Möglichkeiten? Gemeinsam würden sie den Komplex der Themen festlegen, in deren Rahmen sie auf dem einheitlichen Markt zusammenarbeiten müssen. Andernfalls steht uns der Abbruch der Verbindungen bevor, andernfalls – aber Sie sehen ja, wohin das Ganze bereits geführt hat . . . Zusammenarbeit in Verteidigungsangelegenheiten, es sollte nicht jeder für sich die Last der Rüstung schleppen. Und so weiter.

Sie wissen, daß in Estland das Ensemble des Operntheaters auseinanderfällt, dort waren Leute verschiedener Nationalitäten beschäftigt. Die fahren jetzt alle nach Hause – das Aus für das

Theater. Wissenschaftliche Zentren brechen zusammen, die entweder mit Moskau oder mit Kiew im Verbund gearbeitet hatten. Darin liegt auch der Grund, wieso die Wissenschaftler darauf bestehen, daß gemeinsame Strukturen und organische Zusammenarbeit bestehenbleiben. Da geht es doch um die menschliche Existenz, die kann man doch nicht in Stücke reißen! Unser Leben hat sich so gefügt, und jetzt soll es vergewaltigt werden. Wer von der Demokratie an die Oberfläche geschwemmt wurde, soll sich nicht als Orakel aufspielen, das alles im voraus weiß und dem es nichts ausmacht, das durchzustreichen, was in zehn Jahrhunderten geschaffen wurde.

In der neuen Union besteht keine Gefahr für die Unabhängigkeit und Souveränität der Staaten. Besonders nicht in so einer, wie wir sie uns vorstellen. In ihr verbleibt doch nur das, was den Interessen der Republiken dient. Das ist kein Fabelwesen, auch nicht mehr das bürokratische Zentrum, das alles an sich gerissen hatte und allen zusetzte. Das ist ein neues Unionszentrum, wenn wir es überhaupt als solches bezeichnen sollten. Das ist ein zwischenstaatliches, zwischenrepublikanisches Element. Es wird sich in Übereinstimmung auf der Grundlage der Parität zusammensetzen.

Es stimmt schon bedenklich: Die selbständigen, unabhängigen Staaten Europas legen ihr Hauptaugenmerk auf eine immer größere Integration, wir dagegen angesichts dieser schweren Situation – in der wir die Ökonomie umändern müssen, auf den Markt zugehen und neue Strukturen brauchen, wo wir eine Konversion vollziehen müssen und allerschwerste Probleme das Volk, die Arbeiterklasse, alle bedrücken –, wir zerteilen uns, wir laufen auseinander. Schon treten die ungeheuren Belastungen nach diesen Brüchen offen zutage. Bergwerke, Hochöfen werden stillgelegt, weil Koks und vieles andere nicht geliefert werden. Alles das nur deshalb, weil es keine abgestimmte Politik gibt, weil die staatlichen Institutionen nicht funktionieren, die jetzt die Arbeit der Wirtschaft, geschaffen für ein großes Land, gewährleisten müßten. In so einer Zeit Loslösung zu betreiben – das halte ich für Wahnsinn.

Ich sage Ihnen dies alles, um die Leute in der Ukraine davon zu überzeugen, daß sie in mir einen Mann haben, der dieses Land, diese Republik liebt, mehr als liebt . . . Sie wissen das. Die Ukrainer sollen meine Meinung kennen, ohne jeden politischen Hintergedanken. Für mich steht fest: Wenn wir jetzt in der Frage der Union einen Fehler machen und sie durch etwas Undefinierbares ersetzen, wenn wir uns jetzt irren, dann handeln wir uns für viele Jahre die allerschwersten Probleme ein, ganz zu schweigen davon, was schon in den nächsten Monaten und Jahren passieren kann. Deshalb muß ich rückhaltlos offen sprechen.«

Die Diskussion zwischen mir und dem ukrainischen Journalisten verlief stürmisch, sogar polemisch. Auf seine Bemerkung, in der Wirtschaft könnte die Rolle des Zentrums durch bilaterale Abkommen zwischen den Souveränen Staaten ersetzt werden, erwiderte ich: »Sagen Sie mir, kommt Ihnen nicht in den Sinn, daß diejenigen, die gar so stark auf die zweiseitigen Bindungen setzen, rein zufällig Anhänger der alten Struktur sind? Sie interessieren sich weder für Markt noch für Wirtschaft, sie wollen wie früher kommandieren und verteilen. Haben Sie darüber nicht nachgedacht?

Die Umverteilung der Vollmachten hat bewirkt, daß die gesamte Wirtschaft jetzt in den Händen der Republiken liegt. Richtig?«

»Beinahe die gesamte.«

»Na schön, stimmt: beinahe die gesamte . . . Ausgenommen das, was alle Republiken brauchen. Was haben wir jetzt? Zweiseitige Abkommen. Die Ukraine trifft beispielsweise eine Vereinbarung mit Bjelarus oder mit Kasachstan. Es wird unterzeichnet. Was? Eine Lieferung Zucker, soundsoviel, da- und dorthin. Von dort kommen Koks, Bleche, Erz und so weiter – laut Vereinbarung. Was passiert jetzt? Wie wird der Vertrag erfüllt?«

»In Übereinstimmung mit der Absprache.«

»Wie denn? Wir beide sind Betriebsleiter . . .«

»Ja. Wir kümmern uns um Transportverbindungen, suchen Reserven, die gewährleisten müssen . . .«

»Warten Sie, warten Sie. So geht das nicht. Die Mengen und Quoten des Abkommens beginnen Realität anzunehmen . . . Auf welche Weise? Eine Bestellung trifft ein: Sie sollen Stahlblech da- und dorthin liefern . . .«

»Ich verstehe.«

»Staatsauftrag?«

»Ja.«

»Na schön ... Aber auch von Rußland haben Sie einen Staatsauftrag, diese Republik müssen Sie ebenfalls beliefern, und dann noch die übrigen zwölf oder fünfzehn Republiken.«

»In Übereinstimmung mit der Vereinbarung ...«

»Und genau ›auf der Grundlage zweiseitiger Vereinbarungen‹ wird die administrative Kommandomethode der Wirtschaftslenkung realisiert.

Zweiseitige Bindungen – das ist die Übertragung eines bürokratischen Zentrums, des Bürokratismus in eine ökonomische Verwaltung auf Republikebene. Wobei wiederum in der Hauptsache in allen zwölf Republiken Bonzen sitzen und genauso handeln, wie es im alten Zentrum gang und gäbe war. Die Betriebsleiter aber betonen heute schon, das sei die schlechteste Variante. Das alte Zentrum war wenigstens noch weit weg. Diese Lokalbürokraten dagegen haben sie jeden Tag am Hals. Schranken und Sperren wurden aufgebaut: dieses liefern, jenes nicht liefern; das abschikken, das nicht. So haben sie den Markt auseinandergerissen, auf dem die Erzeuger die Hauptakteure sein müßten, zerfetzt in zwölf innere Märkte.

Grundlage für die Wirtschaft bildet ein gemeinsamer Markt mit allgemeingültigen Regeln und frei entscheidenden Produzenten. Die Rolle des Staates aber – sie liegt in der Steuerpolitik, dem Angebot von steuerlichen Anreizen auf verschiedensten Gebieten. Jetzt ist es sehr wichtig, die Bauern zu unterstützen, überhaupt alle, die ihr Kapital in die Landwirtschaft einbringen wollen. Das muß man über Steuern erreichen. Dann fließt Kapital.

Genau das ist ökonomische Leitung. Alles andere bleibt Neuaufguß des alten Zentrums.

Wir befinden uns im Flußbett der eigenen Geschichte, sind unsere Wege gegangen: Europa den einen, wir den anderen. Europa hat einen Punkt erreicht, an dem ihm klar wurde, daß es sich vereinen muß. Das ist die eine Situation. Wir sehen uns mit einer völlig anderen Lage konfrontiert. Wir haben zehn Jahrhunderte lang recht oder schlecht, erfolgreich oder erfolglos diese

Realität hier geschaffen. Russen, Ukrainer – eben Slawen – haben mit ihrem Blut an der Entstehung unserer komplizierten, gewaltigen Welt mitgewirkt und dabei eine entscheidende Rolle übernommen. Dieses Riesenreich wurde von uns nach allen Richtungen hin besiedelt.

Dutzende Millionen Menschen leben außerhalb ihrer eigentlichen Heimatrepubliken. Trotzdem fühlen auch sie sich zu Hause, in ihrem Land. Sie sind seine Bürger, haben politische Rechte, ein einheitliches Sozial- und Arbeitsgesetz. Sie verspüren in der Hinsicht keine Einengung. Das ist eine beeindruckende Realität.

Des weiteren: Grenzen gibt es im Staat nicht. Sie sind administrativer Natur. Niemand ist auf den Einfall gekommen, Grenzpfähle in die Erde zu rammen. Mehr noch: Siebzig Prozent der Grenzen zwischen den Republiken wurden durch Beschlüsse von Kreisverwaltungen und Dorfsowjets festgelegt. So haben wir es eben einfach gemacht.

Warum das so war? Wir haben keine Grenzen gebraucht. So komme ich jetzt zur heikelsten Frage, die auf keinen Fall außer acht gelassen werden darf. Warum erwiesen sich Grenzen für uns als überflüssig? Weil wir sie als etwas Abstraktes angesehen haben – wichtig nur für den ›Haushaltsbetrieb‹. Erinnern Sie sich, es gab kein Gebiet Lipezk. Plötzlich war es da. Die Krim gehörte 1954 über Nacht unvermittelt zur Ukraine. Na, ist das gut oder schlecht? Ich bin der Ansicht, die Ukraine ist in ihrem derzeitigen Zustand eine sehr blutvolle, interessante Republik.

Das alles war normal, weil es in ein und demselben Land geschah, und es wurde auch nicht in Frage gestellt.

Was aber ist jetzt? Lassen Sie uns überlegen: Wir haben angefangen uns zu teilen. Von morgen an werden ewa vierzehn Millionen russischsprachiger Bürger in einem fremden Staat, der Ukraine, leben.

Die Bewaffneten Streitkräfte werden wir ebenso teilen ... Unseren einzigartigen – nur in den USA existiert etwas Vergleichbares – Verteidigungsraum werden wir ebenfalls in Stücke zerreißen. Auf ihm sind strategische Kräfte stationiert, Kräfte zur Beobachtung und Beurteilung der gesamten globalen militärischen Situation. Das ist doch Wahnsinn – morgen fünfzehn oder zwölf Armeen aufzustellen.

Auch das Armee-Eigentum bleibt von der Entwicklung nicht verschont. Wir beginnen es zu zerpflücken, zu verladen, um fünfzehn Armeen zu gründen. Unsere Streitkräfte werden sie sich ansehen, diese Politiker, und dann sagen: Pfui Teufel, in was für Hände ist das Land geraten! Zehn Jahrhunderte lang haben Generationen diesen Staat geschaffen, nach uns kommen noch wer weiß wie viele Generationen – und die hier wollen diese ganze riesige Welt zerbröseln, das Schicksal von Millionen Menschen übers Knie brechen ... Sind wir dümmer als die andern? In Spanien, in Madrid haben Bush, der spanische König und Gonzales drei Stunden lang versucht, mich von der Aufrechterhaltung der Union zu überzeugen. So weit mußte es kommen ...

Gestern hat Walesa, der Präsident Polens, in unserem Fernsehen dazu aufgerufen, Gorbatschow bei seinem Bemühen, die Union zu retten, das Land nicht aufzuteilen, zu unterstützen.

Wir müssen die Union behalten, sonst tut sich ein Abgrund auf – ein Abgrund, in dem wir alle umkommen.«

»Das ist ja eine düstere Prognose.«

»Genau das ist sie. Aber – es wird Zeit, das auszusprechen –, ich sehe jetzt keinen anderen Weg als den der Reformierung über die Souveränität, über eine gründliche Umverteilung der Vollmachten. Wir brauchen eine neue Union, mit einer koordinierten Wirtschafts-, Sozial-, Verteidigungs- und Außenpolitik, weil das im Sinne aller ist. Was bedeutet das – Koordinierung? Das heißt, alle Republiken einigen sich über die hauptsächlichen Arbeitsweisen und über die große Linie, ansonsten aber handeln sie selbständig, ausgehend von ihren Interessen.«

Der Korrespondent stellte mir die Frage: »Was tun, wenn beispielsweise Jelzin die Preise freigibt, wie sollen wir den Lebensstandard der Bevölkerung in unserer Republik schützen?«

»An diesem Punkt«, gab ich ihm zur Antwort, »würde ich Sie bitten zu verweilen, weil hier ›der Hund begraben liegt‹. Ich habe gesehen, wie Fernsehen und Zeitungen in Kiew diese Frage vor dem Referendum stellten, sozusagen um das Volk zu orientieren: Das sind die Preise in Moskau, und so sehen sie in Kiew aus ...

Der Lebensstandard in der Ukraine wird davon abhängen, wie sich deren Verhältnis zu Rußland und zu den anderen Republiken gestaltet; wie man sich die künftige Zusammenarbeit vorstellt.

Eine ganze Woche haben die Premiers der Souveränen Republiken zusammengesessen, haben Preise, Steuern und Schulden abgesprochen, Maßnahmen zur Stimulierung der Produzenten diskutiert und so weiter. Und sie kamen zu einer Einigung. Da haben Sie ihn, den Schutz der Interessen der Bevölkerung. Auch den ›Schutz‹ Rußlands vor der Ukraine und den der Ukraine vor Rußland . . . Keiner hat versucht, den andern zu ›bestrafen‹, nein! Wir alle hängen zu sehr voneinander ab. So ist unser Land beschaffen. Das ist anders als im britischen Commonwealth: Ausgetreten, weg sind sie. Obwohl es sich dabei um einen genauso schmerzlichen Prozeß handelte, dessen Folgen noch heute spürbar sind.«

»Nun, Michail Sergejewitsch, nichts unter der Sonne währt ewig.«

»Darum geht es nicht. Schützen kann man sich natürlich so oder so . . . verpuppt, isoliert. Es würde sich jedoch schon in allernächster Zukunft rächen, weil das eine irrige Politik ist.

Übrigens ist mir folgendes nicht verborgen geblieben: Die Republiken pochen auf ihr Prestige, auf ihre Souveränität, aber wie springen sie mit ihren lokalen, regionalen Selbstverwaltungen um! Beispielsweise das Gebiet Donezk – das ist ein Staat für sich, fünfeinhalb Millionen Einwohner, Millionen Tonnen Kohle und Stahl. Wie aber wird mit solchen Regionen verfahren?

Ich bin nach Irkutsk gefahren; dort heißt es, daß die Republiken, nachdem sie das Zentrum aufgelöst und alles übernommen haben, den Prozeß als beendet ansehen. Wie beendet? Das Wichtigste ist doch die Region, dort sind die Betriebe, die Kollektive, dort spielt sich das gesamte reale Leben ab. Sie alle zusammen sind bereit, Verantwortung zu übernehmen. Nur muß man ihnen das Recht zugestehen, über einen Teil der Waren, der Gewinne und Reserven zu verfügen.«

Der Korrespondent erinnerte mich daran, daß die politischen Kräfte in der Ukraine dabei seien, sich aufzuteilen in Föderalisten und Separatisten.

»Dazu möchte ich etwas sagen, und alle sollen mich hören. Ich möchte, daß man mich in der Ukraine versteht – die Ukrainer, die Russen und alle, die hier leben. Ich wünsche mir sehr, daß die Ukraine so erhalten bleibt, wie sie jetzt beschaffen ist. Ich bin aber überzeugt: Geht sie jetzt den Weg der Spaltung, dann setzen Bewegungen ein ...

Die Lage in Jugoslawien hat mich veranlaßt, gründlich nachzudenken. Deshalb muß ich es unseren Leuten gegenüber einfach betonen, und ich möchte, daß auch das ganze Volk der Ukraine weiß: Ich habe die große Sorge, daß wir imstande sind, in unserer Euphorie Hals über Kopf übers Ziel hinauszuschießen, alles zu Kleinholz zu zerhacken – und dann müssen einige Generationen sehen, wie sie damit klarkommen.

Nehmen Sie das Baltikum. Wissen Sie, daß die Kommission zum Schutz der Menschenrechte bei der UNO sich schon dafür interessiert, wie dort mit den Rechten der nationalen Minderheiten verfahren wird?«

»In der Ukraine gibt es so etwas nicht.«

»Das kommt schon noch. Ich versichere es Ihnen, das wird passieren, wenn die Ukraine austritt. Schauen Sie, was in Moldawien vor sich geht ... Ich kann mir allerdings nicht vorstellen, daß Ukrainer und Russen plötzlich in dieser so verantwortungsvollen und vielversprechenden Etappe auseinanderlaufen – mit einer neuen russischen Föderation, einem russischen und einem ukrainischen Staat –, und plötzlich fangen sie an, alles einzureißen, also die gesamte Union!

Versuchen wir nicht, wir Russen, Ukrainer, wir Slawen, die Verantwortung abzuschütteln für die Dinge, die momentan in der Union ablaufen. Wir tragen Verantwortung für den heutigen Tag und für das, was morgen passiert. Deshalb hoffe ich, daß die Ukrainer mich hören – nicht nur mit den Ohren, sondern auch mit dem Herzen –, daß sie begreifen, wie sehr mir daran liegt, ihnen meine große Sorge nahezubringen.

Noch etwas. Nicht selten bekomme ich zu hören: Na ja, jetzt geht die Macht für Gorbatschow verloren, aber er krallt sich an ihr fest. Dazu sage ich: Würde Gorbatschow so sehr an ihr hangen und wäre es für ihn so unerträglich, sie mit anderen zu teilen, hätte er 1985 einfach gar nicht erst angefangen. Zehn Jahre hätten ihm gereicht: an der Macht zu sein, ohne etwas zu bewegen. Ich habe den Prozeß der Veränderungen aber begonnen und bereue meine Entscheidung nicht.

Nicht ich brauche das alles, nicht ich. Aber möglicherweise trage ich die größte Verantwortung, weil ich angefangen habe und fortfahre, den Prozeß der Umgestaltungen ins Rollen zu bringen, den Zerfall jedoch strikt ablehne. Wenn man daherredet, daß ich das brauche, um Präsident zu bleiben, um herumzukommandieren – alles Unsinn, Erfindung, Gefasel, das man den Leuten eintrichtert, um sie zu verunsichern. Nein, hier geht es um das Schicksal des Volkes . . .

Wenn wir uns auch vom Einheitsstaat wegbewegen, in dem die Völker, ihre Selbständigkeit, ihre Staatlichkeit unterdrückt wurden, so dürfen wir doch nicht in das andere Extrem stürzen – in den Zerfall mit allen seinen schlimmen Folgen. Wir stehen an der Scheidelinie. Dahinter beginnt die Anarchie, wartet das Chaos.

Das muß ich den Menschen sagen; sie sollen es hören, damit sie Bescheid wissen. Auch in der neuen Union werden gewaltige Anstrengungen nötig sein, um die Folgen der sich ausbreitenden Desintegration zu überwinden, die nicht nur Staat und Wirtschaft, sondern auch die Gesellschaft befallen hat. Das ist alles sehr ernst.

Als ich in meiner Rede die Parlamentarier warnte, das Vaterland sei in Gefahr, meinte ich genau diese Bedrohung.«

»Wenn wir also sagen, das Vaterland sei in Gefahr, heißt das, daß keine Panzer zu erwarten sind?«

»Panzer hat die Ukraine schon. Wenn ihr nicht die Absicht habt, von euch aus anzugreifen . . . Ach was. Sie verstehen, ich führe ein politisches Gespräch, aber wir dürfen Karabagh nicht vergessen. Es läßt sich schwer voraussagen, was geschieht, wenn sich der Prozeß zuspitzt und ausufert. Auch in der Armee könnten gewisse Kräfte provoziert werden. In dieser schwierigen Zeit müssen wir uns besonders um das Militär kümmern. Es macht eine extrem schwere Phase durch. Wir sollten uns immer vergegenwärtigen – da ist ein Mann mit einem Gewehr, mit einer Waffe. Das dürfen wir nicht vergessen.«

». . . mit einer schrecklichen Waffe.«

»... jemand könnte die Armeekarte ausspielen oder einfach als Scharfmacher auftreten. Wie läßt sich sonst das Verhalten der Behörden im Baltikum erklären, wenn sie fordern: Macht sofort, daß ihr wegkommt, Besatzer!«

»Michail Sergejewitsch, Sie wiederholen immer wieder, daß Sie sich die Union ohne die Ukraine nicht vorstellen können. Ich möchte Sie fragen – na ja, sagen wir so: Seit siebzig Jahren existiert die Union ohne Polen und Finnland und jetzt auch ohne das Baltikum. Wieso eigentlich soll sie nicht ohne die Ukraine bestehen können?«

»So setzen wir uns nun einmal zusammen. Die Produktionskräfte haben sich auf einer Grundlage tiefgreifender Spezialisierung entwickelt... Die Ukraine ist auf das engste mit dem Gesamtkomplex des Landes verbunden. Das gleiche gilt für Rußland. Wenn nun von einigen russischen Rednerpulten forsche Töne laut werden, in denen es heißt, Rußland schafft alles allein, schüttelt alle ab und geht seinen Weg im Alleingang, dann ist das eine Täuschung. Bestenfalls kann man noch Unkenntnis der Realitäten annehmen. Die gemeinsame Energieversorgung, Rohrleitungen, Kommunikationen, das alles wurde für ein Land konzipiert. Tjumen ist für alle erschlossen worden, unter gemeinsamer Beteiligung. Genauso wurde die Metallurgie in der Ukraine für alle entwickelt. Arbeitsteilung und Standortauswahl der Produktivkräfte wurden genauso und nicht anders vorgenommen – und nun will die Ukraine allein darüber bestimmen.

Wie kann man das alles in Stücke reißen? Nein. Zuammenarbeit ist gefordert.

Die menschliche Frage erst: Wie viele Ukrainer leben außerhalb ihrer Republik? Wie viele Russen in der Ukraine? Ich frage: Wem nützt das? Da berauscht sich jetzt jemand an der momentanen Lage, hält sich für einen großen Politiker... Nein, weitaus klügere Politiker werden sich finden, wollen wir doch bitte unsere Rolle auf dieser Erde nicht übertreiben. Mit Dingen wie Staat, Volk, Union, Verteidigung, Sicherheit und Frieden darf nicht leichtfertig und großspurig umgesprungen werden. Im Westen sind alle dafür, daß die Union erhalten bleibt, auch die Dritte Welt möchte das. Bloß wir nicht – was ist los, haben wir einen ›Dachschaden‹? Nein, ich denke, das geht vorüber. Ich sage das mit dieser Bestimmtheit, weil ich so empfinde und weil ich die Stimmung der Menschen kenne.

Angefangen haben wir mit meinem verwandtschaftlichen Ursprung und sind bei einem großen Thema gelandet. Mütterlicherseits befinden sich meine Wurzeln im Gouvernement Tschernigow, väterlicherseits in dem von Woronesch.

Ich mag die ukrainische Literatur, die ukrainische Sprache – sie klingt sehr schön, so melodisch.«

»Das ist es, Michail Sergejewitsch, warum das Volk für die Souveränität gestimmt hat – aus Furcht, es könnte seine Sprache, seine Kultur und seine Lieder verlieren.«

»Wissen Sie, als sich aus Bjelarus fünfundzwanzig führende Kulturschaffende mit einem Brief an mich wandten mit dem Hinweis, die weißrussische Sprache sei erheblich gefährdet, habe ich mich um ihren Schutz bemüht und beantragt, dieses Problem in den Beschlüssen der Staatsorgane mitzuberücksichtigen. In einem Gespräch habe ich einmal gesagt, daß das Volk ein Gottesgeschöpf sei, eine Schöpfung, und niemandem stehe das Recht zu, ihm seine Sprache, sein Aussehen und seine Charakterzüge zu nehmen ...

Aber auf alle diese Fragen lassen sich gerade im Rahmen einer neuen Union Antworten finden. Bei der jetzigen Verwirklichung der Souveränität rückt alles an seinen Platz – wie es sein muß. Aber es darf auch nicht zu dem führen, was in der Ukraine schon begonnen hat: zum Kampf gegen die russische Sprache. Schütteln Sie nun nicht den Kopf. Da wir auch geklärt haben, wo meine Wurzeln liegen, steht mir zu, so zu reden. Ich habe das moralische, das menschliche Recht, so zu sprechen und mich mit diesen Worten, mit wohlmeinenden, von Herzen kommenden Worten an die ganze Ukraine zu wenden, an alle Völker der Ukraine, an jeden dort: Alles muß wohlüberlegt werden. Ich bin davon überzeugt, daß wir zusammenbleiben müssen, wie wir es immer waren, über zehn Jahrhunderte. Ich denke, die Menschen werden uns zuhören, und etwas davon wird sich doch in ihre Seele einprägen; ich hoffe es jedenfalls.

Ich gehe davon aus, daß es außer forschen Politikern noch das normale Volk, vernünftig denkende Menschen gibt und daß diese unser heutiges Gespräch verstehen. Ich hoffe sehr, daß die Ukraine beim Aufbau der neuen Union ihre Rolle spielen wird, in der sie nicht zu ersetzen ist.«

Die Kontakte zu Jelzin

In der Woche vor dem Minsker Treffen hatte ich fast täglich Kontakt zu Jelzin. Entweder telefonierten wir, oder wir trafen uns bei mir. Wir sprachen über vieles, aber die Erhaltung der Union blieb das wichtigste Thema. Meine Frage, warum der Oberste Sowjet die Diskussion über den Vertragsentwurf für die Union Souveräner Staaten plötzlich vertagt habe, beantwortete Jelzin mit Ausführungen darüber, daß die Deputierten den Vertrag nicht unterstützen würden. Ich hingegen berief mich darauf, daß seine und meine Experten in den Kommissionen des Obersten Sowjets in großem Einvernehmen zusammenarbeiteten. Wie kam er nur darauf, daß Deputierten dagegen seien?

Jelzin wandte ein, die Diskussion über die Dokumente, welche die Reformen beträfen, hätte jetzt Vorrang. Hartnäckig stellte er mir wieder die Frage, ob die Ukraine den Vertrag unterzeichnen würde. Die Union wäre ohne die Ukraine nicht denkbar. Ich betonte wie schon zuvor, daß auch ich mir eine Union ohne die Ukraine nicht vorstellen könne. Auf Jelzins Frage, was denn nun zu tun wäre, antwortete ich: Man muß alles daransetzen, damit die Russische Föderation als erste im Obersten Sowjet den Vertrag billige.

Ich hatte schon begriffen, daß der Präsident von Rußland nach Mitteln und Wegen suchte, um Zeit zu gewinnen. Also schwebte ihm ein anderer Plan vor. Deshalb fragte ich ihn kurz vor dem Treffen in Minsk ohne Umschweife, welches Ziel er verfolge. Meine Einstellung stand fest: Der Entwurf lag vor, die Ukraine konnte sich in allen Punkten oder teilweise anschließen. Die Verzögerung hinsichtlich der Behandlung des Vertrags begründete Jelzin damit, daß möglicherweise die Bildung einer Union der slawischen Republiken zur Debatte stehen könnte. Ich erklärte, dies wäre nach meinem Dafürhalten unannehmbar. Wir müßten das Gespräch in Moskau bei einem Treffen der Präsidenten unter Beteiligung der Führer der Ukraine fortsetzen.

Dann kam mir der Gedanke, daß sich die separatistische Haltung der ukrainischen Führung für Jelzin geradezu als Geschenk erwies. In Rußland würde ein Präsident, der die Union ablehnt, keine Unterstützung finden. Denn die Unzufriedenheit der Russen mit dem Zentrum bedeutete keineswegs die Absage an die Union. Die hinhaltende Taktik der ukrainischen Führung hingegen war ein Rettungsanker für diejenigen in der Russischen Föderation, die gegen den Fortbestand der Union waren.

In Minsk und in Brest fanden also die Treffen der drei Präsidenten von Rußland, der Ukraine und Bjelarus statt, und es wurden Beschlüsse gefaßt, die dem zuwiderliefen, worauf wir uns im Staatsrat der UdSSR geeinigt hatten.

»Der Wald von Belowesha« – Ich verliere nicht die Hoffnung

Wie war meine Haltung? Welche Position bezog ich? Meine offizielle Stellungnahme zum Minsker Abkommen brachte ich in der Erklärung als Präsident der UdSSR zum Ausdruck, die am 10. Dezember veröffentlicht wurde.

»Am 8. Dezember 1991 haben die führenden Persönlichkeiten Weißrußlands, Rußlands und der Ukraine in Minsk ein Abkommen über die Schaffung eines Bundes unabhängiger Staaten abgeschlossen. Für mich als den Präsidenten des Landes ist das hauptsächliche Kriterium bei der Prüfung dieses Dokuments die Frage, in welchem Maße es mit den Interessen der Sicherheit der Bürger, den Aufgaben bei der Bewältigung der gegenwärtigen Krise, der Bewahrung des (sowjetischen) Staatswesens und der Fortsetzung der demokratischen Umformung übereinstimmt.

Das Abkommen weist einige positive Punkte auf. Da war die Teilnahme der ukrainischen Führung, die in letzter Zeit keine aktive Rolle im Verhandlungsprozeß gespielt hat. Das Dokument hebt die Notwendigkeit hervor, einen vereinigten Wirtschaftsraum zu schaffen, der auf den anerkannten Grundsätzen einer einheitlichen Währung und eines einheitlichen Finanz-Banken-Systems beruht. Es bekundet die Bereitschaft zur Zusammenarbeit in Wissenschaft, Bildung, Kultur und auf anderen Gebieten. Es empfiehlt eine bestimmte Formel für gegenseitiges Handeln auf militärstrategischem Feld.

Doch das Dokument ist von solcher Bedeutung, berührt so grundlegend die Interessen der Völker unseres Landes und der Weltgemeinschaft als Ganzes, daß es einer allumfassenden politischen und rechtlichen Prüfung bedarf.

Auf jeden Fall ist eines für mich offensichtlich. Das Abkommen stellt klar fest, daß die UdSSR aufgehört hat zu existieren. Unwidersprochen hat jede Republik das Recht, sich von der Union zu trennen, doch das Schicksal des multinationalen Staates kann nicht durch den Willen der führenden Persönlichkeiten von drei Republiken entschieden werden. Diese Frage darf nur auf verfassungsmäßigem Wege unter Beteiligung aller Souveränen Staaten und unter Berücksichtigung des Willens ihrer Menschen geklärt werden. Die Erklärung, daß alle rechtlichen Normen der Union aufgehört haben zu existieren, ist auch widerrechtlich und gefährlich, und sie kann das Chaos und die Anarchie in der Gesellschaft nur verschlimmern.

Die Hast bei der Veröffentlichung des Dokuments verblüfft. Es ist weder von der Bevölkerung noch von den Obersten Sowjets der Republiken, in deren Namen es unterzeichnet wurde, darüber diskutiert worden. Zudem erscheint es zu einem Zeitpunkt, da die Parlamente der Republiken den Entwurf des Vertrags über eine Union Souveräner Staaten diskutieren, der vom sowjetischen Staatsrat ausgearbeitet wurde. Nach meiner festen Überzeugung ist es in der gegenwärtigen Lage erforderlich, daß die Obersten Sowjets aller Republiken ebenso wie der Oberste Sowjet der UdSSR sowohl über den Entwurf über die Union Souveräner Staaten als auch über das in Minsk abgeschlossene Abkommen diskutieren. Soweit das Abkommen eine andere Form des Staatswesens vorschlägt, die unter die Verantwortlichkeit des Kongresses der Volksdeputierten der UdSSR fällt, ist es erforderlich, den Kongreß einzuberufen. Auch würde ich die Möglichkeit nicht ausschließen, ein nationales Referendum über diese Frage abzuhalten.«

Am 11. Dezember gab ich Vitali Tretjakow, dem Chefredakteur der »Unabhängigen Zeitung«, ein Interview. Wir sprachen in größeren Zusammenhängen über die Ereignisse; ich werde darauf noch zurückkommen. Hier möchte ich nur das anführen, was unmittelbar meine Reaktion auf die Beratung in Minsk und im Wald von Belowesha betrifft.

Tretjakow fragte: »Meinen Sie heute nicht, daß Ihre auf die Unterzeichnung des Unionsvertrags gerichtete Politik und der darin einbezogene Nowo-Ogarewo-Prozeß falsch waren?«

»Nein. Ich bin überzeugt, daß der Unionsvertrag als Basis für die Reformierung des einheitlichen Vielvölkerstaats einfach unerläßlich ist . . .

Ich möchte nicht, daß mich jemand irgendwelcher arglistigen Absichten verdächtigt. Es ist offenbar an der Zeit zu sagen, daß ich nicht vorhabe, Führungsansprüche in neuen Machtverhältnissen anzumelden, mich als Kandidaten vorzuschlagen – eine derartige Frage ist für mich nicht aktuell. Aber genau dieses wird von der Presse verbreitet. Da heißt es beispielsweise, Gorbatschow biegt sich die Strukturen zurecht. Das ist noch die primitivste Ausdeutung. Nein, mich interessieren gerade die Realitäten, die Welt, wie sie sich ringsum präsentiert, ihr Verflochtensein – menschlich, wirtschaftlich, strategisch. Das berührt alle, sämtliche Republiken, selbst das Baltikum. Und da muß man sich noch einigen, denn wenn ein Teil der Struktur zerstört wird, geht sie insgesamt zugrunde. Das sind alles Realitäten. Es wird eine große Erosion einsetzen, und wir werden eine sehr schlimme Situation heraufbeschwören. Deshalb kämpfe ich und will beweisen, daß wir einen Staatenbund benötigen, eine ›weiche Union‹. ›Weich‹ in dem Sinn, daß sich die Souveränen Staaten selbst einigen und aus sich das Zentrum formieren, dessen sie bedürfen. Aber eine Union ist unabdingbar. Deshalb meine ich, daß das Eintreten für den Vertrag richtig war. Der Prozeß war, genaugenommen, im August bereits abgeschlossen, und wir standen vor der Unterzeichnung des Unionsvertrags.

Ich bin überzeugt, daß wir die Union brauchen.

Jetzt haben wir dagegen ein Abkommen, das von drei slawischen Republiken unterzeichnet wurde. Und schon haben sie – man kann es so ausdrücken – das Land gespalten, viele Sprengsätze gezündet, den gesamten Prozeß durcheinandergebracht.«

»Sie sind für ein Territorium mit wirtschaftlicher, politischer und juristischer Einheit. Besteht darin im Grunde genommen das Wesen der Union?« fragte Tretjakow.

»Ja, um ein effektiveres Zusammenwirken zu sichern. Aber das Abkommen, auf das sie sich geeinigt haben, stellt in Rechnung, daß sich der Trennungsprozeß vollziehen und eine Gemeinschaft existieren wird ... Der Prozeß der Koordinierung, des Zusammenwirkens wird sehr erschwert. Gerade deshalb bin ich ja dagegen. Meine Position ist nicht aus heiterem Himmel und nicht erst gestern entstanden. Ich vertrete sie schon seit anderthalb Jahren, seit ich zu dem Ergebnis gekommen bin, daß wir uns in diesem Land nicht voneinander trennen können – so sehr ist hier alles miteinander verquickt und verbunden. Es heißt, Gorbatschow hetzt die Leute mit seinen Reden auf. Nein, ich weise nur auf die Fakten und die Folgen hin, damit alles durchdacht wird, bevor man endgültige Beschlüsse faßt. Das ist mein Gedanke, und die Menschen sollen entscheiden. Man muß ihnen die Möglichkeit geben, ihre Wahl zu treffen.

Die Unabhängigkeit betrachte ich nicht als eine Herausforderung an die Union und schon gar nicht als Ausscheiden aus ihr, nur als Realisierung der eigenen Souveränität.

Ich bin der Ansicht, daß es hinsichtlich der Zielsetzung, der langfristigen Perspektive zwischen mir und Jelzin keine prinzipiellen Divergenzen gibt. Über die Methoden, die Wege zur Lösung der Aufgaben bestehen welche. Eine schwerwiegende Differenz betrifft die Konzeption der Union, und das wird sich jetzt auf alles auswirken.

Was die Armee angeht, werde ich meine Rolle als Oberkommandierender dazu nutzen, vor allem für sie Sorge zu tragen, mich bemühen, alles zu tun, damit die Streitkräfte nicht ins Wanken geraten – obgleich das schwer ist in einem Land, das sich in einem Reformprozeß befindet. Trotzdem muß Wert darauf gelegt werden, daß dieses bedeutungsvolle staatliche Instrument seine Aufgaben streng nach seiner Zweckbestimmung erfüllt. Damit meine ich, daß ein Politiker, der nicht davor zurückschreckt, das Militär für die Durchsetzung seiner politischen Ziele zu benutzen, keine Unterstützung verdient. Er muß abgelehnt, er muß verflucht werden. Die Armee sollte entsprechend ihrer direkten Bestimmung eingesetzt werden. Eine Politik, die Panzer in ihr Kalkül einbezieht, wird ihr Ziel nicht erreichen. Das ist eine Sackgasse . .

Die bevorstehenden Monate gehören zu den schwersten in unserer Geschichte.

Ist Ihnen noch im Gedächtnis, was ich in meiner Erklärung nach dem Minsker Treffen gesagt habe? Meine Ausführungen sind wohlüberlegt. Einige Thesen des Abkommens halte ich für unzulässig, zumal, wenn man, wie bei Stschedrin, ›die Entdeckung Amerikas ungeschehen machen will‹.

Zugleich habe ich betont, daß es positive Aspekte gibt, die mit dem Unionsvertrag korrespondieren: In bezug auf den gemeinsamen Markt, die Zusammenarbeit im Bereich Bildung, Wissenschaft, Kultur und dergleichen gibt es viele Übereinstimmungen. Doch wenn dieses Abkommen über die Gemeinschaft zur endgültigen Variante erklärt wird, erachte ich es als unannehmbar. Ist es hingegen nur ein Beitrag im Rahmen dessen, was mit dem Unionsvertrag diskutiert werden muß, um durch Synthese zu einem allgemeinen Konsens zu kommen, dann sieht die Sache anders aus.

Sehen Sie, dort sind die Mechanismen völlig diffus. Klar ist nur, daß alles zerstört wird. Aber was wird denn funktionieren? Da gibt es mehr Fragen als Antworten.

Heute werde ich darüber mit Boris Jelzin sprechen. Der Prozeß ist in der Tat schwieriger geworden. In den asiatischen Republiken und den Autonomen Gebieten macht man sich Gedanken über das Geschehene. Dies hat für mich große Bedeutung. Ich glaube, den Führern der drei Republiken ist es auch nicht gleichgültig.

Ich werde die Wahl respektieren, die von den Vertreterkörperschaften oder vom Volk selbst getroffen wird. Wichtig ist, daß diese Wahl verfassungsgemäß abläuft. Ich bin kategorisch dagegen, daß jetzt bei der Klärung dieser Frage ein Gegeneinander entsteht. Ich meine, da es um die Politik geht, muß man die positiven Punkte des Minsker Abkommens nutzen, damit der Prozeß weitergeführt wird.«

Am 12. Dezember hatte ich ein Treffen mit vielen Redakteuren, Kommentatoren und Korrespondenten unserer Zeitungen, bei dem ich meine Interpretation der Ereignisse dieser Tage vorstellte. Die Teilnehmer der Begegnung veröffentlichten dann ihre »Eindrücke«, wobei sie sich – mit einem Anflug von Sensationslust – besonders auf die Momente konzentrierten, die sich auf meine Person bezogen. Aber das, was ich ihnen sagte, wurde nirgends vollständig publiziert. Daher erlaube ich mir, es hier wiederzugeben.

»Reden wir offen!

Ich möchte sofort betonen, daß ich bei weitem nicht allem zustimme, was bekanntgemacht wird. Es gibt beispielsweise Veröffentlichungen, die – wenn auch unter einem anderen Aspekt – an jene der Massenmedien aus der Zeit erinnern, als die Kommunistische Partei das Monopol innehatte.

Heute verläuft die Entwicklung der Ereignisse so, daß sich das Gespräch, wie ich meine, auf das konzentrieren muß, was den Mittelpunkt des öffentlichen Interesses bildet.

Und die Hauptfrage lautet: Was wird aus unserer Reform, wie kommen wir aus der Krise heraus, wie muß die Politik beschaffen sein, welche Schritte sind zu unternehmen?

Vielleicht fällt einiges heute den jungen Leute leichter. Aber für uns weitgehend geprägte Menschen, die den Reformprozeß im bereits reifen Alter begannen, ist es nicht einfach, sich von Grund auf zu ändern ... Und dennoch, glaube ich, haben wir bei allen Irrtümern, Fehlkalkulationen, verspäteten Entschlüssen oder manchmal auch voreiligen Handlungen die Vorarbeit geleistet. Die Gesellschaft läßt sich nicht mehr ›in ihre alten Bahnen‹ zurückversetzen. Das ist mit keiner Macht zu schaffen.

Ist ein Militärputsch möglich?

Die Presse darf sich nicht provozieren lassen. Wir machen eine sehr schwierige Zeit durch. Die Menschen sind müde, und die Situation ist äußerst gespannt. Wir wollen aber, daß es gelingt, die begonnenen Reformen fortzuführen. Daran sind wir, denke ich, alle interessiert. Warum sage ich das?

Gestern war der Chefredakteur der ›Unabhängigen Zeitung‹ bei mir und erzählte, Moskau sei voll von Gerüchten über einen Militärputsch. Einige Zeitungen berichteten unter Berufung auf ausländische Quellen, im Kreml befinde sich eine Gruppe ›Alpha‹, es seien Lastwagen mit Beton aufgetaucht. Aber das sind alles Hirngespinste.

Die Machthaber sind jetzt an einem Umsturz nicht interessiert. Sie sind doch Demokraten. Trotz aller Kritik, mit der sie mich überhäufen, zähle ich mich ebenfalls zu den letzteren.

Ich wiederhole, die Demokraten werden es auf einen Militärputsch nicht ankommen lassen. Das würde sie völlig, endgültig diskreditieren. Wenn sie so weit gehen, was sind sie dann für Demokraten?

Die Armee muß sich mit ihren eigenen Angelegenheiten befassen; sie muß reformiert und verbessert werden, aber sie muß dabei die Beherrschung bewahren und darf selbst in schwierigen Situationen nicht in Panik verfallen. Die politische Entwicklung soll sich im Rahmen der Verfassung vollziehen, und das Volk soll schließlich seine Wahl treffen, entweder direkt oder über seine Vertretergremien. Das Volk hat das Wort, und seiner Entscheidung müssen wir uns fügen. Das müssen wir lernen.

Und die reaktionären Kräfte ... Trotz all ihrer Versuche, sich nach dem Putsch zu sammeln, sich zu mobilisieren, aus den Schwierigkeiten Vorteil zu ziehen – aus dem, was unser Volk beunruhigt –, wird es ihnen nicht gelingen, die Armee für ihre

Zwecke zu benutzen. Davon bin ich fest überzeugt. Mit einem Wort: Einen Militärputsch schließe ich aus.

Die Aufgabe besteht jetzt darin, wirklichen politischen Pluralismus schneller zu etablieren. Ohne ihn erweist sich die Demokratie als nicht lebensfähig. Und diese Prozesse müssen möglichst beschleunigt in Gang gebracht werden. Das ist jetzt die Hauptsache. Der jetzige Zustand, da die Menschen aus dem politischen Gleis geworfen sind, birgt auch eine gewisse Gefahr, denn die Mechanismen, auf die die Demokratie sich stützen muß, funktionieren nicht.

Nun zum Wesentlichsten, dem Staat.

Die Entwicklung hat in der Tat einen ganz anderen Verlauf genommen als vor dem Treffen im Wald von Belowesha. Nun ergibt sich die Frage, ob die Gemeinschaft das Zusammenwirken gewährleisten kann, das notwendig ist, um die Probleme bezüglich Ökonomie, Finanzwesen, Politik und des sozialen Bereiches zu lösen. Ich fürchte, es wird sehr schwer sein, sie zu überwinden.

Wie ist meine Position? Das Problem muß unbedingt vor die Obersten Sowjets gebracht werden, um zu einer verfassungsgemäßen Entscheidung im Rahmen der gesetzgebenden Körperschaften zu gelangen. Soeben habe ich erfahren, daß in der Ukraine das Abkommen hinsichtlich der Staatsbürgerschaft bereits modifiziert wurde. Im Abkommen von Minsk heißt es, daß den Bürgern das Recht auf Freizügigkeit zusteht. Doch die Ukrainer haben den Passus herausgenommen und durch eine andere Formel ersetzt.

Als Präsident des Landes vertrete ich die folgende Einstellung zum Minsker Abkommen: Ich werde die Wahl der Vertretergremien respektieren. Aber das heißt nicht, daß ich kein eigenes Urteil, keinen eigenen Standpunkt hätte. Eine Abkehr von der Union wird die Reformen erschweren und alles in Gefahr bringen.

Gestern rief Genosse Nasarbajew mich an. Er und die Führer der mittelasiatischen Republiken werden sich in Aschchabad zu einer Beratung treffen. Sie vertreten eigene Ansichten und Überlegungen zu den Beschlüssen von Minsk. Diese Entwicklung werde ich mit größter Aufmerksamkeit verfolgen. Ich will keinerlei Druck ausüben, aber ich habe die Öffentlichkeit von meinem

Standpunkt in Kenntnis gesetzt und werde dies weiterhin tun, weil ich überzeugt bin, daß ein großer Fehler begangen wird.

Wenn man den Unionsstaat zu Grabe trägt, werde ich meinen Rücktritt zur Sprache bringen. Das ist meine Position, in aller Offenheit. Diese Zeit verlangt von uns, daß wir alles frei heraus sagen.«

Die Teilnehmer des Treffens baten mich um einen Kommentar zu Jelzins Rede über die Ergebnisse von Minsk im russischen Parlament. Jelzin hatte dort am selben Tag gesprochen, und zu dem Zeitpunkt kannte ich seine Ausführungen noch nicht. Ich war jedoch darüber informiert worden, Jelzin habe verkündet, die Union sei zerfallen, und es gebe keinen Grund, der russischen Führung ihren Zerfall anzulasten ... Krawtschuk hingegen war – das wußte ich bereits – schon deutlicher geworden. Seinen Worten zufolge war das Zentrum schon 1985 darangegangen, die Union zu zerschlagen. (Es ist sehr interessant, diese Erklärungen der beiden Präsidenten mit dem zu vergleichen, was sie jetzt sagen. Laut Jelzin hat dieser Prozeß schon vor einem Jahr in Kiew begonnen, nach Krawtschuks Worten wurde eine historische Tat vollbracht.)

»Was das Abkommen betrifft, das im Wald von Belowesha unterzeichnet wurde«, fuhr ich fort, »würde man natürlich darüber diskutieren, es vielleicht anreichern und manche Dinge in Zweifel ziehen.

An sich ist niemand mehr als ich daran interessiert, daß unsere Sache keine Niederlage erleidet. Das hat mit persönlichen Interessen nichts zu tun. Sie wissen, daß Gorbatschow fähig ist, Kompromisse zu machen. Aber es gibt Grenzen, die man nicht überschreiten darf.

Ich denke, dieses Abkommen wird Veränderungen erfahren, besonders im Hinblick auf die zu entwickelnden Abläufe, nach denen die Gemeinschaft funktionieren soll. Diese Mechanismen existieren noch nicht. Aus meinem gestrigen Treffen mit Präsident Jelzin kann ich schließen, daß auch er nicht weiß, welche Organe zu schaffen sind.

Bei der Diskussion in den Republiken kam zum Beispiel folgendes Problem zur Sprache: Die Europäische Gemeinschaft verfügt über das Europaparlament und die Parlamentarische Versammlung, aber in der zu schaffenden Gemeinschaft gibt es nichts Vergleichbares. Wenn die Exekutive die Demokratie niederdrückt und alles an sich reißt, so ist das ebenso unannehmbar wie wenn umgekehrt die Vertreterkörperschaften mit ihren Handlungen die Exekutive hemmen beziehungsweise lahmlegen. Man braucht ein durchdachtes System demokratischer Institutionen, die das Zusammenwirken der Mitglieder der Gemeinschaft sichern.«

Auf die Frage, ob ich nicht eine abwartende Haltung einnähme und der Entwicklung ihren Gang ließe, gab ich die Antwort: »Ich warte nicht ab, ich lege praktisch jeden Tag meinen Standpunkt öffentlich dar. Ich habe mich mit bjelarussischen und ukrainischen Journalisten getroffen, mehreren Fernsehgesellschaften ausführliche Interviews gegeben. Ich habe vor leitenden Kadern der Bewaffneten Kräfte gesprochen und eine Erklärung über das Minsker Abkommen abgegeben. Ich habe mich direkt an alle Parlamentarier gewendet. Die Gesellschaft soll bewußt ihre Wahl treffen. Ich habe es bereits gesagt und will es wiederholen: Man ist dabei, einen großen Fehler zu begehen – der Staat wird zerstört.

Ich werde das respektieren, was die Parlamente letztlich beschließen, da gibt es für mich kein Problem. Aber ich betrachte es als meine Pflicht, auf die Logik in der Entwicklung der Ereignisse und mögliche Gefahren hinzuweisen, zu denen die Realisierung dieser Konzepte führen kann. Ich würde mich gern irren, aber es kann ein Durcheinander entstehen ... Wenn man jetzt anfängt zu klären, wo wessen Grenzen sind, wer wo leben soll, wem die Armee untersteht, dürfte der gesamte Reformprozeß zum Scheitern verurteilt sein und begraben werden... Wir werden ein Chaos erleben, aus dem wir mit demokratischen Mitteln nicht mehr herausfinden ... Gestern habe ich zu Jelzin gesagt: Begreifen Sie, worauf Sie hinarbeiten?

Von meinem Standpunkt aus werde ich alles unternehmen, um eine Wahl des Volkes im Rahmen der Verfassung zu garantieren. Diese Einstellung zeugt meiner Meinung nach von höchstem Verantwortungsbewußtsein.

Die Formel der Gemeinschaft, die nicht sehr konkret ist, macht es für viele möglich, sich zum Beitritt zu entschließen. Doch kann man so mit unserem Staat umgehen, ihn so zuschneiden wollen? Wo findet sich die Schere dazu? Ich will nicht alle Probleme der Gesellschaft aufzählen, nur einige davon erwähnen: Dutzende Millionen Menschen, die außerhalb ihrer nationalen Territorien leben; die Verteidigung – sie stützt sich auch auf bestimmte baltische Verkehrsverbindungen und Objekte, auch solche mit strategischer Bedeutung. Dieses Netz darf man nicht zerreißen. Die Wissenschaft – die Akademie der Wissenschaften geht unter der Desintegration zugrunde, ganze Zentren müssen aufgegeben werden. Verhindern kann man das nur durch Zusammenarbeit.

Und schließlich das Wichtigste. Die Kooperation liegt bei uns auf fast anderthalb- bis zweimal höherem Niveau als in der Europäischen Gemeinschaft. Das galt und gilt für die Union, aber was in der Gemeinschaft sein wird, kann ich nur schwer vorhersagen. Das Prinzip, um das es geht, heißt aber: Weshalb alles zerstören, statt den Marktbeziehungen freien Lauf zu lassen?«

Ein Korrespondent sagte: »Das ist doch das Paradoxe bei Ihnen, Michail Sergejewitsch – je mehr Macht Sie sich genommen haben, desto mehr haben Sie abgegeben; je höher der Posten, desto weniger Macht. Sie haben doch selbst die Macht abgegeben. Liegt darin nicht die logische Konsequenz?«

»Ja, aber nur in der Tendenz. Jeder Prozeß entwickelt sich doch in Etappen, es gibt auch Grenzen. Unsere Menschen begreifen noch nicht, daß sie ihr Land verlieren. Das Land wird ja nicht mehr existieren. Die Bürger sind sich dessen auch noch nicht bewußt. Neue Staatsgrenzen werden entstehen. Man wird sie festlegen. Wir hatten sie nicht. Es gab Verwaltungseinteilungen, aber jetzt wird es Staatsgrenzen geben. Alles in allem entsteht eine Vielzahl von Problemen.

Werden wir dem Schicksal von Jugoslawien entgehen? Jelzin sagte gestern zu mir: Erschrecken Sie mich um Himmels willen nicht mit Jugoslawien. Ich erwiderte: Dann lassen Sie uns alles tun, damit das nicht geschieht.«

»Wenn man von dem Abkommen ausgeht, von dem die Rede ist, gibt es ja keinen Einheitsstaat mehr, und wenn es den nicht mehr gibt, gibt es dann auch keinen Präsidenten mehr?«

»Ihre Frage enthält eine Anspielung darauf, daß mein Bemühen, die Union zu bewahren, unbegründet ist und nichts anderes als der Versuch meinerseits, die Macht zu behalten.

Aber im Staatsrat habe ich folgendes gesagt: Wenn es Ihnen schwerfällt, Freunde, unter diesem Präsidenten zu arbeiten, wenn Sie einen anderen brauchen, dann bin ich bereit zu gehen. Unterzeichnen Sie den Entwurf des neuen Unionsvertrags, und ich werde sofort eine Erklärung unterschreiben, daß ich nicht die Absicht habe, mich an der Kampagne zur Wahl des Präsidenten zu beteiligen. Ich stehe für die Erhaltung des Landes ein.

Man hat mich gefragt, ob ich nicht meine eigene Partei zur Unterstützung der Union gründen wolle. Nein. Doch ich begrüße die Bildung von Parteien. Demokratie ohne Parteien kann es nicht geben.«

Von Minsk nach Alma-Ata

Wie die zitierten Äußerungen aus jenen Tagen belegen, bestand meine Position also darin, daß die Politik sich mit den Realitäten zu befassen und ihnen Rechnung zu tragen habe. Nun hat diese Realität Gestalt angenommen, die Bildung der Gemeinschaft Unabhängiger Staat wurde verkündet. Allerdings vollzog sich die Entwicklung von Anfang an so, daß das ganze Land und seine Völker eine Überraschung erlebten: Der Beschluß über die Schaffung der Gemeinschaft wurde hinter dem Rücken des Präsidenten der UdSSR und der Präsidenten anderer Souveräner Staaten und unter Umgehung der jeweiligen Obersten Sowjets gefaßt. Das Land geriet sofort in eine äußerst schwierige Lage.

Mich rief am Sonntag, dem 9. Dezember, Schuschkewitsch an und sagte: »Wir sind hier zu einem Abkommen gelangt, und ich möchte es Ihnen vorlesen.« »Was für ein Abkommen?« fragte ich. »Ja, also ... wissen Sie, dieses Abkommen unterstützen bereits ... Wir haben mit Bush gesprochen.« Ich war empört: »Sie sprechen mit dem Präsidenten der Vereinigten Staaten von Amerika, und der Präsident unseres Landes weiß nichts davon. Das ist eine Schande ...« Mich verblüffte die Tatsache, daß Schuschkewitsch mich in Kenntnis setzte, während Boris Jelzin bereits mit Bush verhandelte. Ich bat Jelzin ans Telefon. Das Gespräch verlief in gereiztem Ton. Ich bestand auf einer Zusammenkunft zwischen mir und den Führern der vier Republiken (Jelzin, Krawtschuk, Schuschkewitsch und Nasarbajew). Doch die vier waren sich bereits einig und hatten Jelzin bevollmächtigt, sich mit mir zu treffen.

Obwohl ich das, was in jenen Tagen geschehen ist, für nicht normal halte, bin ich auch darüber hinweggegangen. Es gab Realitäten, mit denen ich rechnen mußte. Wichtig war, daß der Prozeß vorankam, ohne seinen politischen Charakter zu verlieren.

Als Boris Jelzin nach seiner Rückkehr aus Minsk zu mir kam, sagte ich zu ihm: »Sie haben sich also in Belowesha getroffen und den Schlußstrich unter die Sowjetunion gezogen. In der Öffentlichkeit hat sich sogar die Meinung gebildet, es handle sich gewissermaßen um einen Staatsstreich, der sich hinter dem Rücken der Obersten Sowjets vollzogen hat. Der Präsident der USA erfährt davon eher als der Präsident der UdSSR.

Ich bleibe meiner Position treu, aber ich werde die Wahl respektieren, die die Menschen in unserem Land treffen. Wenn wir für Demokratie und Reformen sind, dann müssen wir nach demokratischen Regeln handeln. Sie sind doch kein Wegelagerer!«

Ich wiederhole jedoch, es war ein realer Prozeß entstanden. Wenn die Republiken eine bestimmte Position bezogen, dann mußte ich das als gegeben akzeptieren und die weitere Entwicklung fördern. Das war die Schlußfolgerung, die ich für mich zog. Doch man mußte anstreben, daß dieser Prozeß im gesetzlichen Rahmen verliefe.

Die Aktion von Minsk stellte die asiatischen Republiken vor eine vollendete Tatsache, die an sich eine Beleidigung für ihre Souveränität und nationale Würde darstellte. Was die Ukraine betraf, vielmehr ihre Politiker, so war die Sache klar: Dieses Verhalten paßte zu dem gesteckten Ziel, die Union aufzulösen. Die asiatischen Republiken sind von der Ukraine weit entfernt, und sie scheint auf eine enge Zusammenarbeit keinen besonderen Wert zu legen. Die ukrainischen Politiker interessiert natürlich Rußland, vielmehr seine Ressourcen. Deshalb sehen sie sich gezwungen, so zu tun, als seien sie für die Gemeinschaft, sozusagen

Rußland zuliebe, das mit den asiatischen Regionen der ehemaligen Union organisch verknüpft ist. Aus diesem Grund ist Krawtschuk auch nach Alma-Ata gefahren. Aber warum wollte die russische Führung die unverkennbaren Absichten der ukrainischen Politiker nicht wahrhaben?

Die ursprüngliche Zurücksetzung, die mangelnde Gleichbehandlung der asiatischen Staaten, die Anspielung auf die sekundäre Rolle, was das Zustandekommen der Gemeinschaft betrifft – all das wird sich rächen. Das war ein großer Fehler, vielleicht sogar ein Fehler von historischer Relevanz. Wir kennen ja nicht alle den Inhalt der Gespräche in Aschchabad. Erst heute ist ersichtlich – anhand dessen, wie sich die Ereignisse in der GUS entwickeln, wie die mittelasiatischen Republiken handeln –, daß damals in Aschchabad eine Übereinkunft erzielt wurde, die jetzt realisiert wird.

Doch die Führer und die Parlamente von Kasachstan und den Staaten Mittelasiens haben gesunden Menschenverstand und politischen Realismus gezeigt; sie haben eine zivilisiertere Position bezogen als ihre Kollegen in den europäischen Republiken, haben mehr Fähigkeit zur Realpolitik bewiesen.

Die Treffen von Aschchabad und später von Alma-Ata vermochten die nach Minsk sich abzeichnende drastische Schieflage etwas auszugleichen. Als Ersatz für die Sowjetunion hat die Gemeinschaft mehr Legitimität erhalten, doch die Beschlüsse von Minsk vermochten die Logik der Desintegration nicht von Grund auf zu beseitigen. Viele für die Lebensfähigkeit der Gemeinschaft wesentliche Fragen haben bis heute die Form von Absichtserklärungen, und auch die lassen sich unterschiedlich interpretieren, was durch das spätere Verhalten der Ukraine und andere Ereignisse bezeugt wird.

Bei der Begegnung mit der Presse am 12. Dezember wurde mir unter anderen auch die Frage gestellt, ob meiner Einschätzung dessen, was sich in Minsk und im Wald von Belowesha ereignet hatte, nicht der Beigeschmack der Niederlage anhaftet.

»Nein! Das habe ich auch Jelzin gegenüber geäußert. Wir fanden immer offene Worte füreinander.

Ich teile nicht die Position der Gründer der GUS, doch ich erörtere mit ihnen alle Fragen, die sie interessieren. Nach Minsk hatte ich Begegnungen mit Jelzin, Nasarbajew, Mutalibow, Nabijew; ich habe mit Krawtschuk, Schuschkewitsch und Akajew gesprochen. Gestern rief mich Nasarbajew erneut an. Er teilte mir mit, daß die asiatischen Republiken in Aschchabad über ihre gemeinsame Linie beraten wollen.

Wissen Sie, letzten Endes trifft jeder in der Politik seine Wahl.

Seinerzeit war ich der Initiator eines Referendums, des ersten in der Geschichte unseres Vaterlandes. Das Volk stimmte damals für die Union. Und als wir im November die Union Souveräner Staaten als einen Staatenbund ins Auge faßten, rückten wir da schon von dem ab, was unter der erneuerten Union zu verstehen war, die bei dem Referendum zur Abstimmung stand. Aber immerhin konnten wir von einem einheitlichen Land, einem einheitlichen Vaterland sprechen.

Und ehrlich gesagt hätte das Volk auch über das neue Gebilde, die Gemeinschaft Unabhängiger Staaten, sein Urteil abgeben müssen. Die Bürger haben zu entscheiden, ob sie mit der Aufteilung des Landes einverstanden sind oder nicht.

Verantwortung für das, was geschieht, diktiert die Position, die ich vertrete.«

Die Journalisten erinnerten mich daran, daß ich vor nicht allzu langer Zeit im Zusammenhang mit einer Analyse der wirtschaftlichen Situation unseres im Zerfall befindlichen Landes davor warnte, daß das Volk in gerechter Empörung auf die Straße gehen könnte. Ja, das ist wahr. Auch jetzt schließe ich eine solche Entwicklung der Ereignisse nicht aus, was für mich einer demokratischen Kundgebung des Volkes gleichkäme. Eine andere Sache ist es, eine derartige Situation ausnutzen zu wollen. Das können Agitatoren mit extremen Anschauungen und politische Spekulanten sein. Die Gefahr ist gewachsen, daß Kräfte an die Macht kommen, deren Absichten auf den Ideen des Nationalpatriotismus basieren.

Darum muß alles getan werden, um den Mißbrauch der Unzufriedenheit des Volkes durch reaktionäre Kräfte zu verhindern.

Dies kann nur über die Fortführung der Reformen geschehen. Das Problem ist nur, wie sie verwirklicht werden können.

Erstens müssen wir den Weg der Reformen gemeinsam gehen, alle Republiken. Ich habe mich bemüht, Jelzin und den gesamten Staatsrat von der Notwendigkeit zu überzeugen, möglichst rasch nach Lösungen zu suchen und gemeinsame Strukturen aufzubauen. Das Team Silajew hat ein Paket von Vorschlägen zu Preisen, sozialem Schutz und Steuerpolitik ausgearbeitet und bemüht sich, die Frage bezüglich der Vereinigung der Banken zu lösen. Es ist alles Notwendige vorhanden, damit die Reformen greifen. Bisweilen wird gesagt, Rußland solle als erstes Land die Reformen angehen, und die anderen würden nachziehen. Aber so kann es nicht funktionieren, weil wir ein einheitliches Ganzes bilden, das unauflösbar verknüpft ist.

Zweitens muß die Initiative der Produzenten – Bauern, Unternehmer, Kaufleute und Mitarbeiter staatlicher Betriebe – freigesetzt werden. Der Monopolstellung sollte ein Riegel vorgeschoben werden. Letzteres ist besonders wichtig, da die Produzenten heute eine entscheidende Rolle spielen. Bei dieser Abfolge ergibt sich logischerweise auch die Liberalisierung der Preise. Aber wenn man alles auf die Aufhebung der Preisbindung reduziert, wie es bei Ryschkow und dann bei Panow war, wird der Warenmarkt leergefegt sein.

Die Preise sind auf jeden Fall freizugeben, aber die Schritte müssen folgerichtig ablaufen ... Wenn keine Kompensationsmaßnahmen getroffen werden, wird das Volk auf die Straße gehen. Dann kann niemand mehr etwas tun, auch nicht die russische oder die ukrainische Führung. Wir müssen alles daransetzen, das nicht geschehen zu lassen. Wir müssen alle zusammen die jetzige Situation überstehen. Ich kann nicht umhin zu wiederholen, daß ich es für einen Fehler halte, das Land zu zerschneiden, zu zerreißen, aufzuteilen.

So sehe ich die Situation. Was hindert uns daran, über unsere Souveränität zu verfügen, unsere Unabhängigkeit mit anderen zu teilen, indem wir der Union beitreten und Verpflichtungen übernehmen? Man darf die Souveränität nicht verabsolutieren. Niemand unterdrückt sie. Wir haben der reformierten Union neue

Prinzipien zugrunde gelegt. Nicht das Zentrum, die Republiken selbst entscheiden, welche Machtbefugnisse sie behalten. Es geht um einen völlig neuen Staat.

Die Weltgemeinschaft, die Länder der »großen Sieben« sympathisierten mit der Idee, die Union zu erhalten. Als die diesbezügliche Paraphierung scheiterte, war der Westen sehr beunruhigt. Darum wurden die Initiative von Belowesha und das Streben nach der Gemeinschaft mit Hoffnung aufgenommen und als ein Schritt betrachtet, der dazu angetan war, die Gemeinsamkeit unserer Völker zu unterstützen und zu bewahren.

Um ganz offen zu sprechen: Bei vielen hat das, was geschehen ist, etliche befremdete Fragen ausgelöst. Einer meiner angesehenen westlichen Gesprächspartner stellte mir damals die Frage: »Was haben Sie denn für Partner in der Führung Ihres Landes, wenn diese die offenkundigen Gefahren nicht sehen, welche die von ihnen zu treffenden Entscheidungen mit sich bringen, wenn sie zuvor abgestimmte Positionen einfach aufgeben?«

Am 13. Dezember teilte ich Präsident Bush in unserem turnusmäßigen Telefongespräch auf seine Bitte hin meine Einschätzungen dazu mit: »Das Minsker Abkommen der drei Präsidenten ist nur ein Entwurf, eine Improvisation. Es bleiben viele ungeklärte Fragen, darunter das Hauptproblem: Es existiert kein Mechanismus des Zusammenwirkens.

Nach meinem Dafürhalten muß der Prozeß der Umgestaltung des Staates einen gesetzlichen, rechtlichen Charakter bekommen. Ich habe mich an die Volksdeputierten gewandt. Der Wille der Völker, der Wille der Republiken muß zum Ausdruck kommen.

Die Diskussion über den Entwurf des Unionsvertrags in den Parlamenten ist jedoch im Grunde genommen gescheitert. Die Absprachen zwischen mir und den Führern der Republiken fanden keine Berücksichtigung.

In Minsk wurde die sehr improvisierte Erklärung abgegeben, daß die Sowjetunion nicht mehr existiert. Aber dann gibt es auch keine Gesetze, welche die öffentliche Ordnung, die Verteidigung, die Grenzen, die internationalen Beziehungen und dergleichen mehr regeln. Dies taten drei Präsidenten unter einem sehr fragwürdigen historischen Vorwand: Ihre Länder – Rußland, Bjelarus und die Ukraine – waren 1922 die Initiatoren zur Gründung der UdSSR, darum steht ihnen, wie sie meinen, auch das Recht zu, sie wieder aufzulösen. Darin sehe ich ein dilettantisches Vorgehen, den Versuch, Dreistigkeit für politische Kultur auszugeben oder gar für eine Bekundung historischer Verantwortung.

Und das, anstatt unter Beteiligung aller Republiken sämtliche erforderlichen Dokumente auszuarbeiten, sie in den Parlamenten – allgemeinen, repräsentativen, gesetzgebenden Gremien – zu diskutieren, die dann die Entscheidung zu treffen haben darüber, ob die Sowjetunion aufhört zu existieren und die Gemeinschaft an ihre Stelle tritt.«

Das war der Inhalt meines freimütigen Gesprächs mit George Bush.

Am 14. Dezember rief François Mitterrand mich an. Dies waren seine Worte: »Sie verstehen gewiß, daß ich die Ereignisse in Ihrem Land aufmerksam verfolge. Wahrscheinlich erinnern Sie sich, daß ich während Ihres letzten Besuchs (Anfang November im Süden Frankreichs) den Wunsch zum Ausdruck brachte, alle Republiken mögen einheitlich und vereint bleiben. Ich habe damals gesagt und möchte heute wiederholen, daß dies nicht nur für Ihr Land, sondern auch für ganz Europa notwendig ist, für die Aufrechterhaltung des Gleichgewichts sowohl im Osten als auch im Westen Europas. Das was in Ihrem Land geschieht, interessiert uns zutiefst, und zugleich beunruhigt es uns zwangsläufig. Wie früher bin ich der Ansicht, daß Sie der Garant für Stabilität und Beständigkeit in diesem Land waren und sind. Ich möchte Sie wissen lassen, daß Frankreich jetzt, da so ernste Schwierigkeiten entstanden sind, angespannt, mit Verständnis und Sympathie jede Ihrer Handlungen, jeden Ihrer Schritte verfolgt.«

Danach folgten Telefongespräche mit den führenden Politikern anderer Länder (oder ihren Repräsentanten) – darunter Kohl, Major, Andreotti, Baker, Mulroney. Darauf komme ich noch zu sprechen. Sie hielten mit ihrer Besorgnis angesichts des zunehmenden Desintegrationsprozesses bei uns keinesfalls hinterm Berg. Nicht nur das Problem der nuklearen Gefahr beunruhigte sie, sondern auch die wirtschaftlichen und politischen Folgen der Ereignisse in der UdSSR machten ihnen Sorgen, die Instabilität in Europa und in der Welt heraufbeschworen, die eine der wichtigsten Stützen bei der begonnenen friedlichen Reformierung der internationalen Beziehungen verlor.

Politik und Moral

Zu dem Zeitpunkt, da die Dezemberereignisse ihren Höhepunkt erreichten, fand in Moskau die internationale Konferenz »Anatomie des Hasses« statt, die Humanitäre Fonds des bekannten Kämpfers für die Menschenrechte und Nobelpreisträgers Eli Wiesel und die Zeitschrift »Ogonjok« organisierten. Meine Grußadresse an die Teilnehmer war geprägt vom Augenblick, und deshalb möchte ich sie hier wiedergeben: »Ich begrüße Sie alle, die Sie sich hier aus einem für unser Land so aktuellen Anlaß versammelt haben. Ich begrüße den Begründer und Leiter des Fonds, den in der ganzen Welt bekannten Nobelpreisträger Herrn Eli Wiesel.

Die Konferenz ist einem der ethischen und zugleich auch politischen Schlüsselprobleme unserer Zeit gewidmet: wie sich der Haß unter den Menschen, Völkern und Staaten überwinden läßt. Der Haß hat die Menschheit über Jahrhunderte gepeinigt, er wurde im 20. Jahrhundert mehr als einmal zur Staatspolitik und brachte die grausamsten Kriege hervor. Alle Verbrechen gegen Rechte und Freiheiten, gegen das Leben der Menschen sind von Haß durchdrungen. Als ideologische und psychologische Komponente des kalten Krieges stellte er das bloße Überleben des Menschengeschlechts in Frage.

Im Grunde genommen bildet die Einsicht, daß eines mit dem anderen verbunden ist, die Basis des neuen Denkens, in dem Sittlichkeit und Politik nicht voneinander zu trennen sind, denn es ist dazu bestimmt, der Einheit der Welt auf der Grundlage der allgemeinmenschlichen Werte zu dienen.

Ich lehne unmoralische Mittel in der Politik ab. Ich kann ›Kraftakte‹ zur Erreichung eines Vorhabens nicht akzeptieren – selbst dann nicht, wenn ich sehe, daß uns jemand aus Versehen oder vorsätzlich dem Ziel nicht näher bringt, sondern uns von ihm entfernt. Jede Gewalt erzeugt Haß, und Haß ist immer destruktiv. Gewalt kann die beste Idee in ein Übel für Mensch und Gesellschaft verkehren.

Ich bin stolz darauf, daß das neue Denken, unsere neue politische Moral dazu beigetragen hat, den Haß aus den internationalen Beziehungen zu verdrängen sowie Vertrauen und Achtung der Menschenrechte zu äußerst wichtigen Komponenten der Weltpolitik zu machen.

Mein Land durchlebt schwere, dramatische Tage, es steht vor der Wahl seines künftigen Schicksals. Ich hoffe, daß dieser qualvolle Prozeß nicht von Haß durchdrungen wird. Ich glaube daran, daß letzten Endes Gerechtigkeit und Frieden in meinem Land und auf der ganzen Erde siegen werden.

Alle guten Wünsche für Sie.«

In einem Gespräch mit Eli Wiesel und anderen Konferenzteilnehmern am 17. Dezember gestand ich die Schwierigkeit ein, Politik mit Moral zu verbinden. Wenn wir daran zurückdenken, wie wir das neue Denken entwickelt haben, indem wir uns den allgemeinmenschlichen Werten zuwandten, welche von den Interessen, Ideen und jahrhundertelanger Erfahrung geprägt sind, so haben wir damals die richtige Wahl getroffen. In jenen Tagen schrieb ich ein, wie ich glaube, unvollkommenes Buch: »Die Perestroika. Die zweite russische Revolution«. Aber ich habe mich über alles offen geäußert. Und die Menschen schienen zu verstehen, welchen Appell der Autor an sie richtete. In dem Buch geht es darum, wie man die Politik in unserem Land und außerhalb seiner Grenzen verändern kann.

Jetzt ist für die Politik des neuen Denkens die schwerste Zeit angebrochen. Es wird auf eine sehr ernste Probe gestellt. Es gibt genügend Menschen, die sich meiner Prognose erinnern, in der ich vor einigen Jahren gesagt habe, die Perestroika und das neue Denken seien ein so tiefgreifender und dramatischer Prozeß, daß wir auf ganz große Probleme und Prüfungen, möglicherweise auf Erscheinungen von Instabilität gefaßt sein müßten. Und wenn wir uns nicht behaupten, dann kann alles zugrunde gehen, dessen unsere Zivilisation so notwendig bedarf.

Besonders in diesem Land wurden wir mit einer sehr schweren

Aufgabe konfrontiert, denn innerhalb seiner Grenzen war das mächtigste totalitäre Regime der Welt entstanden. Es abzubauen, glich wirklich einer Herkulesarbeit. Und das Wichtigste war, den geeigneten Weg hierfür zu finden.

Wir haben uns für das Richtige entschieden: in der Politik Pluralismus, freie Wahlen, Gewaltenteilung in Legislative, Exekutive und Jurisdiktion, Entwicklung zum Rechtsstaat; in der Wirtschaft unternehmerische Freiheit, Anerkennung aller Eigentumsformen und des Markts, wobei der Wettbewerbscharakter gesichert sein und jedem die Möglichkeit geboten sein muß, seine Fähigkeiten zu verwirklichen.

In einem Land, dessen Menschen sich in hundertzwanzig Sprachen verständigen, kann man nicht vorankommen, wenn das Staatswesen nicht reformiert wird.

Und schließlich: Unsere Gesellschaft war eine der am höchsten militarisierten. Die Dimensionen und der Preis dafür sind gewaltig. Wir haben den Weg der Abrüstung, des Aufbaus neuer internationaler Beziehungen beschritten.

Es ist gut, daß eine neue Generation von Politikern die Bühne betritt. Für uns war der Beginn nicht leicht, wir sahen uns immerhin noch den alten Dogmen, dem stereotypen Denken verhaftet. Unsere Nachfolger werden es leichter haben. Ich begrüße die Durchführung einer so wichtigen Konferenz. Das Leben geht ja weiter, und sowohl wir als auch die neuen Generationen müssen begreifen lernen, was das Leben uns lehrt – und das bedeutet: Überwindung von Haß und Argwohn, Berücksichtigung gegenseitiger Ansichten und Interessen.

Die letzten sechs, sieben Jahre waren für uns samt und sonders dramatisch. Doch sollte sich dieses Drama nicht in eine Tragödie wandeln.

Mit der Frage, was sich heute bei uns vollzieht, beschäftigt sich auch die Weltöffentlichkeit.

Wenn ich ein einfacher Politiker oder Staatsrechtler wäre, könnte ich eine kritische Analyse der Methoden und Mittel liefern, deren man sich jetzt bei der Lösung des Unionsproblems bedient. In meiner Position muß ich jedoch anders verfahren.

Falls die Obersten Sowjets, die Vertreterkörperschaften, die

Bildung einer Gemeinschaft Unabhängiger Staaten für notwendig erachten, werde ich ihre Entscheidung respektieren.

Mehr noch, ich möchte meine Möglichkeiten und meine Rolle nutzen, um die sich anbahnende Entwicklung zu fördern, zu seinem Erfolg beizutragen. Warum? Weil es wichtigere Dinge gibt als den politischen Prozeß an sich, als die Formen, die er annimmt.

Das Land ist so mit Problemen überlastet, daß es ein »Fest zur Zeit der Pest« wäre, würde ich mich jetzt in den politischen Kampf hineinziehen lassen.

Sehr wichtig ist, daß die Solidarität unserer ausländischen Partner wirksam bleibt. Vielleicht ermöglicht der begonnene Prozeß, die Desintegration zu stoppen und die Zusammenarbeit zwischen den Republiken zu erneuern. Doch es bleiben die Probleme der Wirtschaft, da alle Verbindungen unterbrochen sind und die Produktivität sinkt. Und wenn es nach der Liberalisierung der Preise weiterhin keine Waren und keine Lebensmittel gibt, dann dürfte die Lage außerordentlich gefährlich werden.

Ich habe mich mit Herrn Michnik getroffen. Er kann bestätigen, daß auch in Polen die Menschen große Unzufriedenheit empfinden, obwohl die Situation dort weniger dramatische Formen angenommen hat. Und infolgedessen verzeichneten die Kräfte, die von der Gesellschaft noch vor kurzem völlig abgelehnt wurden, bei den jüngsten Wahlen einen beträchtlichen Zulauf. Das ist ein Signal, ebenso wie die Tatsache, daß der Präsident von Rumänien gezwungen war, die Freigabe der Preise zurückzunehmen und die Preisbindung wieder einzuführen.

Unser Hauptproblem ist also gegenwärtig die Wirtschaft. Das demokratische Kapital, das im Reformprozeß freigesetzt wurde, die Aufhebung der ideologischen Sklaverei, die intellektuelle Freiheit – das wird sich auswirken und uns ermöglichen, in Zukunft sicherer vorwärtszuschreiten.

Ich bin überzeugt, daß es schon jetzt nicht mehr möglich ist, unser Land in die Vergangenheit zurückzuwerfen. Wir haben in den letzten Jahren zuviel erfahren. Doch wenn die Instabilität andauert oder gar zunimmt, kann das zur Diktatur führen. Ich denke, daß die Anwendung autoritärer Methoden sich gegebenenfalls nicht ausschließen läßt, doch dann ausschließlich im Rahmen des Gesetzes und nur, wenn es sich als notwendig erweisen sollte, um die Desintegration zu bremsen und die demokratischen Veränderungen fortzusetzen.

Im Gespräch über die Situation in unserem Land sagte Eli Wiesel, er habe bei seinen Begegnungen mit Juden in Moskau und Kiew den Eindruck, daß sie sehr verängstigt seien. Die Aktivitäten solcher Organisationen wie »Pamjat« beunruhige sie. Er habe selbst antisemitische Publikationen und Karikaturen gesehen.

Darauf erwiderte ich, daß heute die ganze Bevölkerung von Unruhe erfaßt sei. Darin läge der Grund. Was die besondere Gefahr für die jüdische Bevölkerung betrifft, so ist sie nach meiner Ansicht jetzt geringer als vor zwei, drei Jahren. Allerdings gibt es Leute, die weiterhin Ideen von einer »zionistischen Verschwörung« und dergleichen lancieren. Aber das findet keine Unterstützung – im Gegenteil, man reagiert im allgemeinen negativ darauf.

Der Jahrestag der Tragödie von Babi Yar [eine Schlucht bei Kiew, in der im September 1941 33771 Juden von SS-Einheiten erschossen wurden; Anm. d. Red.] war für mich Anlaß zu einer Erklärung, in der ich meine persönliche Haltung zum Antisemitismus und anderen ähnlichen Bekundungen dargelegt habe.

Es ist gut, daß unsere diplomatischen Beziehungen zu Israel wiederhergestellt sind. Unsere Menschen nehmen ebenfalls zur Kenntnis und wissen zu würdigen, daß sich viele Juden – einflußreiche Vertreter von Finanzkreisen – aktiv an der Hilfeleistung für unser Land und der Verwirklichung großer Projekte beteiligen.

Das Treffen mit James Baker

Ich habe die Entscheidung von Präsident Bush, am Vorabend der Konferenz von Alma-Ata den Außenminister der USA, James Baker, in die Sowjetunion zu entsenden, sehr begrüßt.

Vor allem schien es mir notwendig, in unserem Gespräch darauf hinzuweisen, daß die Behauptung, der Reformierungsprozeß der Union sei in eine Sackgasse geraten, nicht der Wahrheit entspräche. Die Dinge lägen anders, und die Vereinigten Staaten müßten das wissen:

»Auf der Sitzung des Staatsrats am 25. November haben wir alle den Beschluß angenommen und unterzeichnet, den Vertragsentwurf über die Union Souveräner Staaten an die Obersten Sowjets weiterzuleiten. Das wurde von mir und allen Führern der Republiken, die dort anwesend waren, unterstützt. Ich persönlich habe mit den Führern von sechs Republiken gesprochen. Nasarbajew hat mich dahingehend informiert, daß der Entwurf am 10. Dezember in Kasachstan gebilligt werden sollte. Meine Experten und Jelzins Experten haben vor der Beratung des Entwurfs im Obersten Sowjet von Rußland zusammengearbeitet, und mir liegt das Gutachten – ein positives Gutachten – über die Ergebnisse dieser Beratung vor.

Ich will jetzt nicht auf die Ursachen dessen eingehen, was geschehen ist. Das ist unser Problem, die Verantwortung mag bei uns liegen. Vielleicht gab es Fehlkalkulationen und sogar schwerwiegende Fehler meinerseits. Aber darum geht es jetzt nicht. Jetzt haben wir es mit Realitäten zu tun, die sowohl für uns als für Sie, die Amerikaner, wichtig sind. Ich bleibe bei meinem Standpunkt, doch sehe ich meine Rolle darin, die mir zur Verfügung stehenden politischen Möglichkeiten zu nutzen, um bei der Schaffung der Gemeinschaft Unabhängiger Staaten eine noch größere Desintegration zu verhindern. Diese Gefahr besteht durchaus.

Als erfahrener Mann wissen Sie, daß man das Abkommen von Minsk leicht annehmen konnte, aber es läßt sich nicht in die Praxis umsetzen. Es ist nur ein Konzept, ähnlich allgemein in seinen Thesen wie die Erklärung, die Präsident Reagan und ich gemeinsam in Genf abgegeben haben: Ein Kernwaffenkrieg ist unzulässig, denn es kann keinen Sieger geben. Der Prozeß muß klar ausgeprägte Formen und Züge annehmen. Damit die Gemeinschaft existieren kann, müssen Prinzipien und vor allem Mechanismen ausgearbeitet werden. Die Gesellschaft befindet sich im Zustand der Ungewißheit, der Instabilität. Wir haben sehr wenig Zeit und müssen schnell etwas unternehmen.

Meine langjährigen Kollegen, die hier bei diesem Gespräch mit Ihnen anwesend sind, und ich wollen unseren Beitrag zum Entstehen der Gemeinschaft und zur Ausarbeitung der Verfahren leisten, welche die Kontinuität sichern. In diesem Sinne werde ich handeln, ausgehend von meiner verfassungsmäßigen Verantwortung für das Land und für die Prozesse, die sich abspielen, und ohne mich von Emotionen leiten zu lassen – handeln im Geiste maximaler Verantwortung.

Ich wünsche den Führern der Republiken Erfolg, obwohl ich nicht glaube, daß ihr Vorhaben gelingen wird. Trotzdem möchte ich, daß es gutgeht – denn wenn es anders kommt, ist alles, was wir geleistet haben, in Gefahr, und ebenso die Zukunft.«

Baker betonte besonders, daß seine Regierung alles tun werde, um nicht in unsere inneren Angelegenheiten hineingezogen zu werden. Er hob das Interesse der USA an einer in geordneten Bahnen und gemäß der Verfassung verlaufenden Umwandlung hervor, denn wenn dies nicht von Erfolg gekrönt sei, werde die Desintegration noch zunehmen – mit allen sich daraus ergebenden negativen Folgen für das sowjetische Volk und für die Außenwelt.

»Wir teilen Ihren Standpunkt, daß die Brester Vereinbarung nur die äußere Form ist«, sagte er. »Außerdem hat es bereits widersprüchliche Erklärungen gegeben, die selbst von den Thesen des unterzeichneten Abkommens abweichen.«

James Baker äußerte Zweifel daran, daß die Gemeinschaft imstande sei, ein gemeinsames Verteidigungskonzept zu entwickeln. »Aus den Gesprächen hier habe ich entnommen, daß zehn völlig unabhängige souveräne Staaten entstehen werden«, sagte er, »und jeder wird seine eigene Außenpolitik verfolgen. In dem Fall ergibt sich die Frage: Wie kann von einer koordinierten Verteidigung die Rede sein, wenn zehnmal selbständige Außenpolitik betrieben wird? Und wer wird dem Oberkommandierenden der gemeinsamen Streitkräfte Anweisungen geben, von wem wird er Direktiven erhalten?«

»Ja, Sie haben recht, Jim, ich habe eine solche Wendung der Dinge vorhergesehen. Meine Prophezeiungen erfüllen sich sehr schnell.

Deshalb muß ich mich einmischen. Ich habe mehrmals mit Krawtschuk und Jelzin gesprochen, und ich halte es für wichtig, so zu handeln, um denen zu helfen, denen an einer Verschärfung der Situation nicht gelegen ist.«

Auf Bakers Frage, wie wir uns das weitere Vorgehen der Amerikaner vorstellten, hielt ich es für notwendig zu sagen, daß für die Gemeinschaft im Augenblick zusätzliche Lebensmittelhilfe am dringlichsten sei. Es bestehe die Gefahr, daß die Situation eskaliere und sich in einer Explosion entladen könne, die alle Regierungen hinwegfege.

Baker fragte, was unter der Übergangsperiode zu verstehen sei, von der Jelzin gesprochen habe.

»Wir brauchen ein vollwertiges Abkommen über die Gemeinschaft«, antwortete ich, »um den Prozeß auf allen Gebieten in die richtigen Bahnen zu lenken. Es muß deutlicher werden, was von diesem Territorium aus in die Welt hinausgehen wird.«

Ich wiederholte ihm, was ich meinen Kollegen gesagt hatte: »Zumindest ist eine Abschlußsitzung des Obersten Sowjets der UdSSR erforderlich.

Und noch ein Aspekt: Es muß eine Vereinbarung über die Außenpolitik getroffen werden. Die internationale Gemeinschaft hat das Recht zu wissen, mit wem sie es zu tun bekommt – ob es zehn Staaten mit ihrer jeweiligen Außenpolitik sind oder ein politisches Gebilde, das über eine abgestimmte Außenpolitik verfügt und als Nachfolger der Sowjetunion auftritt, speziell im UNO-Sicherheitsrat, aber auch bezüglich der wichtigen Verträge, die noch von der UdSSR unterzeichnet wurden.

Ich schließe nicht aus und bin sogar sicher, daß der Oberste Sowjet das Abkommen über die Gemeinschaft Unabhängiger Staaten unterstützen wird. Das Leben fordert ja von uns, keine Zeit zu verlieren. Aber der Oberste Sowjet will vielleicht nicht die Verantwortung übernehmen, den Schlußstrich unter die UdSSR zu ziehen. Er wird sich möglicherweise für ein Referendum oder eine Volksbefragung aussprechen, ungeachtet der Politikmüdigkeit des Volkes.

Ich werde jetzt kritisiert: Gorbatschow will den laufenden Prozeß untergraben, heißt es, und deshalb verlangt er die Einberufung des Kongresses der Volksdeputierten und dergleichen. Aber mir ist die Verantwortung des Augenblicks bewußt, ich habe begriffen, welche Frage zur Entscheidung ansteht: Ein einheitlicher Staat hört auf zu existieren. Es gab ein Land – wenn auch mit Widersprüchlichkeiten –, und nun geht man daran, es in verschiedene Staaten aufzuteilen. Das ist eine sehr ernste Angelegenheit, über die nur das Volk entscheiden kann.

Mich beunruhigt folgendes: Mit dem Unionsvertrag sind wir in eine Falle geraten und verlieren nun Zeit. In den nächsten Monaten könnte aber etwas geschehen, was alle hinwegfegt, denn der Zusammenbruch der Wirtschaft nimmt seinen Lauf. Darum ist es so wichtig, die Diskussionen zu beenden, mit dieser politischen Schizophrenie Schluß zu machen.

Jelzin sagt ständig zu mir: ›Jagen Sie den Menschen keine Angst ein.‹ Natürlich ist meine Lage sehr prekär, aber ich kann nicht umhin zu warnen.

Ich bin sicher, Jelzin hat, wie vereinbart, mit Ihnen über die Notwendigkeit gesprochen, außer der Lebensmittelhilfe und der Lieferung anderer Waren fünf bis zehn Milliarden Dollar für die Übergangsphase zum konvertierbaren Rubel zur Verfügung zu stellen. Diese Summe ist eine Kleinigkeit im Vergleich zu dem, was geschieht, wenn es zu einer Katastrophe kommt. Den höchsten Preis würden wir zahlen, aber auch andere dürften nicht mit heiler Haut davonkommen.« Baker entgegnete, Jelzin habe diese Frage nicht angeschnitten.

»Worüber ich noch sprechen möchte: Im Augenblick haben die Menschen nicht so richtig begriffen, daß die Gemeinschaft (GUS) die Zerstückelung des Landes bedeutet. Die Bevölkerung ist immer noch der Meinung, es bleibe ein Land, alle Ströme – die wirtschaftlichen, kulturellen, menschlichen – flössen weiter. Nasarbajew meinte: ›Wir werden doch zusammen, alle zusammen wieder auf die Beine kommen.‹ Aber um dieses Gefühl zu bewahren, muß man sehr sorgfältig die Prinzipien und Mechanismen durchdenken, welche die Aufrechterhaltung der bestehenden und die Herausbildung neuer Beziehungen im Reformprozeß und in der Entwicklung zum Markt fördern. Das ist sehr wichtig. Denn wenn die Menschen spüren, daß die Gemeinschaft (GUS) uns nicht nur nicht vor dem Zusammenbruch rettet, sondern zu noch größerer Desintegration führt, werden wir eine gefährliche Reaktion der Gesellschaft erleben.

Von meinem Standpunkt aus sehe ich es so: Die Desintegration muß aufgehalten, der Zerfall darf nicht zugelassen werden, sonst könnten alle unsere progressiven Reformen scheitern, und das würde den Kurs der Umgestaltungen diskreditieren.

Nach Minsk hatte ich ein Treffen mit Jelzin, bei dem auch Nasarbajew zugegen war. Ich stellte Fragen und hörte mir Jelzins Antworten an. Es waren qualvolle Minuten. Ich wollte unter anderem wissen: ›Werden die unabhängigen Staaten eigene Armeen haben?‹ Jelzin sagte: ›Ja, außer strategischen Streitkräften.‹ ›Nachdem Sie das Abkommen in Alma-Ata unterzeichnet haben, wird also die Ukraine über eine eigene Armee in der Stärke von 470 000 Mann verfügen? 100 000 mehr, als das vereinigte Deutschland hat?

Die Ukrainer können sagen, daß sie eine so große Armee nicht brauchen. Aber es geht darum, daß die Landstreitkräfte Teil der Streitkräfte der UdSSR sind und nach einem bestimmten Plan entlang der Grenze stationiert wurden. Rußland muß sich überlegen, welche eigenen Landstreitkräfte es haben will und wie sie verteilt werden sollen. Also überlegen Sie: Wie sollen die Streitkräfte geteilt werden, welche Einheiten sollen wohin verlegt werden?

Gegenwärtig sind im Kiewer Militärbezirk achtzig Prozent der Offiziere und Generäle Russen. Das hat der Chef des Bezirks mir bestätigt. Die ukrainischen Behörden werden »ihre« Armee von einer so großen Anzahl Russen säubern wollen. Das ist doch Wahnsinn!

Die Führer der Republiken kommen am 21. Dezember in Alma-Ata zusammen. Und hier erhebt sich die Frage: Was werden sie unterzeichnen? Ich bin der Ansicht, es muß sich um ein Dokument handeln, in dem die Notwendigkeit anerkannt wird, die Gemeinschaft auf der Grundlage bestimmter Prinzipien zu schaffen und zugleich Mechanismen für die Absicherung des Übergangs zu entwickeln.‹

Ich erinnerte Jelzin daran, daß er als erster die baltischen Staaten anerkannt und Verträge mit ihnen unterschrieben habe, die Bestimmungen über den Schutz der Bürgerrechte nationaler Minderheiten enthielten. Und das Ergebnis? Jetzt werden dort Gesetze über die Staatsbürgerschaft verabschiedet, denen zufolge eine Kategorie von Bürgern zweiter Klasse entsteht. Und wer sind diese? Die Russen! So handeln die ›Demokraten‹.

Als wir mit den Balten sprachen, wiesen wir darauf hin, daß sich auf ihrem Territorium Objekte der strategischen Verteidigung, der kosmischen Nachrichtenübermittlung und der Frühwarnsysteme befinden. Sie meinten: ›Darüber werden wir uns einigen.‹ Und was geschieht jetzt? Jetzt schreien sie: ›Russen raus!‹ Dabei haben sie gesagt, es werde ein Prozeß sein, der Zeit brauche. Also – brauchen wir Realpolitik?!

Alle diese Fragen richtete ich an Jelzin, erhielt jedoch keine Antworten. Später beklagte er sich vor der Presse, Gorbatschow hätte ihn wie ein Staatsanwalt verhört. Es heißt, der Präsident der UdSSR habe den Sinn für Realität verloren. Aber ich habe diese Fragen gestellt und stelle sie weiterhin, weil in absehbarer Zeit vielleicht die entscheidenden Beschlüsse gefaßt werden und weil sie für die Bürger aller Republiken von Bedeutung sind.«

Um es zusammenzufassen: Ich versuchte dem Außenminister der USA den realen Entwicklungsprozeß darzustellen, der sich nach dem Minsker Treffen in unserem Land abspielte, wobei ich natürlich ein bestimmtes Ziel verfolgte: bei der amerikanischen Administration ein angemessenes Verständnis für die neue Situation in unserem Land zu wecken.

Ich beharre auf meiner Meinung

Noch am selben Tag, dem 16. Dezember, gab ich der Zeitschrift »Time« ein Interview. Auch diesmal war das Staatswesen das zentrale Thema.

Ich gab meinen Gesprächspartnern zu verstehen, daß wir uns auf die Verwirklichung der Idee von einer neuen Union zubewegten, bis das Referendum in der Ukraine die Situation änderte. »Die Ukraine könnte ohne Nachteil für ihre Souveränität und auf deren Grundlage ihren eigenen Platz in der neuen Union finden. Die Führer der Republik haben ein Abkommen über wirtschaftliche Zusammenarbeit unterzeichnet. Krawtschuk hat mehrmals erklärt, daß die Kernwaffen unter strenger Kontrolle und einem einheitlichen Befehl stehen müssen. Natürlich müssen alle Republiken, auf deren Territorium Kernwaffen stationiert sind, nach einem bestimmten Modus an dieser Überwachung beteiligt werden, doch niemand hat jemals einen einheitlichen Oberbefehl in Zweifel gestellt. Das sind zwei sehr wichtige Gesichtspunkte, und sie ermöglichen uns, ein noch näher zu definierendes politisches Bündnis zu schließen.

Die ganze Zeit beunruhigte mich die Haltung der Ukraine zur Union, vor allem deshalb, weil ich ahnte, die russische Führung würde dies als Vorwand nutzen, um eine andere Konzeption für die Reformierung der UdSSR vorzuschlagen. Die ukrainischen Führer haben beschlossen, sich loszulösen, womit sie aus meiner Sicht einen gewaltigen Fehler begehen. Der Trennungsbeschluß ist weder überzeugend noch begründet. Sie glauben, dies sei der Weg zum Wohlergehen, doch in Wirklichkeit verurteilen sie das Volk ihrer Republik zu vielen Jahren mühevollen Suchens und schwerer Prüfungen.

Das Wichtigste ist, nicht die Herrschaft über die derzeitige Lage zu verlieren. Gerade deshalb war mein Treffen mit Führern der Streitkräfte notwendig. Ich habe dort erklärt, die Armee könne in dieser Übergangsperiode gewiß sein, daß Fragen, die mit der Schaffung eines neuen Verteidigungsbündnisses, der Kontrolle über die strategischen Kräfte sowie mit der Aufstellung nationaler Armeen zusammenhingen, im Rahmen der Verfassung entschieden würden. Die Streitkräfte müssen sicher sein, daß man sich um sie kümmert, daß sie weder jetzt noch später als Objekt politischer Manipulation mißbraucht werden.

Die Frage der Kontrolle über den ›Atomkoffer‹ beunruhigt Sie. Bis jetzt kann ich garantieren, daß alles normal verläuft. Heute habe ich mit Jelzin gesprochen, und er versicherte mir: ›Michail Sergejewitsch, was mich anbetrifft, wird von meiner Seite nichts unternommen, was zu einem Durcheinander in den Streitkräften führen kann.‹

Ein brennenderes Problem ist jedoch folgendes: Krawtschuk hat sich zum Oberkommandierenden jener Streitkräfte erklärt, die auf dem Territorium der Ukraine stationiert sind. Die strategischen Kräfte erwähnte er indes nicht. Ich habe mich mit ihm über meine geheime Telefonleitung in Verbindung gesetzt und ihn gefragt: ›Wissen Sie, was Sie tun, Sie untergraben den gesamten Prozeß.‹ Krawtschuk antwortete mir: ›Ich versichere Ihnen, in bezug auf die strategischen Kräfte wird sich nichts verändern.‹ Ich riet ihm: ›Erklären Sie öffentlich, daß bis zur Unterzeichnung eines neuen Verteidigungsbündnisses keinerlei übereilte Beschlüsse über die Streitkräfte gefaßt werden und daß die Armee unter einem einheitlichen Oberkommando und unter der Kontrolle des Präsidenten des Landes bleibt. Bringen Sie kein Durcheinander in diese Fragen! Die ganze Welt blickt auf uns. Versetzen Sie die Menschen nicht in Schrecken!‹

Ich verabredete mit Krawtschuk, alles einer Entscheidung auf der Grundlage der Gegenseitigkeit und in Etappen zu überlassen. Gerade habe ich den Verteidigungsminister Jewgeni Schaposchnikow zu ihm geschickt, um das Verfahren für diese Oberleitung auszuarbeiten.

Derzeit stelle ich meinen Kollegen viele Fragen.

Auch an Jelzin hatte ich einige, als er mich am Montag aufsuchte. ›Mir ist unklar, was für eine Gemeinschaft Sie bilden wollen‹, sagte ich, ›denn vom politischen wie vom juristischen Standpunkt besteht nur eine Konzeption, ein Entwurf, der die unterschiedlichsten Zweifel und Fragen nach sich zieht.‹

Trotzdem versuchte ich von Anfang an, meinen Genossen klar meine Ansicht zu vermitteln, daß das Minsker Abkommen eine Reihe positiver Momente enthält. Ich wies aber auch auf die negativen Seiten hin.«

Über den Standpunkt Washingtons in dieser Situation sagte ich folgendes: »Präsident Bush und Außenminister Baker betrachten den Prozeß, der sich in unserem Lande abspielt, als unsere innere Angelegenheit. Doch in letzter Zeit, besonders vor dem Referendum in der Ukraine, haben die USA Schritte unternommen, die, wie ich meine, nicht gut genug durchdacht waren. Einige Leute hier sehen darin den Versuch, den Separatismus in der Ukraine voranzutreiben. Ich habe das dem Präsidenten gegenüber betont, als wir miteinander telefonierten.

Ich möchte, daß alle unsere Partner in den Beziehungen zu uns eine ausgewogene Haltung einnehmen – besonders jetzt. Baker war voreilig, als er erklärte: ›Die Sowjetunion existiert nicht mehr.‹ Ich halte das nicht für loyal ... Es liegt in unserem gemeinsamen Interesse, daß dieser Prozeß erfolgreich abgeschlossen wird, ohne irgendwelche Überraschungen. Wir regeln unsere Angelegenheiten als Partner, nicht wie Gladiatoren in der Arena.

Gestern habe ich an die Parlamente von Rußland und Bjelarus eine Botschaft gesandt, in der ich ihnen zu verstehen gab, daß ich ihren Beschluß, ihre Abgeordneten aus dem Obersten Sowjet der UdSSR abzuberufen, als einen Fehler ansehe. Dabei wies ich darauf hin, daß weitere Aktionen dieser Art die Meinung entstehen ließen, sie handelten insgeheim und unter Umgehung der verfassungsmäßigen Gremien unseres Landes. ›Wenn das geschieht, wird die übrige Welt sich Gedanken darüber machen, mit wem sie es zu tun hat. Wer wird Sie achten, wenn Sie die eigene Verfassung nicht achten?‹

Wir führen schon seit vielen Tagen Verhandlungen. Im Zusammenwirken mit meinen Kollegen versuche ich meinen Standpunkt zu vermitteln und dabei zu helfen, Übereinkünfte zu erzielen. Aber ich lege keinen Wert darauf, Ehrengast eines Banketts zu sein. Darin sehe ich meine Rolle nicht.

Die Beziehungen zu Boris Jelzin

Während des Gesprächs mit Jim Baker wurde ich gefragt, wie mein Verhältnis zu Jelzin sei. Nun, in der letzten Zeit hat es normalen Charakter angenommen. Wir vertreten unterschiedliche Auffassungen über die Beschaffenheit der neuen Union. Ich bin für Reformen, aber bei Erhaltung der Union als Staat. Und ich wehre mich dagegen, sie wie eine Pirogge (Pastete, russ. Gericht; Anm. d. Red.) aufzuteilen und sie sich als Vorspeise einzuverleiben. Wer hat das Recht, ein Land in Stücke zu schneiden? Das Ganze kann außer Kontrolle geraten, was allen Plänen zur Erneuerung der Gesellschaft ein Ende setzen würde.

Das Verhalten Jelzins gab mir immer wieder Rätsel auf. Wir haben gemeinsam die Ausarbeitung des Unionsvertrags geleitet und den Entwurf zusammen mit den anderen Republiken an die

Obersten Sowjets zur Beratung weitergegeben. Aber in Minsk schlug Jelzin etwas ganz anderes vor. Er befand es nicht einmal für nötig, mich anzurufen. Mit George Bush hingegen hat er gesprochen, obwohl keinerlei Notwendigkeit bestand, den Präsidenten der USA hineinzuziehen. Das ist nicht nur eine Frage der Moral. Solch einen Stil kann ich nicht akzeptieren.

Während einer Unterredung mit Jelzin vor dem Treffen in Alma-Ata erkundigte ich mich, wie die Dinge vorankämen und welche Dokumente ausgearbeitet würden. Wir sprachen etwa zwei Stunden miteinander. Dabei stellte ich eine ganze Anzahl scharfer Fragen. Ich gab Jelzin im guten zu bedenken, daß in der Gesellschaft die Ansicht entstehen könnte, die Sache würde übers Knie gebrochen und Entscheidungen getroffen, ohne sich um die Meinung der gesetzgebenden Körperschaften, der Öffentlichkeit, der Presse zu scheren. ›Wollen Sie Entschlossenheit demonstrieren? Dafür ist jetzt nicht die richtige Gelegenheit. Es geht doch ... um ein Riesenreich, um tausend Jahre Geschichte, noch dazu zu einem Zeitpunkt, da unser Land sich anderen Staaten öffnet. Darum müssen wir sehr verantwortungsbewußt handeln und daran denken, auch den künftigen Generationen Rede und Antwort zu stehen.

In der Gesellschaft fehlt das Empfinden dafür ... Die Menschen spüren noch nicht, daß sie in einem Land gelebt haben und sich nun in zehn oder zwölf Staaten wiederfinden werden. Sie waren Bürger ihrer Republiken, aber sie hatten auch die gemeinsame Staatsbürgerschaft der Union, die ihnen viele Möglichkeiten eröffnete. Die sind jetzt in Frage gestellt.‹

Ich wies Jelzin darauf hin, wie der ukrainische Oberste Sowjet mit dem Minsker Abkommen verfuhr, welche Korrekturen er anbrachte, und erinnerte daran, daß ich bereits 1985 mit Reagan vereinbart hatte, zwischenmenschliche Kontakte wie etwa den Jugendaustausch in die Wege zu leiten. Dies alles nahm mittlerweile ungeahnte Dimensisonen an. Aber hier, in unserem eigenen Land, würden wir nicht mehr ohne weiteres einander besuchen können. Das Schlimmste wäre, die Gesellschaft auf der menschlichen Ebene auseinanderzureißen, unsere Bürger in ihrem gegenseitigen Verhältnis zu Ausländern zu machen.

Am Schluß unseres Gesprächs gab ich Jelzin auf seine entsprechende Frage die Zusicherung, daß er auf meine Unterstützung rechnen könne, solange er den Kurs demokratischer Erneuerungen und Reformen verfolge. Doch sollte sich daran etwas ändern, müsse ich meine Haltung überdenken. Präsident Jelzin erklärte, er stünde zum einmal eingeschlagenen Weg demokratischer Umgestaltungen.«

Schluß mit dem Auf-der-Stelle-Treten

Die Journalisten von »Time« baten mich, die Hilfe des Westens in ihrer Bedeutung hinsichtlich der Durchführung der Reformen einzuschätzen und meine damit verbundenen Wünsche zu äußern.

»Sie müssen die Reformen in der Gemeinschaft und vor allem in Rußland unterstützen«, antwortete ich. »Rußland braucht Soforthilfe in Form von harter Währung, um den Markt mit Konsumgütern zu versorgen und den Übergang zum konvertierbaren Rubel zu beschleunigen. Es möchte schneller dort hingelangen, was ihm aber nicht möglich ist ohne einen Stabilisierungsfonds in Höhe von mehreren Milliarden Dollar. Wenn Sie Polen und Ungarn geholfen haben, so verdient Rußland diese Hilfe zweifellos auch. Zögern Sie nicht länger, andernfalls werden letzten Endes alle einen höheren Preis zahlen müssen. Gegenwärtig ist eine Riesenmenge Geld im Umlauf, es besteht ein Mißverhältnis zwischen Angebot und Nachfrage. Wer Geld hat, kann sich eine teure Wurst leisten. Wer keines hat, muß nach den Waren anstehen, die zu staatlich kontrollierten Preisen verkauft werden. Unbedingt muß an festen Preisen für bestimmte Waren festgehalten werden, die von weniger begüterten Menschen bezahlt werden können.«

Auf die häufig wiederkehrende Frage nach einem erneuten Umsturzversuch erwiderte ich: »Nach ihrer Niederlage im August sammeln die Reaktionäre Kräfte und hoffen, aus den Schwierigkeiten des Landes Vorteil zu ziehen. Wer könnte daran interessiert sein, sich die Situation zunutze zu machen? Die konservativen Elemente. Aber sie werden die Armee nicht für einen Putsch mobilisieren können.

Sollte sich die Lage auf dem Markt noch mehr verschlechtern und Betriebe geschlossen werden, könnte das zu einem weiteren Rückgang führen und die Menschen zwingen, mit politischen Forderungen auf die Straße zu gehen. Und dann werden Abenteurer aller Couleur versuchen, die Situation für ihre Zwecke auszunutzen. Das ist es, worin vielleicht die größte Gefahr besteht. Deshalb erachte ich die Anwendung solcher Mißstände als unsere vordringlichste Aufgabe. Hierzu sind Reformen vonnöten. Und Ihre Hilfe muß in die Bezirke gelenkt werden, in denen die Spannung am größten ist: in Moskau, Sankt Petersburg und im Ural.

In der jetzigen Zeit des Umbruchs hängt sehr viel von den Politikern ab.

Das Leben hat neue Leute auf die Bühne gestellt. Sie betreten zum erstenmal die Welt der großen Politik. Hier liegt eine gewisse Gefahr. Viele von ihnen bleiben Populisten. Sie nehmen die Dinge sehr leicht, handeln übereilt, fallen von einem Extrem ins andere, wechseln ihren Standpunkt und schenken Absprachen keine Beachtung. Das alles ist in der Staatspolitik unzulässig. Dies sage ich nicht aus der Gereiztheit eines versierten Politikers. Gorbatschows Fähigkeit zur Flexibilität, seine Kompromißbereitschaft sind allgemein bekannt. Aber es gibt eine Grenze, die ich nicht überschreiten werde.«

Am Vorabend des Treffens von Alma-Ata

Ich hatte beschlossen, an die Teilnehmer der Konferenz ein Schreiben zu richten, und während der Vorbereitung darauf bemühte ich mich, jeden Tag anläßlich der verschiedensten Gelegenheiten meine Ansichten und Argumente sowohl unserer als auch der internationalen Öffentlichkeit nahezubringen. Denn das, was bei uns geschieht, geht die gesamte Weltgemeinschaft an.

Am 18. Dezember traf ich mich mit W. Fronin, dem Chefredakteur der »Komsomolskaja Prawda«, und deren Kommentator, D. Muratow. Es war das, was man ein großangelegtes Gespräch nennt. Auf seinen Inhalt werde ich hauptsächlich im zweiten Teil des Buches eingehen; hier soll die Hauptfrage im Vordergrund stehen, die mich damals beschäftigte.

»Wissen Sie, uns alle durchdringt der glühendheiße Strom der Ereignisse, er erhitzt immer mehr. Wir sind uns noch nicht ganz bewußt – weder als Ganzes noch als einzelne –, daß wir ein Land waren und nun getrennt sind. Beispielsweise fühlt sich einer in seiner jetzigen Umgebung nicht mehr wohl, hat seinen Halt verloren. Also pfeift er auf alles und beschließt, noch einmal von vorn zu beginnen, wegzugehen . . . ans andere Ende des Landes. Dies wird jetzt nicht mehr von der eigenen Entscheidung abhängen, sondern von irgend jemandes Genehmigung. Bald wird ein mühevoller Prozeß einsetzen: die Umwandlung der Verwaltungsgrenzen in Staatsgrenzen. Das ist eine äußerst problematische Neuaufteilung. Die Ereignisse haben eine sehr gefährliche Wendung genommen. Ich will nicht sagen, dies sei eine Art Staatsstreich.

Die Union hat sich zu einer Gemeinschaft umgewandelt. Die Union hatte ihre Strukturen, die Gemeinschaft wird ihre Funktionsmechanismen haben. Darin sehe ich nichts Unnatürliches oder Übernatürliches. Wenn ein System ein anderes ablöst, hat es nun einmal seine Besonderheiten, seine Entwicklungsgesetze und Existenzprinzipien. Das ist alles erklärlich. Aber wie bewältigt man den Übergang? Ehrlich gesagt, halte ich dauernd meine Kollegen zurück, damit sie nicht über die Verfassung, über das rechtliche Vorgehen hinausschießen. Das ist sehr wichtig. Sie sprachen davon, es habe so etwas wie einen Umsturz gegeben, nur ohne Panzer – dieses Gefühls können sich tatsächlich manche Menschen nicht erwehren. Ich habe Boris Jelzin am 17. Dezember empfohlen: ›Wenn Sie wahre Demokraten und für Reformen sind, wenn Sie den Rechtsstaat anstreben, dann müssen Sie bei allem, was Sie tun, von demokratischen Werten ausgehen und nach demokratischen Regeln handeln.‹

Nun nimmt die Gemeinschaft Gestalt an, die Vorbereitungsarbeit für die neuen Strukturen ist im Gange. Ich will den Prozeß nicht erschweren. Da die Wahl der Republiken nun einmal so ausgefallen ist, werde ich bis zum Schluß konsequent bleiben. Dies ist unser aller Werk, übrigens auch der Generationen, die vor uns waren.«

Meine Gesprächspartner sagten: »Es geschehen eine Menge Ereignisse, das Leben verändert sich und, wie uns scheint, auch Ihr Standpunkt. Ihre Haltung ist bereits loyaler, nachgiebiger geworden . . .«

»Nein, das stimmt nicht ganz«, widersprach ich, »aber als Politiker – und jeder Politiker kann sich als solcher bezeichnen, sofern er die Realitäten sieht und sie richtig einordnet – werde ich diesen Prozeß respektieren. Meine Position hat sich nicht im geringsten geändert. Ich bin weiterhin für einen konföderativen Staat. Aber ich werde meine Möglichkeiten nutzen, irgendwie helfen, damit aus diesem Prozeß etwas Lebendiges hervorgeht und es nicht zu noch einer Fehlgeburt kommt. Ein lebensfähiges Gebilde muß entstehen.«

»Fühlen Sie sich als Oppositionspolitiker oder nicht?« wurde ich gefragt.

»Nein. Obgleich ich an die Konzeption der Gemeinschaft nicht glaube. Doch da die Republiken sich nun einmal dazu entschlossen haben, kann ich in der jetzigen, äußerst komplizierten Situation unmöglich so stark auf Konfrontation gehen, daß die Gesellschaft entzweit wird.

Wissen Sie, ich bin trotzdem nicht zwiegespalten. Es gibt Interessen, denen ich mich als Politiker und als Mensch unterordne. Wenn die Bildung der Gemeinschaft zur Eintracht der Menschen beiträgt, muß ich meinen Stolz bezwingen.

Ich will niemandem angst machen, aber über die Gefahren muß ich reden, gerade darüber. Ich denke, die größten Gefahren hängen mit zwei Faktoren zusammen: mit der Aufgliederung des Landes und der Klärung der Fragen, die die Staatsbürgerschaft betreffen.«

»Eine letzte Frage noch: Sie haben bereits mit vielen Politikern der Welt gesprochen. Wie haben Sie sie informiert?«

»Eindeutig: Man muß die Reformen unterstützen. Wenn schon nicht über die Union, dann eben über die Gemeinschaft. Hauptsache, die Demokratie und die Reformen werden gefördert. Ich habe gespürt, daß sie uns wie früher Achtung und Interesse entgegenbringen. Das sind die Früchte unserer Politik.«

Am selben Tag, dem 18. Dezember, führte ich ein langes Gespräch im Rahmen einer geplanten Sendung mit dem Titel »Der Rücktritt«, das unser Fernsehen und die amerikanische Fernsehgesellschaft »ABC« organisierten. Daran beteiligt waren beide Jakowlews – Alexander und Jegor –, Andrej Gratschow und der Manager der US-Gesellschaft, Richard Kaplan.

Er erkundigte sich, wie mein Arbeitstag aussehe. Ich antwortete: »Ich bin dabei, einen Brief an meine Kollegen fertigzustellen, die sich in Alma-Ata versammeln werden. Ich möchte ihnen meine Wünsche übermitteln und einige Gedanken äußern, wobei ich von dem Standpunkt ausgehe, den ich jetzt vertrete: Wenn das Abkommen über die Gemeinschaft eine Realität ist und die Entwicklung bereits das Stadium dieses Treffens in Alma-Ata erreicht, dann ist es die Aufgabe aller, darunter auch meine als Präsident, soviel wie möglich bei der Formulierung eines Abkommens mitzuhelfen, das zur Lebensfähigkeit des neuen Gebildes, der Gemeinschaft Unabhängiger Staaten, beiträgt.

Für mich als Politiker und Präsidenten gibt es keine höhere Priorität als die Lebensbedingungen und das Leben der Menschen. Und wenn sie heute ihre Hoffnungen an die Gemeinschaft knüpfen und der Ansicht sind, daß das Abkommen über die Gemeinschaft Eintracht und Zusammenwirken festigen wird, dann muß man helfen, damit diese Erwartungen, sofern möglich, in Erfüllung gehen.

Der Prozeß ist ja im Gange. Die Obersten Sowjets sprechen sich dafür aus. Dem muß man Rechnung tragen, so sind die Gesetze der Politik.«

Was ereignete sich noch an diesem Tag? Nach dem Gespräch mit den Vertretern der »Komsomolskaja Prawda« baten Volksdeputierte um eine Verabredung. Sie wollten mit dem Leiter der Initiativgruppe zur Einberufung eines Kongresses der Volksdeputierten zu mir kommen. Die erforderliche Anzahl von Unterschriften hatten sie gesammelt, nun sagten sie: »Wir leiten sie Ihnen zu, dem Präsidenten.«

»Ich bin auch dafür, eine Abschlußsitzung des Obersten Sowjets anzuberaumen, dem der Kongreß der Volksdeputierten Anfang

September alle seine verfassungsmäßigen Rechte übertragen hatte. Man darf sich nicht über die Ergebnisse eines Referendums hinwegsetzen, das auf Beschluß des Kongresses durchgeführt wurde. Das ist eine Frage der Moral, aber auch eine juristische und eine Frage der Verantwortung. Es ist ein Ausdruck der Achtung vor der Gesetzlichkeit. Ich muß die Gesellschaft an ihre Möglichkeiten und Rechte erinnern, dies betrachte ich als meine Pflicht. Als ich mit Präsident Jelzin sprach, gab ich ihm ebenfalls den Rat, diese Möglichkeit zu nutzen, um ein juristisches, ein rechtliches Protokoll zu erhalten, in dem alles fixiert sein müßte, was im Zusammenhang mit der Gründung der Gemeinschaft getan wurde.

Sie fragen, ob man sich nicht abfinden sollte mit dem, was geschieht; vielleicht sind später doch alle wieder der Meinung, daß ein gemeinsamer Staat besser ist? Die Führer der Republiken äußern ungefähr die gleichen Gedanken. Nach Überwindung der Phase der Differenzierung, der Desintegration werden die Souveränen Staaten dann freiwillig einen neuen gemeinsamen Staat bilden, sagen sie ... Aber noch kann der Weg auch in die Hölle führen.

Dieses Jahr ist das schwerste ... Es muß alles getan werden, damit nicht jene Situation entsteht, in der den Menschen nur eines bleibt: öffentlich ihre Unzufriedenheit kundzutun. Das kann passieren, und es wäre ein Rückfall. Schon deshalb ist mir am Erfolg der Gemeinschaft gelegen.

Diesen Gedanken bringe ich auch meinen Partnern im Westen nahe. Sie müssen jetzt die Entwicklung sehr aufmerksam verfolgen. Als sie einen Ausweg aus der Golfkrise suchten, mobilisierten sie alles, sowohl ihre politischen Kräfte als auch ihre Ressourcen. Aber die Krise unseres Landes erweist sich als weitaus gefährlicher für alle, und um sie zu überwinden, sind Hilfestellung und Mitwirkung der ganzen Welt vonnöten.

Ein schweres Jahr also, ein Jahr großer Veränderungen und folgenreicher Beschlüsse, und darum ist die koordinierte Politik aller Republiken besonders notwendig. Deshalb habe ich mich auch für die Idee der Union engagiert, doch daraus wurde nichts. Jetzt will ich die größtmögliche Lebensfähigkeit für die Gemeinschaft. Sollten die Mechanismen des Zusammenwirkens nicht greifen, dann wird der Prozeß noch schmerzhafter. Ich bin sicher, daß alle, die am 21. Dezember in Alma-Ata zusammenkommen, sich diesen Umstand ebenso eindringlich vergegenwärtigen wie ich.

Was die Beziehungen zur Außenwelt angeht – wir wollen nicht darüber polemisieren, was wir oder was unsere Partner versäumt haben. Wichtig ist, womit wir jetzt rechnen können. Ich drücke die Erwartung aus, daß unsere Partner, die Vereinigten Staaten ebenso wie die Europäer, jetzt ihr Zögern überwinden und sich zu tatkräftiger Hilfe entschließen.

Bis jetzt fanden viele – öffentliche und geschlossene – Treffen, Sitzungen, Beratungen statt, alle Beteiligten bekunden Verständnis und Sympathie. Aber die Sache kommt nur langsam voran. Wir hoffen, daß unsere Partner endlich begriffen haben, wie dringend wir ihrer Hilfe bedürfen. In erster Linie muß Rußland unterstützt werden, das als Motor die Reformen ankurbelt. Das wird sich für alle auszahlen.

Und die Frage, ob ich Präsident bleibe . . . Ich möchte sie so beantworten: Das hängt davon ab, wie sich die Gemeinschaft entwickelt. Sobald dieser Prozeß in die entscheidende Phase tritt und Dokumente vorliegen, die besagen, daß die Sowjetunion ihr geschichtliches Dasein beendet hat und wir vor dem Beginn einer neuen Epoche stehen, werde ich die endgültige Entscheidung treffen.

Wann wird das sein? Nach dem 21., nach dem Treffen in Alma-Ata? Vielleicht. Nach Neujahr? Kann sein. Ich muß jedoch ganz sichergehen, daß der Prozeß zum Abschluß gekommen ist.

Ich kann mich nicht so benehmen, als hätte mich irgend etwas plötzlich beleidigt. Das ist unseriös für einen Präsidenten – zumal in einer Zeit, da das ganze Land auf den Kopf gestellt wird. Sein Schicksal, seine Entscheidung müssen wir über alles stellen.

Übrigens wollen die einen, daß ich überhaupt nicht abtrete, andere möchten wiederum, ich hätte es schon längst getan. Darin äußert sich Demokratie, und die ist, das möchte ich sagen, nicht ohne mein Zutun entstanden.«

Der Brief an die Teilnehmer der Konferenz von Alma-Ata

Am 18. Dezember habe ich mit einem Brief an alle Teilnehmer des Treffens in Alma-Ata aus Anlaß der Gründung der Gemeinschaft Unabhängiger Staaten gewandt. Er wurde am 20. Dezember veröffentlicht.

»Verehrte Genossen!

Vor dem Treffen, das festlegen wird, welcher Art die Beziehungen zwischen den neuen Souveränen Staaten sein werden und welchen Platz sie gemeinsam und jeder für sich in der Weltgemeinschaft einnehmen werden, möchte ich Ihnen einige Überlegungen übermitteln.

Ich meine, ich habe das – sowohl moralische als auch politische – Recht dazu.

Die Ratifizierung des Abkommens über die Gründung der Gemeinschaft Unabhängiger Staaten durch die Obersten Sowjets der RSFSR, der Ukraine und von Bjelarus sowie die Bereitschaft von Kasachstan, Kyrgystan, Tadschikistan und Turkmenistan, sich den Gründern der Gemeinschaft anzuschließen, haben die Situation grundlegend verändert. Eine neue Staatsform für das Leben der zahlreichen Völker unseres großen Landes tritt in ihre Geschichte ein. Auf dem Territorium unseres Landes werden mehrere unabhängige Staaten gebildet. Die langwierige, schwierige, historische Entstehung eines einheitlichen Landes wird durch den Prozeß seiner Trennung und Aufteilung abgelöst. Er wird ebenfalls nicht leicht sein, darüber sollte man sich keinen Illusionen hingeben. Es ist offensichtlich: Die Gesellschaft hat noch nicht realisiert, daß dies für sie eine Wende von ungeheuer großen Dimensionen bedeutet, welche die Lebensgrundlagen der Völker und der Bürger berührt.

Vom Beginn der Perestroika an bewegten wir uns Schritt für Schritt in die Richtung, daß alle Republiken echte Unabhängigkeit erhalten. Doch stets beharrte ich darauf, einen Zerfall des Landes nicht zuzulassen. So verstand und verstehe ich den Willen der Völker, der in dem Referendum zum Ausdruck kam: als ihr Streben nach Unabhängigkeit unter Wahrung der Integrität der historischen Union. Dieser Gedanke und diese Besorgnis lagen meiner Formel ›Union Souveräner Staaten‹ zugrunde, die ursprünglich Ihre Unterstützung fand.

Ich schreibe nicht an Sie, um die Diskussion über dieses Thema wieder zu entfachen. Jetzt wird die Idee der Gemeinschaft Unabhängiger Staaten zur Realität, und es ist wichtig, lebenswichtig, daß dieser äußest komplizierte Prozeß nicht die destruktiven Tendenzen verstärkt, die sich in der Gesellschaft bereits abzeichnen. Es ist ja für alle unverkennbar, daß sich der Übergang in einer tiefgreifenden wirtschaftlichen, politischen und zwischennationalen Krise vollziehen wird, wobei der Lebensstandard beträchtlich sinkt.

Ich habe den Inhalt der in Brest und Aschchabad unterzeichneten Dokumente sowie die Ratifizierungsbeschlüsse der Obersten Sowjets der drei Republiken sehr ernst genommen. Bei meinen Überlegungen habe ich die Reaktion der Öffentlichkeit im In- und Ausland sowie die noch offenen Fragen berücksichtigt.

Der Sinn meiner Überlegungen besteht darin, ein Minimum an Bestimmungen zu umreißen, ohne die die Gemeinschaft meiner Meinung nach unter den gegenwärtigen Bedingungen nicht lebensfähig sein kann.

Darunter befinden sich – das sage ich von vornherein – Dinge, die erwiesen sind und die Sie alle anerkennen. Aber ich kann auch nicht umhin, sie in meinem Schreiben festzuhalten.

Erstens: Die Definition der ›Gemeinschaft‹ als eines multinationalen Gebildes bei absoluter Gleichheit nicht nur der Staaten, sondern auch der in diesen Staaten lebenden Nationalitäten, aller Religionen, Traditionen, Sitten sowie der geopolitischen Gegebenheiten muß exakt fixiert werden.

Die geeignetste Bezeichnung für die Gemeinschaft scheint mir daher zu sein: ›Gemeinschaft Europäischer und Asiatischer Staaten‹ (GEAS).

Zweitens: Es ist zuwenig, die Deklaration der Menschenrechte und die demokratischen Freiheiten nur offiziell anzuerkennen. Bei der einzigartigen, weitverstreuten Ansiedlung der Menschen auf riesigen Flächen, wo sich im Laufe von Jahrhunderten die Schicksale von Millionen Familien vermischt und gekreuzt haben, wo es Dutzende Millionen Mischehen gibt, muß dem Problem der offenen Grenzen und der Staatsbürgerschaft besondere Beachtung geschenkt werden.

Ich bin sicher, daß sich bei allen, die nicht vom Nationalismus und Separatismus infiziert sind – nämlich bei Millionen von Menschen – unweigerlich das Gefühl des Verlustes der ›großen Heimat‹ einstellen wird. Und wenn der Prozeß der staatlichen, verwaltungsrechtlichen und sonstigen Abgrenzung praktisch einsetzt, wird das sehr viele ganz unmittelbar betreffen – im Alltag, in der Arbeit, in den menschlichen Bindungen.

Daher muß man möglicherweise für einen recht langen Zeitraum die Bezeichnung ›Bürger der Gemeinschaft‹ neben der Staatsbürgerschaft des betreffenden Staates verwenden.

Ich fürchte, daß die Konzeption der Gemeinschaft im Volk auf Ablehnung stößt, falls all dies nicht durchdacht, beschlossen und zuverlässig garantiert wird.

Drittens: Für die Stabilität der Gemeinschaft sind die Schaffung der sozialen Marktwirtschaft, die ungehinderte Entwicklung und der Schutz aller Eigentumsformen von entscheidender Bedeutung. Ich teile die Meinung derer, die es für unerläßlich halten, daß die Mitglieder der Gemeinschaft ihre Entschlossenheit bekräftigen, den Vertrag über die Wirtschaftsgemeinschaft einzuhalten und die Arbeit an allen Anlagen abzuschließen, welche die notwendigen Bedingungen für die Schaffung eines gemeinsamen ›Eurasiatischen Markts‹ vorsehen. Dazu gehören koordinierte Maßnahmen in so wichtigen Fragen wie Währungs-, Finanz- und Banksystem, Methodik der Preisbildung und Besteuerung, Zollgebühren, Haushaltsmittel für die Verteidigung und andere gemeinsame Zwecke.

Ich bin davon überzeugt, daß entsprechende Strukturen des wirtschaftlichen Zusammenwirkens im Rahmen der Gemeinschaft erforderlich sind.

Ich bin auch davon überzeugt: Dies alles läßt sich nur dann ermöglichen, es wird nur dann zum Wohl der Menschen und der Völker in Gang kommen, wenn echte Garantien für die wirtschaftlichen Rechte und Freiheiten der Persönlichkeit, ihren unbedingten Schutz vor dem Gesetz und in der Praxis die Grundlage bilden.

Viertens: Mit voller Verantwortung und Sachkenntnis bezüglich des einheitlichen Systems der militärisch-strategischen Sicherheit des Landes behaupte ich, daß die geringsten Versuche, dieses System zu desintegrieren, ein Unheil von internationalem Ausmaß heraufbeschwören würden.

Es besteht keinerlei Notwendigkeit, unter dem Aspekt der realen Souveränität der Mitglieder der Gemeinschaft dieses sehr komplizierte und äußerst kostenintensive System aufzuteilen. Die vertragschließenden Seiten könnten die Strukturen einer koordinierten Kontrolle und eines einheitlichen Oberkommandos über die strategischen Kräfte einschließlich der grundlegenden militärtechnischen und -wissenschaftlichen Komponenten unverzüglich festlegen. Ein kollektives Oberkommando halte ich für absurd. Die Überwachung von Stand und Unterhaltung der Bewaffneten Kräfte sowie die Verwirklichung einer koordinierten Militärpolitik können im Kollektiv erfolgen.

Die Aufgabe der Reformierung und Reduzierung der Armee muß ebenfalls gemeinsam gelöst werden. Das ist heute ein sehr großes soziales Problem und betrifft zugleich die Frage der politischen Sicherheit auf dem Territorium des ganzen Landes, zu dem die seit jeher einheitlichen Streitkräfte noch gehören.

Fünftens: Die selbständige, souveräne Aktivität jedes Mitglieds der Gemeinschaft im internationalen Geschehen ist rechtmäßig. Doch wenn die Gemeinschaft – ein politisches Gebilde – existiert, dann muß sie auch ihre politische Vertretung in der Weltgemeinschaft haben, etwa in Anlehnung an die Europäische Gemeinschaft, die als Subjekt des Völkerrechts auftritt. Man kann der Gemeinschaft diesen Status schon deshalb nicht verweigern, weil sie von der UdSSR den Rang einer nuklearen Supermacht erbt. Eines solchen Erbes kann man sich nicht so leicht entledigen, andernfalls kommt es zum Bruch des internationalen Vertrauens, und der Atomwaffensperrvertrag wird verletzt, den zu ratifizieren sich alle souveränen Mitglieder der Gemeinschaft ja wohl verpflichtet haben.

Ich kann mir nicht vorstellen, wie man die gemeinsame strategische Verteidigung ohne ein Minimum an abgestimmter Außenpolitik aufrechterhalten will.

Am vernünftigsten wäre es, eine Struktur für Auslandsbeziehungen zu schaffen und sie den Erfordernissen und Prinzipien der Gemeinschaft einschließlich der Frage der Mitgliedschaft im UNO-Sicherheitsrat anzupassen.

Die Unterschriften der Union stehen unter wichtigen Dokumenten unserer Epoche, unter Deklarationen und Verträgen. Fünfzehntausend Außenhandelsabkommen bleiben in Kraft. Dies alles einfach zu streichen, würde bedeuten, das internationale Ansehen der Gemeinschaft und ihre realen Interessen von Beginn an aufs Spiel zu setzen.

Ebenso wie sich alle Mitglieder der Gemeinschaft offenbar zu den Prinzipien der modernen Demokratie bekennen werden (freie Wahlen, Gewaltenteilung, politischer, ideologischer und religiöser Pluralismus, Rechtsstaat, Gesellschaft von Staatsbürgern, Menschenrechte), müssen sie auch den außenpolitischen Kurs akzeptieren, der auf dem neuen Denken beruht. Er hat in der gesamten zivilisierten Welt Anerkennung gefunden.

Sechstens: Der geistigen Entwicklung aller unserer Völker wird ein irreparabler Schaden zugefügt, wenn sich die Mitglieder der Gemeinschaft nicht schon jetzt über die Koordinierung (und ihre Gremien) auf den Gebieten Wissenschaft und Kultur, Sprache des zwischennationalen Kontakts und Denkmalschutz sowie über die Quellen zur Finanzierung von Museen, Theatern von Weltrang, Bibliotheken, Archiven, bedeutenden Instituten, Laboratorien, Observatorien und dergleichen mehr verständigen.

Siebtens: Das Verfahren der Rechtsnachfolge. Eine neue Epoche in der Geschichte eines Landes muß man mit Würde, unter Beachtung der Legitimitätsnormen beginnen. Eine Ursache für die historischen Verhängnisse unserer Völker sind gerade rigorose Brüche, verheerende Umstürze und Eroberungsmethoden im Verlauf der gesellschaftlichen Entwicklung.

Sowohl die Voraussetzungen wie die Erfahrung sind gegeben, um im Rahmen demokratischer Regeln zu handeln.

Daher lautet mein Vorschlag, nach der Ratifizierung des Dokuments über die Gemeinschaft und dem Austausch der Ratifizierungsurkunden eine Abschlußsitzung des Obersten Sowjets der UdSSR einzuberufen, der über das Ende des Bestehens der Sowjetunion und die Übergabe aller seiner gesetzlichen Rechte und Pflichten an die Gemeinschaft Europäischer und Asiatischer Staaten zu beschließen hätte.

Dies sind meine ganz allgemeinen Überlegungen. Sie sind diktiert von Verantwortung für den Erfolg des großen Werks, das 1985 begonnen wurde.«

Ich trete weiterhin für meine Ansichten ein

Am selben Tag, als dieses Schreiben veröffentlicht wurde, also am 20. Dezember, führte ich ein weitläufiges Gespräch mit meinem Freund und Studienkollegen, dem Schriftsteller Beljajew.

Wir redeten über vieles und vor allem über das, was uns im Augenblick am meisten beschäftigte: das Schicksal der Union. »Wir müssen diesen Wendepunkt der Geschichte ohne Blutvergießen hinter uns bringen«, sagte ich, »ohne daß wieder ›Rote‹, ›Weiße‹, ›Blaue‹, ›Schwarze‹ gegeneinander kämpfen und damit Eintracht herrscht ... Wir müssen an die höheren Interessen des Landes denken. Für politische Ambitionen ist kein Platz. In diesem Sinn sind wir jetzt alle in derselben Lage.

Die Gesellschaft tanzt auf einem Pulverfaß. Und wenn wir, was Gott verhindern möge, in einen Zustand des Wahnsinns, der politischen Paranoia verfallen und wieder eine Auseinandersetzung anfangen sollten, die die Menschen gar nicht mehr ertragen können, dann werden wir sehr schwere Folgen erleben. Ich sage das nicht, um jemanden in Schrecken zu versetzen, sondern um einer solchen Entwicklung der Ereignisse vorzubeugen. Man muß seinen Stolz bezähmen, Vorwürfe beiseite lassen und – da wir bereits dicht vor den Reformen stehen – sich um der Sache willen vereinigen.

Mein Brief an die Teilnehmer des Treffens in Alma-Ata – werden sie ihn ohne Voreingenommenheit aufnehmen?

Sein Inhalt ist nicht polemisch gemeint. Es sind meine Überlegungen, die, in vieler Hinsicht mit dem korrespondieren, was dort jetzt beraten wird. Es gibt Dinge, die wichtiger sind als unsere persönlichen Stimmungen, unsere Sympathien und Antipathien.«

Beljajew bat mich ebenso wie zwei Tage zuvor mein amerikanischer Gesprächspartner, ihm zu erzählen, wie mein Tag verlaufen wäre, womit ich mich befaßt hätte.

»Ich habe jetzt zwei dringende Sorgen«, sagte ich. »Von Lukjanow hat mich ein sehr alarmierender Brief erreicht. In Moskau ist die Fleischversorgung äußerst erschwert. Dreihundertfünfzig Geschäfte sind geschlossen. Es gibt eine Reihe Beschlüsse, einiges konnte getan, hier und da geholfen werden – aber das, was beabsichtigt war, klappt nicht. Vor allem aus Rußland fehlen die Lieferungen – aus Krasnador, Woronesch, Kursk, Belgorod. Ich habe darum gebeten, mir sofort die Republiken und Gebiete zu benennen, deren Lieferschulden an die Moskauer besonders hoch sind. Ich werde mit den führenden Leuten in den Gebieten sprechen, sie müssen den Moskauern helfen.

Vielleicht werde ich mich an meine ausländischen Partner wenden, an Helmut Kohl und Vaclac Havel, und sie bitten, sofort etwas zu unternehmen.«

Am Vorabend hatte Bundeskanzler Kohl mich angerufen: »Mach mich mit dem Stand der Dinge vertraut. Was geht da bei euch vor, was wird morgen, wie sind die letzten Einschätzungen der Situation vor dem Treffen in Alma-Ata? Wohin führt der Prozeß, wo ist dein Platz in dieser künftigen Gemeinschaft? Bist du sicher, daß sie zustande kommt? Wie siehst du dies alles?«

Helmut Kohl sprach mit einer für ihn ungewöhnlichen Erregung, ja, Besorgnis.

Ich antwortete ihm zunächst einmal wie folgt: »Die Ablehnung des Vertrags über die Union Souveräner Staaten als Konföderation, als Bundesstaat ist ein schwerwiegender politisch-strategischer Fehler. Das Land hat sich geschichtlich so entwickelt, daß man nicht den Weg des Trennens, Aufteilens und Zerreißens gehen darf, sondern man sollte – auf der Grundlage der Selbstverwaltung – die Machtbefugnisse neu verteilen, nicht nur unter den Republiken, sondern auch innerhalb derselben und unter den Regionen. Und man muß allen diesen ›Hierarchien‹ Möglichkeiten und Rechte einräumen, also ihnen auch Verantwortung übertragen. In einer konkreten Stadt, einem konkreten Kreis müssen die Verantwortlichen, die demokratisch gewählt wurden, über die realen Möglichkeiten verfügen, Entscheidungen zu treffen. Da leben doch Menschen... Aber was passiert? Sobald das eine bürokratische Zentrum von den bürokratischen Zentren in den Republiken abgelöst wurde, geriet der Reformprozeß ins Stokken. Dadurch, daß wir zehn oder zwölf bürokratische Zentren bekommen, wird es für den Produzenten nicht leichter. Im Gegenteil, denn die Hand des Bürokraten an der Basis packt ihn schwerer und spürbarer an der Gurgel als die Hand des fernen Zentrums. Von dort ist er schwieriger zu fassen. Und die neuen Zentren fangen an zu kommandieren, zu wem er Verbindung halten, wohin er seine Produkte bringen soll – dorthin darf er, dahin nicht... Sie bauen Hindernisse auf, außerdem kommandieren sie im schlechtesten Stil. Dabei bewegen wir uns auf den Markt zu. Jener ist aber der Eigentümer, der das Recht hat, über sein Eigentum, das Endprodukt zu verfügen, zu entscheiden, was er tun will, welche Kontakte zu anderen Erzeugern er aufnehmen möchte. Er kann unter Konkurrenzbedingungen je nach der Situation handeln und vorteilhafte Beziehungen herstellen.«

Das alles legte ich Kohl dar, obwohl ich genau wußte, daß es für ihn Binsenweisheiten waren. Darauf folgte die Frage: »Was hältst du von dem Treffen in Alma-Ata?« Ich betonte noch einmal meine unveränderte Haltung. »Doch die Lage im Land ist so angespannt, daß man keine Zeit verlieren darf. Da die Entwicklung eine andere Richtung genommen hat, muß das organisatorische Stadium schnell abgewickelt werden. Ich habe einen Brief an die Teilnehmer des Treffens in Alma-Ata gerichtet und darin meine Überlegungen und meine Befürchtungen erläutert...

Wenn am Ende dieses Treffens die Gründung der Gemeinschaft steht, werde ich das tun, wovon ich schon mehrmals gesprochen habe. Außerhalb der Union sehe ich keine Notwendigkeit und Möglichkeit, mein Wirken als Staatsmann fortzusetzen. Das entspricht nicht meinen Vorstellungen.«

Ich verstand die Besorgnis des deutschen Bundeskanzlers. Für ihn handelte es sich um ein riesiges Land, die mächtige Union, eine internationale Größe, an der heute vieles hängt. Sie zu verlieren, bedeutet eine große Gefahr. Jeder namhafte Politiker im Ausland war sich dessen bewußt.

»Ich kann nicht von meinen prinzipiellen Positionen abgehen«, sagte ich abschließend zu Helmut Kohl. »Jetzt tue ich fürs erste das, wozu ich verpflichtet bin, denn ich bin mit dem Land, dem Volk, der Politik, dem Kurs verbunden, den du kennst und nach dem ich mich in meiner Deutschlandpolitik gerichtet habe.«

Der erste ausländische Staatsmann, mit dem ich nach dem Treffen in Alma-Ata, am 21. Dezember, sprach, war François Mitterrand. Schon aus seinen ersten Worten, die freundlich und freundschaftlich wie immer waren, spürte ich, daß er begriff, was sich ereignet hatte. Ihn interessierte vor allem mein seelischer Zustand und was ich zu tun gedächte.

Ich dankte ihm für das Interesse, das er mir persönlich stets entgegenbrachte, für seine Haltung unserem Land gegenüber, für die Zusammenarbeit und versicherte ihn natürlich auch meiner freundschaftlichen Gefühle. Dann informierte ich ihn kurz über den Beschluß von Alma-Ata und bekräftigte meine Absicht, der Wirklichkeit Rechnung zu tragen und alles zu tun, um der Gemeinschaft zu einem normalen Entwicklungsrhythmus zu verhelfen. Ich betonte mein Interesse an der Lebensfähigkeit der neuen zwischenstaatlichen Vereinigung.

Erneut äußerte ich meine Besorgnis darüber, daß für mich die Beschlüsse der Führer der Souveränen Staaten keine exakten Vorstellungen über die Mechanismen des Zusammenwirkens enthielten. Auch waren die Formen der Rechtsnachfolge in bezug auf die ehemalige Union nicht definiert. Ich wies darauf hin, daß die Haltung der Ukraine mich beunruhigte. Angesichts der momentanen Situation konnte sie den Fortschritt der Reformen auch in Rußland sehr empfindlich stören.

Ich sprach mit François Mitterrand auch über meinen Wunsch, Rußland und die Ukraine zu gemeinsamem Handeln zu veranlassen. Einzeln aus der Krise herauskommen zu wollen, sei eine Illusion. Weiterhin teilte ich dem französischen Präsidenten meine Befürchtung mit, daß alle Reformen und alle Versuche, sich einer neuen Wirtschaftsform zuzuwenden, in Gefahr gerieten, sollte die Unzufriedenheit der Bevölkerung zu Massendemonstrationen ausarten. Das wäre ein Schlag für alle, nicht nur für unsere Völker.

Ich setzte Mitterrand ebenfalls davon in Kenntnis, daß ich in den nächsten Tagen meinen Entschluß bekanntgeben würde, von meinem Amt als Präsident zurückzutreten. Dabei erwähnte ich, daß ich eine neue Tätigkeit aufnehmen würde, um das außerordentliche Werk fortzusetzen, das wir – auch in Zusammenarbeit mit Frankreich und seinem Präsidenten – begonnen hätten. Immerhin hat sich riesiges politisches Kapital angesammelt.

Am selben Tag gab ich dem Korrespondenten der amerikanischen Fernsehgesellschaft ABC, Tedd Coppola, ein Interview.

Das sachliche Gespräch begann mit Churchills berühmter Anwort auf die Frage: Wodurch unterscheidet sich ein Politiker von einem Staatsmann? Sie lautet: Der Politiker denkt an die nächsten Wahlen, der Staatsmann an die Zukunft.

»Ja, also, wenn ich an die Zukunft denke und dabei vom jetzigen Geschehen ausgehe, muß ich annehmen, daß uns ein sehr schwieriger Prozeß bevorsteht. Er birgt so viele Überraschungen in sich! Aber wichtig ist, nicht die Richtung zu verlieren. Die Rollen werden wechseln, eine Umgruppierung der Kräfte wird stattfinden. Das einzige, was ich für unzulässig, für gefährlich halten würde, ist Aufspaltung, Trennung, Entfremdung.

Dies sind die beiden Hauptgesichtspunkte, die ich nach langem Nachdenken formuliert habe:

Erstens sind die nächstliegenden Aufgaben von großer Tragweite, wobei die Gesellschaft bereits jetzt überfordert ist. Man darf sie nicht mit neuen Problemen der Trennung und Aufgliederung zusätzlich belasten. Das wird sie möglicherweise nicht verkraften. Jetzt brauchen wir im Gegenteil mehr als je zuvor Zusammenwirken, Koordination. Nur gemeinam können wir uns herausarbeiten. Dann fällt nicht nur die Zusammenarbeit innerhalb unseres Landes, sondern auch mit den Partnern im Ausland leichter. Darum brauchen wir die Union. Ich bin immer für sie eingetreten und tue es auch jetzt noch.

Zweitens müssen wir uns klarwerden über die Realität, die gerade dieses Land repräsentiert. Das ist doch nicht so, als wenn man einen Stuhl oder einen Tisch in einer Schicht oder in ein, zwei Stunden zusammenzimmert. Die Einzelstücke sind da, Hammer und Nägel sind auch vorhanden, also zusammennageln, und fertig ist das Ganze. Nein. Über ein Jahrtausend vollzog sich unter großen Schwierigkeiten eine sehr komplizierte Entwicklung. Ein menschliches, politisches, strategisches Ganzes bildete sich heraus. Das läßt sich doch nicht einfach unter den Tisch kehren, und in der Aufteilung dieser gewachsenen Einheit liegt die größte Gefahr sowohl für unser Land wie für alle anderen.

Ausgehend von diesen beiden Prämissen habe ich alles beiseite gelassen, ›meine Überzeugungen abgelegt‹ und die Entscheidung für die Gemeinschaft unterstützt, damit wenigstens ein gewisses Maß an Zusammenwirken entsteht. Ich weiß nicht, wie es wird, ich möchte nur, daß positive Resultate dabei herauskommen, sonst ist alles gefährdet, was wir hier und draußen getan haben – auch zusammen mit Ihnen und mit allen Völkern.

Weil schon einmal die Rede vom Unionsstaat ist – natürlich kommt der Augenblick, da ich für mich eine Entscheidung treffen muß. Darüber habe ich schon mehrfach gesprochen, und dementsprechend werde ich auch handeln. Sobald ich die Dokumene aus Alma-Ata in den Händen habe, geschieht dies innerhalb kurzer Zeit.

Dessenungeachtet sehe ich die Notwendigkeit, meine gesellschaftliche und politische Aktivität in einem neuen Rahmen fortzusetzen, um den begonnenen Prozeß zu fördern. Das hat absoluten Vorrang. Ich möchte auf keinen Fall, daß unser Werk zusammenbricht. Dann wäre alles sinnlos, was in diesen Jahren getan wurde . . . das ungeheure Risiko, auf das wir uns eingelassen haben, die einschneidenden Entscheidungen!«

Der Korrespondent fragte mich, ob ich an der Macht bleiben könne, wenn ich es wolle.

»Sehen Sie«, antwortete ich, »es gibt eine Gattung Menschen, die ihre Ansichten und Haltungen ändern, um obenauf zu schwimmen und erst recht, um die Macht zu behalten. Für mich ist das nicht akzeptabel. Sie haben einen Mann vor sich, der offen ist für flexibles Denken, für Reformen, Veränderungen und Gegenbewegungen, für Kompromisse. Trotzdem bleibt es immer meine Entscheidung, im Rahmen meiner Prinzipien, und ist nicht einfach ohne Sinn und Ziel.

Also – ob ich mich an der Macht halten könnte oder nicht?

Wenn es mir gleichgültig wäre, was geschieht – Hauptsache, ich gehörte zu den ›Strukturen‹ –, dann wäre die Frage gewiß nicht sehr kompliziert. Aber es geht um viel Gewichtigeres. Trotzdem habe ich nicht die Absicht, an der Macht festzuhalten. Ich bin der Meinung, daß alles im verfassungsmäßigen, demokratischen Rahmen vonstatten gehen muß. Für mich ist das eine Frage des höheren Prinzips. Darum habe ich alles getan, um genau das zu erreichen, obwohl der Prozeß die ganze Zeit aus diesem Rahmen auszubrechen drohte. In der Presse kursierte schon ein neues Wort: In Analogie zum Augustputsch war vom ›Waldputsch‹ die Rede, wobei der Wald von Belowesha gemeint war.

Dieser Auffassung kann ich mich nicht anschließen, obgleich ich von Anfang an sowohl hinsichtlich der juristischen Seite der Angelegenheit als auch wegen der Verfassungswidrigkeit einiger Beschlüsse Einwände hatte. Ich habe sie in meiner Erklärung nach Minsk dargelegt, auch eingedenk der Tatsache, daß dort alles nur im Namen von drei Republiken vollzogen wurde. Aber dann entschloß ich mich, den Prozeß zu unterstützen, da die Gemeinschaft das erklärte Ziel war.

Es geht ja nicht um die Macht, sondern um das, was hier, in unserem Land geschieht. Und da nun einmal der Vertragsprozeß auf ein anderes Gleis geraten ist und die neue Richtung die Unterstützung der Republiken hat, muß man dem Rechenschaft tragen.«

Der Korrespondent erinnerte an das Schicksal von Winston Churchill, der im Krieg gegen den Faschismus eine enorme Rolle gespielt hatte und dem seine Nation sehr viel verdankte, aber schon bei den ersten Parlamentswahlen 1945 gehen mußte. »Ich sehe Ihnen jetzt in die Augen, was uns bei ihm damals nicht vergönnt war ... Was geht in Ihrem Innern vor?«

Ich erwiderte ihm: »Ich bin in Sorge um unser Land. Ich fürchte, der Prozeß der Umgestaltungen könnte scheitern – und das kann passieren, wenn sich zeigt, daß die Gemeinschaft nicht lebensfähig ist. Das kann und will ich nicht verschweigen, und ich habe mich bemüht, meinen Kollegen, den Führern der Republiken, dem ganzen Land und der Weltöffentlichkeit meinen Standpunkt deutlich zu machen. Vorerst aber meine ich, da der Prozeß offen abläuft und sich auf die Vertreterkörperschaften stützt, ist es meine Pflicht, mitzuhelfen, den Kurs der Umgestaltungen beizubehalten. Im Grunde genommen ist es ja ein demokratischer Prozeß...«

Am 21. Dezember war ich vollständig ausgelastet... Alle, mit denen ich zusammenkam – die Presse und meine Kollegen –, wollten wissen, wie ich auf das Ergebnis des Treffens von Alma-Ata reagieren würde. Neben anderen Unterredungen hatte ich an diesem Tag noch ein ausführliches Gespräch mit E. Kotljar, einem Redakteur der »Moskowskaja Prawda«.

Das Thema war stets dasselbe: das Schicksal unseres Landes an diesem jähen Wendepunkt seiner Geschichte.

In meinen Überlegungen komme ich immer mehr zu dem Schluß, daß der politische Kampf die Verwirklichung der Souveränität in den Unionsrepubliken negativ beeinflußt. Der Prozeß hat zunehmend schärfere Formen angenommen wegen der eigenartigen Haltung der Russischen Föderation, deren oberste Machtorgane weniger die Reformierung der Union als vielmehr die Zerschlagung des Zentrums um jeden Preis in den Vordergrund stellen. Das wirkte sich auch entscheidend auf die Haltung der anderen Republiken aus. Diese Situation haben die Separatisten ausgenutzt. Daran werden sie jetzt nicht gern erinnert... Aber gerade das hat den Kampf der Gesetzgebungsorgane entfesselt, der die Funktionsfähigkeit der Machtinstitutionen zerstörte und die Zerrüttung der Finanzen und der Wirtschaft nach sich zog.

»Als die Verwirklichung der Souveränität begann, setzten sofort Bestrebungen ein zu klären, welche Gesetze in der Hierarchie der Macht die älteren Rechte haben – die des Zentrums oder die der Republiken. Funktionen der Exekutive wurden mißachtet, was rasch zur Lähmung der Macht und zur Zerrüttung der Wirtschaft führte. Ich spürte, daß wir uns auf eine Katastrophe zubewegten. Jeder Entscheidung des Zentrums begegneten die Republiken mit Widerspruch: Mischt euch nicht ein, ihr verletzt die Souveränität. Natürlich war es klar, daß sich die alten Machtstrukturen überlebt hatten. Grundlegende Erneuerung war gefordert – eine neue Gesetzgebung, neue staatliche Institutionen, die Rolle der Basis, des Zentrums und der Republiken in einem anderen System des Zusammenwirkens, neue Wirtschaftsbeziehungen auf prinzipiell anderer Grundlage. Ja, unser Land mußte anders werden. In jedem Fall kann es jedoch nur überleben, wenn es einig ist. In diesem Land könnten durchaus unabhängige Staaten mit einem gemeinsamen koordinierenden Zentrum existieren. Darin sehe ich eine Garantie gegen mögliche Gefahren.

Doch nun sind andere Prozesse im Gange. Die Gemeinschaft Unabhängiger Staaten ist entstanden – ohne ein gemeinsames Zentrum. Was kann aus ihr werden? Dem Minsker Abkommen läßt sich das nur schwer entnehmen, denn es ist eher schematisch und konzeptionell. Das ist zuwenig, um ein lebenswichtiges Zusammenwirken aller gleichberechtigten Mitglieder der Gemeinschaft zu gewährleisten. Notwendig sind gemeinsame Institutionen, welche die Prinzipien des Staates verwirklichen können, und außerdem bedarf die verfassungsmäßige Nachfolge in der Staatsmacht einer Klärung. Andernfalls wird der Wirtschaftsmechanismus nicht greifen. Und nicht nur das – viel Unvorhergesehenes kann geschehen, wenn nicht alle komplizierten Aspekte der neuen Beziehungen zwischen den Mitgliedern der Gemeinschaft detailliert ausgearbeitet werden.

Es ist keinesfalls auszuschließen, daß wir uns vielen ›Karabaghs‹ gegenübersehen. Und wieder wird alles davon abhängen, welche verfassungsmäßigen Normen in den Ländern der Gemeinschaft in Kraft treten.

Nur mit gemeinsamen Anstrengungen können wir aus der entstandenen Krise herauskommen und die wirtschaftliche Entwicklung beschleunigen. Versuche, das einheitliche Wirtschaftssystem zu mißbrauchen, gibt es leider schon, das Ergebnis sind Rückgang der Produktion, Stillstand von Betrieben, Massenentlassungen. Nein, dieser Weg ist zum Scheitern verurteilt. Selbst so mächtige Republiken wie Rußland oder die Ukraine würden sich zu den bereits vorhandenen Desintegrationsprozessen noch weitere Belastungen aufbürden und ihre Volkswirtschaft in den endgültigen Ruin stürzen, wenn sie selbstgefällig, im Vertrauen auf ihren Reichtum versuchten, sich von den anderen Regionen frei zu machen.

Alles, was Jelzin über die Zielsetzung der Reformen sagt, stimmt mit meinen Vorstellungen überein.

Schon auf den Parteitagen habe ich eindringlich darauf hingewiesen, daß der Weg zur Marktwirtschaft für die Gesellschaft der einzig richtige ist. Das fand – nicht ohne Kampf – Aufnahme in die Dokumente des Achtundzwanzigsten Parteitags. Die Entwicklung zum Markt hin wird heute nicht einmal mehr von den konservativsten Vertretern der verschiedenen Strömungen angezweifelt. Jelzin und ich sind einer Meinung über den Vorteil der Marktbeziehungen, für die gilt, daß der Mensch sowohl im Produktionsprozeß als auch bei der Verfügung über die Produkte seiner Arbeit und im Wettbewerb um das Recht, besser zu produzieren und mehr zu verdienen, Herr über seine Entscheidungen ist. Was das Tempo und die Methoden bei der Umgestaltung unserer Wirtschaftsform zur Marktwirtschaft sowie die Abfolge der Etappen beim Übergang zur privaten Produktionsweise angeht – da habe ich meine eigene Meinung.

Rußland ist die Lokomotive der Reformen, die in der Tat die ganze Kette der Wirtschaftssysteme in den Republiken in Schwung bringen muß. Doch Erfolge können nur erzielt werden, wenn alle am gleichen Strang ziehen. Rußland allein wird mit der Aufgabe nicht fertig, wie groß auch sein Potential sein mag. Außerdem ist der Markt ja kein Selbstzweck. Er muß zum Wohl des Menschen funktionieren. Hierzu braucht man ein ganzes System von Maßnahmen, deren wichtigste die Stimulierung der Produzenten ist. Zeigt der Produzent an seiner Aufgabe kein Interesse, bleibt auch die Ware aus. Wie kann man dann vom Markt reden? Stellen Sie sich vor, was passiert, wenn es bei rückläufiger Produktion zur Freigabe der Preise kommt! Sie werden bis in den Himmel hinaufschnellen ...

Da die Menschen wissen, daß ein Preisanstieg bevorsteht, müssen sie eine genaue Vorstellung von den Schutzmechanismen haben, die die Gesellschaft ihnen garantiert. Wenn es beispielsweise um einen Beschäftigten aus dem Produktionsbereich geht – gebt ihm die Möglichkeit, so viel zu verdienen, wie er zum Leben unter den neuen Bedingungen braucht. Für diejenigen, die aus dem Staatshaushalt finanziert werden – Lehrer, Ärzte, Studenten,

Rentner und andere Kategorien von Bürgern –, müssen rechtzeitig solche Maßnahmen ergriffen werden, daß sie das veränderte Preisniveau problemlos hinnehmen können. Sonst kann es geschehen, daß die Menschen der Teuerung einfach hilflos gegenüberstehen.

Und schließlich muß dringend ein Antimonopolgesetz in Angriff genommen werden. Die Besonderheit unserer Wirtschaftsform besteht ja gerade darin, daß zwei, drei Betriebe dem ganzen Land ihre Bedingungen diktieren können, wobei sie die Interessen der einfachen Menschen ignorieren. In einer Unterredung mit Jelzin habe ich ihn auf diese Aufeinanderfolge der Entwicklungsschritte zum Markt hin besonders aufmerksam gemacht.«

Kotljar fragte, wie ich dazu stehe, daß viele es nicht für nötig erachteten, bei ihrer Beurteilung seiner Leistung Gorbatschow historisch gerecht zu werden.

»Jetzt ist nicht der richtige Zeitpunkt, um die Presse zu meiner Verteidigung zu mobilisieren. Ich mache den Menschen keinen Vorwurf, sie können nichts dafür. Das schwere Leben, der Lebensmittelmangel, drohende Arbeitslosigkeit, endloses Anstehen – das alles löst Erbitterung aus, und daher bekommen Gorbatschow und die Leute an seiner Seite unangenehme Worte zu hören. Ich bin sicher, die Menschen begreifen, daß unser Land den richtigen Weg gewählt hat, obgleich es Schwierigkeiten in Hülle und Fülle hat. Schlimmer wäre es, wenn nichts unternommen würde – dann könnte es eine soziale Explosion geben! Jetzt darf man niemandem die Schuld zuschreiben. Die Menschen müssen einfach begreifen, daß ein schwerer Winter und ein ebensolcher Sommer bevorstehen! Dann wird es leichter, und dann wird sich vielleicht herausstellen, welchen Sinn alle diese Opfer haben.

Wenn das Abkommen über die Gemeinschaft Unabhängiger Staaten verwirklicht wird, ist die Zeit für meinen Rücktritt gekommen. Aber das bedeutet nicht, daß ich mich aus der Politik verabschiede. Ich bin sehr daran interessiert, daß die von mir initiierten Prozesse einen erfolgreichen Abschluß finden. Dazu werde ich auf jede mögliche Weise beitragen. Sollten sie jedoch anders verlaufen, werde auch ich entsprechend handeln.«

Ich sprach mit dem Redakteur der »Moskowskaja Prawda«

darüber, wie mich die schwere Lage der Moskauer bedrücke. »Es ist aber zuwenig, sich Sorgen zu machen, man muß auch etwas unternehmen. Da ich weiß, daß vieles in den letzten Tagen schwieriger geworden ist, setze ich alles daran und nutze meine Möglichkeiten, um die Lage zu verbessern. Moskau verdient Rücksichtnahme. Es muß stets Fürsorge spüren, früher von seiten der Union, jetzt von Rußland und seinem Präsidenten.

Nun, was die Fragen betrifft, welche die Moskauer Führung stellt, meine ich, daß sie berechtigt sind. Moskau braucht mehr Selbständigkeit, Handlungsfreiheit und Verfügungsgewalt über sein Potential. Gegenwärtig ist man hier eingeschränkt in der Möglichkeit, seine Rechte wahrzunehmen. Ich rede schon gar nicht von anderen Gebieten und Städten – die werden einfach stiefmütterlich behandelt. In Irkutsk sagte man mir: Wir wollen Verantwortung für die Reformen übernehmen, aber wir brauchen dazu Machtbefugnisse. Die Republik muß sie ihnen geben.«

Am 23. Dezember um 18 Uhr, während einer Unterredung mit Jelzin, rief der Premierminister Großbritanniens, John Major, an. Zwischen uns hatte sich ein sehr gutes Verhältnis entwickelt, wir standen uns menschlich nahe und brachten uns in politischer Hinsicht Vertrauen und gegenseitiges Verständnis entgegen. Nach dem Treffen der »Sieben« im Sommer in London nahm er sehr energisch seine Pflichten als Koordinator wahr und tat viel, um Hilfe und Unterstützung für unser Land in die Wege zu leiten.

»Wir verfolgen die stürmische Entwicklung der Ereignisse in eurem Land mit Spannung und Interesse, wir denken an euch«, sagte er einleitend.

»Ja, man kann die Ereignisse in unserem Land selbst unter optimistischster Betrachtungsweise nicht anders als schwierig bezeichnen. Was ist für mich jetzt das Wichtigste? Ich denke, selbst wenn es keine Union mehr gibt, darf man doch nicht zulassen, daß das, was gegenwärtig hier geschieht, zu großen Verlusten für uns und für euch führt.

Ich war immer der Ansicht – und dabei bleibe ich –, daß die beste Variante ein Bundesstaat wäre, der eine engere Zusammenarbeit gewährleistet. Aber wir müssen uns nun mal mit dem realen

Prozeß und der Position der Republiken abfinden. Jetzt denke ich über meine Rolle nach, um auf das tatsächliche Geschehen eingehen zu können. Das ist letzten Endes entscheidend. Sehr wichtig ist jetzt, daß dies im Rahmen des politischen Prozesses, innerhalb der Verfassungsnormen und in Eintracht vor sich geht.

Ich stehe zu meiner Haltung, aber ich nehme den gegenwärtigen Prozeß als Tatsache hin. Einstweilen sehe ich keine Gefahr, daß sich die Dinge so entwickeln könnten wie in Jugoslawien. Für mich ist das das Wesentliche. Ich hoffe, auch für dich, John. Alles andere wird das Leben schließlich zurechtrücken.

Heute spreche ich seit zwölf Uhr, das heißt bereits seit sechs Stunden, mit Jelzin. Wir gehen davon aus, daß wir uns gemeinsam gegenüber unserem Land und der Welt verantwortlich fühlen dafür, daß alles, was in den letzten Jahren begonnen wurde, fortgesetzt wird. Ich werde mich trotz unserer unterschiedlichen Einstellungen dafür einsetzen, daß die Gemeinschaft am Leben bleibt, doch befürchte ich ernstlich, daß sie sich nicht als lebensfähig erweist.

Ich will Jelzin helfen. Seine Rolle ist im Augenblick nicht einfach. Ich habe ihm gesagt, daß ich ihn so lange unterstützen und gegen Angriffe verteidigen werde, wie die demokratischen Umgestaltungen fortgesetzt werden.

Ich möchte, daß die Gemeinschaft der Zeit standhält, denn ich bin vielleicht mehr als jeder andere an ihrem Weiterleben interessiert. Dabei betone ich, daß sie auf den entsprechenden Prinzipien und Institutionen basieren muß.

Ich habe eine Bitte: Verfolgt sehr aufmerksam, was bei uns vor sich geht. Und helft der Gemeinschaft, vor allem Rußland. Das ist jetzt die Hauptsache: Bitte verzichtet auf jegliches schematisches Vorgehen – und unterstützt die auf die Reformen gerichteten Anstrengungen.

Deine Funktion als Koordinator der ›Sieben‹ steht vor dem Abschluß. Du hast viel getan. Sehr vieles hat sich verändert, besonders nach dem Londoner Treffen. Das ist auch dir zu verdanken. Möge es so weitergehen.

Ich danke dir für deine Freundschaft. Von mir und von Raissa Maximowna die herzlichsten Grüße an Norma.

Ich werde weiterhin daran mitwirken, daß der Kurs, den wir gemeinsam erarbeitet haben, fortgeführt wird. Was sich zwischen uns entwickelt hat, ergab sich nicht nur aus unseren politischen Aufgaben, sondern erstreckte sich genauso auf den persönlichen Bereich. Ich möchte, daß wir unsere herzlichen, vertrauensvollen Kontakte aufrechterhalten.

Innerhalb der nächsten zwei Tage werde ich meinen Rücktritt erklären.«

»Vielen Dank, Michail, für alles, was du mir gesagt hast«, erwiderte John Major. »Wenn wir in die Zukunft blicken, machen wir uns Gedanken darüber, daß das Erreichte nicht verlorengehen darf. Darum haben wir das Bestreben, eurem Land zu helfen im Bewußtsein dessen, was du in den letzten Jahren geleistet hast.

Was auch immer fernerhin geschehen mag in Verbindung mit dem Entschluß, den du in den nächsten zwei Tagen verkünden willst: Es besteht kein Zweifel, daß du dir einen besonderen Platz in der Geschichte deines Landes und der ganzen Welt gesichert hast. Wir wissen, wie schwer die bevorstehenden Monate sein werden. Ich möchte nochmals sagen, daß wir für dich und Raissa aufrichtige Zuneigung empfinden. Wir würden uns freuen, euch bei uns zu Gast zu sehen – ganz gleich, in welcher Eigenschaft ihr kommt. Dessen versichere ich euch jetzt und für die Zukunft.

Ich werde mich glücklich schätzen, wenn ich zur Fortsetzung und Weiterentwicklung dessen beitragen kann, was in den letzten Jahren erreicht wurde. Uns bewegt ebenfalls die Frage, ob die Gemeinschaft der Zeit standhalten wird. Wir haben natürlich die Erfahrung mit unserem britischen Commonwealth. Es existiert bereits seit hundertfünfzig Jahren – und hält sich. Vielleicht glückt dieses Experiment auch in eurem Land.

Ich bin froh, daß die Kontrolle über die Kernwaffen eine sichere, garantierte Lösung findet. Ebenso freut mich, daß, wie du sagst, die Vorfälle zwischen den Republiken eures Landes sich nicht mit dem vergleichen lassen, was in Jugoslawien geschieht.

Wir hoffen sehr, daß du das Zusammenwirken mit Jelzin in unterschiedlichen Formen fortsetzen kannst. Das würde auch den Interessen der anderen Republiken entsprechen.

Ich habe auch eine konkrete Frage: Mich interessiert deine

Meinung über die Schwierigkeiten, die in diesem Winter hinsichtlich der Lebensmittelversorgung der großen Industriezentren und auch der Bereitstellung von Futter für die Viehwirtschaft zu erwarten sind. Wir befassen uns gegenwärtig aktiv mit der Frage, wie euch zu helfen ist, und ich würde gern wissen, wie du die Lage einschätzt.

Ich denke, daß wir auch in Zukunft engen Kontakt halten werden. Norma läßt dich und Raissa ganz herzlich grüßen. Sie freut sich auf ein baldiges Wiedersehen – in Rußland oder in London.

Schließlich möchte ich noch sagen, wie zufrieden ich bin, daß du auch in diesen schweren Tagen gesund und ›okay‹ bist.«

Ich dankte dem britischen Premierminister für seine herzlichen Worte. »Ich sage nicht Lebewohl, wir werden sicher auch weiterhin zusammenarbeiten. In dieser Zeit kann man keine Veränderungen und jähen Wendungen mehr ausschließen. Vielleicht sind sie auch notwendig und sogar zwangsläufig.

Das Wichtigste ist jetzt die Unterstützung für Rußland. Gerade hier – in Moskau, St. Petersburg, im Ural – herrscht derzeit die größte soziale Spannung, die Situation hat sich extrem zugespitzt.

Laßt uns Jelzin unterstützen – wir hier und ihr dort –, damit er zum Erfolg kommt, denn das geht uns alle an. Wir benötigen vor allem erstens Lebensmittel, zweitens Medikamente, drittens Viehfutter – Getreide, Sojaschrot, Proteine. Jelzin ist entschieden für die Mischwirtschaft. John, wir dürfen keine Zeit verlieren, wir haben sowieso schon zu lange gezögert, Rußland braucht dringend Hilfe. Das möchte ich nochmals betonen: in erster Linie Rußland.«

»Das ist mir klar«, erwiderte Major.

»Notwendig ist auch finanzielle HIlfe«, fuhr ich fort, »damit der Rubel stabil wird. John, man darf dafür die Ausgabe von fünf, zehn, fünfzehn Milliarden nicht scheuen. Andernfalls werden alle den zehnfachen, den hundertfachen Preis zahlen müssen, sollte der Prozeß der Umgestaltungen, an dem wir gemeinsam gearbeitet haben, scheitern. Du als Politiker und als bedeutender Finanzexperte kannst nicht umhin, das einzusehen.

Ich spreche darüber als ein Mann, der sein ganzes Leben auf die radikalen Umgestaltungen unseres gesamten Lebens gesetzt hat: Das sind die Dinge, die wir gegenwärtig so dringend benötigen. Ich rede mit aller Offenheit, mißbrauche dabei vielleicht sogar unsere Freundschaft. Jetzt bin ich in einer anderen Lage und kann mir das wahrscheinlich erlauben.«

Am 24. Dezember stattete mir der italienische Botschafter Ferdinando Salleo einen Besuch ab. Er übergab mir ein Schreiben von Präsident Cossiga und einen persönlichen, handgeschriebenen Brief von Ministerpräsident Giulio Andreotti. Es war ein herzlicher, aufrichtiger Brief, der die freundschaftliche Nähe widerspiegelte, die sich zwischen uns in diesen Jahren entwickelt hatte. Er berührte mich sehr.

Folgendes ließ ich durch den Botschafter übermitteln: »Das Schicksal hat Giulio Andreotti und mich in einem sehr wichtigen Abschnitt der Geschichte zusammengeführt. Wir hatten teil an großen Ereignissen und konnten nicht nur für uns selbst Klarheit über die Herausforderung der Zeit gewinnen, sondern auch praktisch darauf reagieren. Wir sind aufeinander zugegangen und haben ein Niveau der Zusammenarbeit erreicht, das in der Weltpolitik eine völlig neue Erscheinung darstellt. Dies bleibt uns.«

Auf Fragen des Botschafters eingehend, sagte ich: »Ich werde die gegenwärtige Politik unterstützen, solange die Reformen und die demokratischen Prozesse in der Gesellschaft eine Fortsetzung erführen. Jelzin hat übrigens in einem Gespräch mit mir seine Befriedigung darüber geäußert, daß ihm während seines Besuchs in Italien Kredite und wirtschaftliche Unterstützung für Rußland zugesichert worden sind. Das ist augenblicklich für Rußland von großer Bedeutung. Hier ist die Situation wohl am schwersten. Es bestehen viele Gefahren unterschiedlicher Art. Auch darin wirkt sich der Zerfall der UdSSR und die Entstehung der Gemeinschaft aus – ein sehr schwieriger und schmerzhafter Prozeß, der auf keinen Fall scheitern darf.

In der Frage, was Union und Gemeinschaft angeht, besteht zwischen mir und Jelzin eine wesentliche Differenz. Aber da die Republiken sich für die Gemeinschaft entschieden haben, beziehe ich diese Realität nicht nur in meine Überlegungen ein, sondern werde auch im Rahmen meiner Möglichkeiten dazu beitragen, daß sich die Gemeinschaft konsolidiert. Ich wiederhole: Rußland braucht jetzt dringend ein positives Resultat, besonders was die Zeit nach dem 1. Januar betrifft. Die reaktionären Kräfte zeigen bereits die Zähne, und sollte sich die Unzufriedenheit der Menschen auf die Straße ergießen, könnten sie sich das zunutze machen und womöglich Unheil anrichten. Um dem vorzubeugen, müssen dringend Institutionen der Zusammenarbeit und Koordinierung zwischen den Staaten der GUS gebildet werden und in Aktion treten.

Meine Hauptsorge gilt dem Zustandekommen der Reformen. Ein neues System muß aufgebaut werden, und zwar so, daß es funktioniert. Und wenn wir uns nicht in die Haare geraten, läßt sich auch diese Aufgabe zu lösen.

Den Totalitarismus im Sturm zu nehmen, ist, wie sich erwiesen hat und wie Sie sehen, gar nicht leicht, denn er sitzt in uns allen. Er ist kein genau umrissenes Objekt, seine Mikroben haben sich im gesamten Organismus der Gesellschaft ausgebreitet, sie stecken tief im gesellschaftlichen Bewußtsein. Daran liegt es, warum die Veränderungen und Umgestaltungen so schwerfallen.«

Der Botschafter sprach davon, daß die Haltung des italienischen Präsidenten Cossiga und die Giulio Andreottis mir gegenüber die Gefühle aller Italiener widerspiegelten. Er versicherte mir, daß in Italien das Wissen darum, was in den Jahren erreicht wurde, tief in das Bewußtsein der Menschen eingedrungen sei. Es bestimme sowohl ihre emotionelle Einstellung als auch ihre Unterstützung für den Politiker, der allgemeinmenschliche, moralische Kriterien in den Vordergrund gestellt habe.

Am selben Tag rief mich Kanadas Premierminister Brian Mulroney an. Nach der Begrüßung sagte er mir:

»Ich weiß nicht, was die nächsten Tage noch passieren wird, aber ich bin überzeugt, daß dein persönlicher Beitrag zur Geschichte des Landes und der Welt wirklich einzigartig ist. Deine Anstrengungen hinsichtlich der Demokratisierung der UdSSR und der Modernisierung ihrer Wirtschaft verdienen das eine Wort: heldenhaft. Sie werden eine unauslöschbare Spur in der

Welt hinterlassen, ebenso wie dein Anteil an der Abrüstung und am Weltfrieden.

Ich möchte noch hinzufügen – eines haben wir in Nordamerika sehr gut begriffen: Die Politik zeigt sich mitunter von einer grausamen Seite, doch mit der Zeit werden den Taten eines Politikers die ihnen gebührende Würdigung zuteil. In der Regel vollzieht sich das erst nach seinem Abgang, wenn seine Leistungen mit denen seiner Vorgänger verglichen werden. Nach diesen und auch beliebig anderen Kriterien wird meiner Meinung nach dein Beitrag als groß, wirkungsvoll und unvergänglich gewertet werden.«

Ich dankte ihm für die sehr persönliche Beurteilung meiner Rolle und sagte:

»Ich schätze sehr hoch ein, was wir in diesen Jahren gemeinam vollbracht haben. Die Zeit hat es so gefügt, daß sich Politiker gefunden haben, denen der Impuls der Ereignisse nicht verborgen blieb. Ich will auch meinen Kollegen Gerechtigkeit widerfahren lassen – dir, George Bush, den Europäern, allen, mit denen wir zusammengearbeitet haben.

Du weißt, daß ich schon vor einigen Jahren in Unterredungen mit dir, George und anderen prophezeit habe, daß das, was wir begonnen haben, den Ausschlag für eine Wende in der Politik gibt – der Prozeß ist so tiefgreifend, daß er unweigerlich auch Elemente der Instabilität in sich trägt. Wir müssen einfach den Kurs demokratischer Umwandlungen beibehalten – gerade in der momentanen Phase. Die Möglichkeiten sind jetzt größer, aber auch die Gefahren. Das muß man begreifen und entsprechend handeln. Und das wichtigste – man darf in einer schwierigen Situation nicht in Panik verfallen.

Ich war der Meinung und bin es auch weiterhin, daß wir unsere Probleme und Aufgaben nur im Rahmen eines politischen Prozesses bewältigen, der das Zusammengehen zwischen den Republiken sichert. Ebenso war und bin ich davon überzeugt, daß sich etwas Derartiges bewerkstelligen läßt, aber nur, wenn das Land nicht auseinanderfällt und als Unionsstaat erhalten bleibt.

Die Ereignisse haben sich in eine andere Richtung entwickelt, und das birgt eine Menge von Gefahren in sich. Ich jedenfalls will alle meine Möglichkeiten ausschöpfen, um der Gemeinschaft zur

Lebensfähigkeit zu verhelfen. In erster Linie braucht sie Institutionen und Mechanismen für eine Zusammenarbeit auf politischem Gebiet und bei der Durchführung der Reformen. Das scheint mir am wesentlichsten zu sein.

Vorläufig haben wir hier noch eine Gesellschaft, ein Land, eine Wirtschaft, eine Armee. Alles ist miteinander verwoben. Wenn es zu weit in Richtung Abtrennung geht, könnten die Reformen auf einer entscheidenden Etappe scheitern.

Als ich gestern mit Jelzin sprach, habe ich immer wieder unterstrichen, daß wir alles unternehmen müssen, um eine maximale Zusammenarbeit der Republiken zu gewährleisten – soweit das eben im Rahmen der Gemeinschaft möglich ist. Natürlich gestaltet sich ein solches Vorhaben weitaus schwieriger als noch zu Zeiten der Union.

Ich weiß, über welche umfangreichen Rechte bei euch in Kanada die einzelnen Provinzen verfügen. Aber nichtsdestoweniger gibt es Bereiche, die ans Zentrum angebunden sind: die Verteidigung, Außenpolitik, allgemeine Verfahrensregeln für die Wirtschaft, die Besteuerung und anderes. Genau das wünsche ich mir auch für mein Land. Aber bislang geht es in eine andere Richtung...

Dennoch sollten wir jetzt die politischen Differenzen beiseite schieben und nicht auf Konfrontation gehen. Die Gesellschaft befindet sich in einer komplizierten Situation.

In der Gemeinschaft bestehen noch viele Unklarheiten. Eines jedoch ist sorgfältig durchdacht – das kann ich versichern, da ich selbst an dem entsprechenden Prozeß beteiligt war –, die Kontrolle über die strategischen und die anderen Kernwaffen. Ich bin überzeugt, und ich möchte, daß auch ihr es seid: Die Kontrolle ist gesichert, und sie ist zuverlässig.

In nächster Zeit werde ich zu einer Entscheidung kommen. Es steht fest, daß ich mich weder aus der Politik noch aus dem öffentlichen Leben zurückziehe. Ich habe diesbezügliche Pläne, und ich gedenke unsere Kontakte und die Zusammenarbeit fortzusetzen. Brian, ich möchte deine Aufmerksamkeit noch auf folgenden Punkt lenken: Rußland muß jetzt unbedingt unterstützt werden. Die soziale Situation ist äußerst gespannt, zudem trägt

Rußland die größte Verantwortung dafür, daß die Reformen überall greifen. Ich will, daß ihnen Erfolg beschieden ist, auch wenn ich einige kritische Vorbehalte gegen die Gemeinschaft hege.

Ich danke dir nochmals für deine Freundschaft und dein Verständnis. Ich hoffe, unsere Kontakte bleiben bestehen. Denn es liegt noch viel Arbeit vor uns.«

Auf eine entsprechende Frage fuhr ich fort:

»Die kanadische Regierung wie auch die anderen Länder sollten der Gemeinschaft in einem wesentlichen Punkt Hilfestellung leisten, das heißt, euer Vorgehen sollte die Zusammenarbeit und das Zusammengehen der Republiken stimulieren. Uneinigkeit und Desintegration hätten für Europa und die gesamte Welt gefährliche Folgen. Es könnte etwas passieren, was man nicht mehr in den Griff bekommen würde.

Es wäre, so denke ich, richtig, von eurer Seite den Schritt zur Anerkennung zu machen. Die neue Situation muß eindeutig erkannt werden, also Unterstützung der Position der Gemeinschaft und der Republiken in den wichtigsten Fragen.«

Bevor wir unser Gespräch beendeten, lud Mulroney mich in seinem wie auch »im Namen aller Kanadier« nach Kanada ein, versicherte mich aufrichtiger Gastfreundschaft, sollte ich beispielsweise dem Ruf einer der Universitäten oder wissenschaftlichen Einrichtungen folgen oder mich entschließen, einfach nur einen Erholungsurlaub anzutreten.

Am 25. Dezember hatte ich ein Telefonat mit Präsident Bush. Ich teilte ihm mit, daß ich in etwa zwei Stunden meinen Rücktritt bekanntgeben würde. Des weiteren erklärte ich ihm, daß ich zwar gerade einen Abschiedsbrief an ihn abgeschickt hätte, ich aber gern das Gespräch nutzen und noch einmal betonen wolle, wie hoch ich das bewertete, was wir gemeinsam vollbracht hätten – und auch zu der Zeit, während der er noch als Vizepräsidient amtierte, und erst recht dann, als wir beide Präsidenten waren. Ich sprach die Hoffnung aus, daß die Führer der Mitgliedsländer der Gemeinschaft, in erster Linie jene Rußlands, sich ihrer Verantwortung bewußt sein mögen, daß das »Kapital«, was wir in den

Jahren sowjetisch-amerikanischer und internationaler Beziehungen angehäuft haben, bewahrt und vermehrt werden könne.

Dann teilte ich ihm noch persönliche Überlegungen hinsichtlich der jetzigen Situation mit.

»Nach wie vor bin ich überzeugt, daß die Existenz Souveräner Staaten im Rahmen einer Union die wichtigsten Probleme schneller gelöst hätte. Aber die Ereignisse haben sich in eine andere Richtung entwickelt, als ich sie geplant habe und wofür ich so konsequent eingetreten bin. Ich will meine Möglichkeiten nutzen, damit die GUS ein effizientes Gebilde wird. Wichtig ist, Mechanismen der Zusammenarbeit zu schaffen. Weder in Minsk noch in Alma-Ata hat man sich darauf einigen können.

Dennoch, George, sollte man den GUS-Staaten die Anerkennung gewähren. Aber ich bitte folgendes zu bedenken. Es ist von enormer Bedeutung, für Europa wie auch für die Welt, daß in den GUS-Staaten die Widersprüche nicht eskalieren. Deshalb bedarf die GUS als Vielstaatengebilde der Unterstützung – und nicht nur seitens der jeweiligen Mitgliedsstaaten. Nicht die Desintegration, nicht die zerstörerischen Prozesse sind zu fördern, sondern die Kooperationsbereitschaft. Darin sehe ich unsere gemeinsame Verpflichtung. Darauf lege ich den Akzent.

Ein zweiter Akzent liegt auf dem Beistand für Rußland. Die USA und die EG und überhaupt die internationale Gemeinschaft sollten Rußland im Rahmen gemeinsamer Anstrengungen helfen. Rußland trägt die Hauptlast der Reformen. Jetzt müssen wir – ich und auch du, wie ich hoffe, ebenso wie meine anderen Partner – alles tun, um Rußland behilflich zu sein, da es die Hauptlast für die Beschleunigung der Reformen in der GUS auf sich genommen hat.

Ich bin mit der in Alma-Ata erzielten Übereinkunft, die das Problem der strategischen und der Kernwaffen regelt, zufrieden. Ich hoffe, daß auch alle anderen Fragen geklärt werden, von denen die Zukunft der Gemeinschaft abhängt, und daß am 30. Dezember in Minsk Beschlüsse gefaßt werden, die das Zusammengehen und Zusammenwirken der Republiken in Gang bringen.

Vor mir auf dem Tisch liegt der Erlaß des Präsidenten der UdSSR. Im Zusammenhang mit der Beendigung meiner Tätigkeit als Oberkommandierender der Armee übergebe ich dem Präsidenten der Russischen Föderation das Recht auf Einsatz der Nuklearwaffen. Ich halte es für sehr wichtig, daß gerade dieser Bestandteil meiner ehemaligen Aufgaben zuverlässiger Kontrolle unterliegt. Nach meiner Rücktrittserklärung tritt der Erlaß in Kraft. Ihr könnt also in Ruhe Weihnachten feiern und diese Nacht ruhig schlafen.

Was mich angeht, so habe ich nicht die Absicht, mich in der Taiga zu verkriechen. Ich bleibe in der Politik und im öffentlichen Leben. Ich will den Prozessen in unserem Land auf den Weg helfen, ich unterstütze das neue Denken in der Weltpolitik.

Die Vertreter der amerikanischen Presse haben mich sehr oft nach meiner Beziehung zu dir gefragt. Ich möchte es nicht nur über die Presse, sondern dir heute ganz direkt sagen, daß ich unsere Zusammenarbeit, Partnerschaft und Freundschaft sehr zu würdigen weiß. Unsere Rollen können sich ändern, was sie ja auch tatsächlich tun. Aber das, was zwischen uns ist und was wir gemeinsam fertiggebracht haben, das wird immer Bestand haben.«

Daraufhin antwortete mir George Bush:

»Ich möchte dir versichern, daß das Interesse an unserer Sache aufrechterhalten bleibt. Wir werden uns sehr um Hilfe bemühen, besonders für die Russische Republik, wobei wir all die Probleme bedenken, mit denen Rußland jetzt konfrontiert ist und die sich im Winter verschärfen können.

Ich freue mich sehr, daß du dich nicht ›in der Taiga verkriechen‹ willst; du wirst deine politische und gesellschaftliche Tätigkeit fortsetzen. Und ich bin überzeugt, daß dies zum Nutzen der neuen Gemeinschaft geschieht.

Ich habe dir einen Brief geschrieben, er geht heute ab. Darin drücke ich meine Überzeugung aus, daß das, was du geleistet hast, in die Geschichte eingehen wird und die Historiker dein Werk in vollem Umfang würdigen werden.

Mit Befriedigung nehme ich das zur Kenntnis, was du zur Nuklearbewaffnung gesagt hast. Diese Frage ist von immenser internationaler Bedeutung. Ich begrüße es, wie du und die Republikführer das Problem in Angriff genommen habt, und auch, daß die Regelung über den Einsatz im Rahmen der Verfassung geschieht. Ich kann versichern, daß wir auch in Zukunft auf diesem wichtigen Gebiet eng zusammenarbeiten werden.

Und noch ein persönliches Wort. Es hat mich sehr beeindruckt, wie du die Beziehungen zwischen dir und mir und Jim Baker gewürdigt hast. Ich schätze deine Worte, sie spiegeln sehr genau auch meine Gefühle wider ...

Ich hoffe, daß sich unsere Wege bald treffen. Du bist ein gerngesehener Gast; wir möchten dich bald bei uns begrüßen, vielleicht hier in Camp David, wenn sich die Dinge geordnet haben.

An meiner Freundschaft zu dir wird sich auch durch die weitere Entwicklung der Ereignisse nichts ändern. In dieser Hinsicht bestehen keinerlei Zweifel.

Natürlich werde ich mit gebührender Achtung und positiver Offenheit die Beziehungen zu den Führern Rußlands und der anderen Republiken ausbauen – ich hoffe, das geschieht auf progressiver Basis. Wir werden die Anerkennung in die Wege leiten, unter voller Berücksichtigung der Souveränität der einzelnen Republiken. So wie mit euch werden wir auch mit ihnen auf breitester Grundlage zusammenarbeiten. Das beeinträchtigt überhaupt nicht meine Entschlossenheit, die Kontakte mit dir zu wahren, deine Meinung anzuhören – nunmehr in deiner neuen Eigenschaft, und die Freundschaft zu dir und Raissa aufrechtzuerhalten. Barbara und ich schätzen sie sehr.

Heute, an diesem besonderen Tag, am Tag eines historischen Wendepunkts, grüße ich dich und danke dir für alles, was du für den Frieden getan hast, und ich danke dir für deine Freundschaft.«

»Danke auch dir, George«, verabschiedete ich mich. »Ich bin froh über das, was du gesagt hast, über deine warmherzigen Worte und die wichtigen Gedanken. Ich wünsche dir alles Gute.«

Der letzte der ausländischen Politiker, mit dem ich noch in meiner Eigenschaft als Präsident sprach, war Hans-Dietrich Genscher, der Außenminister Deutschlands. Über seinen Anruf habe ich mich gefreut, denn er bedeutete, daß die alte Freundschaft fortbestand. Wir erinnerten uns all dessen, was uns in diesen Jahren an Gutem gelungen war – für unsere Länder und für Europa. Von

Treffen zu Treffen, beginnend mit dem Jahr 1986, festigten sich das gegenseitige Vertrauen und das Verständnis füreinander, wuchs die Erfahrung und intensivierte sich die praktische Zusammenarbeit. Wir stimmten überein, daß all dies über die jetzige Generation hinaus weit in die Zukunft reicht. Mögen die, die nach uns kommen, das Begonnene zum Wohl beider Länder und Europas fortsetzen.

Ich sagte ihm, wie auch schon Bush, daß ich nicht »in die Taiga ginge«, sondern weiterhin öffentlich tätig sein würde und die Ideen realisieren wolle, von denen wir uns haben leiten lassen bei der Annäherung von »Ost« und »West«, um den kalten Krieg ein für allemal zu beenden.

Genscher versicherte mich seiner Freundschaft, der weiteren Kontakte und des Meinungsaustauschs – um so mehr, als der stürmische Lebensstrom uns auch zukünftig zu schaffen machen würde. Er dankte mir für meinen Beitrag zur Einheit Deutschlands und sagte: »Die Herzen und die Dankbarkeit der Deutschen werden Sie immer begleiten.«

Rede an die Mitbürger – Meine Rücktrittserklärung

Am Mittwoch, dem 25. Dezember, trat ich abends im Fernsehen vor die Öffentlichkeit und gab meinen Rücktritt vom Amt des Präsidenten der UdSSR bekannt. Nebenbei gesagt wurde meine Rede nur in zwei Zeitungen vollständig abgedruckt. Hier ihr Wortlaut.

»Liebe Landsleute, Mitbürger!

Aufgrund der entstandenen Situation durch die Bildung der Gemeinschaft Unabhängiger Staaten beende ich meine Tätigkeit als Präsident der UdSSR. Ich habe diese Entscheidung aus prinzipiellen Überlegungen getroffen.

Ich bin immer fest für die Selbständigkeit und Unabhängigkeit der Völker sowie für die Souveränität der Republiken eingetreten, zugleich aber auch für die Erhaltung des Unionsstaates und der Ganzheit des Landes.

Aber die Entwicklung hat einen anderen Weg genommen. Der

Kurs auf die Zerstückelung des Landes und auf die Trennung des Staates hat sich durchgesetzt. Dem kann ich nicht zustimmen.

Auch nach dem Treffen in Alma-Ata und den dort gefaßten Beschlüssen hat sich meine Haltung diesbezüglich nicht geändert.

Außerdem bin ich überzeugt, daß Entscheidungen von solcher Tragweite aufgrund der Willensäußerung des Volkes hätten gefällt werden müssen.

Dennoch werde ich alles in meinen Möglichkeiten Stehende tun, damit die dort verabschiedeten Vereinbarungen zu einer wirklichen Eintracht in der Gesellschaft führen, den Weg aus der Krise und den Reformprozeß erleichtern.

Zum letzten Mal spreche ich zu Ihnen als Präsident der UdSSR und halte es für meine Pflicht, meine Einschätzung des seit 1985 zurückgelegten Weges zu geben. Zumal es diesbezüglich nicht wenige widersprüchliche, oberflächliche und subjektive Urteile gibt.

Das Schicksal hat es so gewollt, daß in dem Moment, als ich an die Spitze des Staates kam, schon klar war, daß etwas mit dem Staat nicht stimmte. Es ist alles im Überfluß vorhanden – Land, Erdöl und Erdgas, andere Bodenschätze –, aber auch mit Verstand und Talent hat uns Gott nicht benachteiligt. Dennoch leben wir viel schlechter als in den hochentwickelten Ländern, und der Rückstand wird immer größer.

Die Ursache war schon damals erkennbar. Die Gesellschaft erstickte im Würgegriff des administrativen Kommandosystems. Zum Frondienst an der Ideologie verurteilt, mußte sie auch die schreckliche Last des Wettrüstens tragen und lebte am Rande ihrer Möglichkeiten.

Alle Versuche von Teilreformen – und davon gab es nicht wenige – scheiterten einer nach dem anderen. Das Land verlor die Perspektive. So konnte man nicht weiterleben. Alles mußte von Grund auf geändert werden.

Deshalb habe ich nicht ein einziges Mal bedauert, daß ich mein Amt des (KPdSU-)Generalsekretärs nicht dazu benutzt habe, um nur ein paar Jahre als ›Zar‹ zu herrschen. Das hätte ich für unverantwortlich und unmoralisch gehalten.

Ich war mir darüber im klaren, daß es eine äußerst schwierige und sogar risikoreiche Aufgabe war, Reformen solchen Ausmaßes in einer Gesellschaft wie der unseren anzufangen. Aber ich bin auch heute von der historischen Richtigkeit der demokratischen Reformen, die im Frühling 1985 begonnen wurden, überzeugt.

Der Prozeß der Erneuerung des Landes und der grundlegenden Veränderungen in der Weltgemeinschaft erwies sich als weitaus komplizierter, als man es erwarten konnte. Aber das, was getan wurde, muß nach Gebühr bewertet werden.

Die Gesellschaft hat die Freiheit erhalten, hat sich politisch und geistig aus der Knechtschaft befreit. Das ist die allerwichtigste Errungenschaft, die wir noch nicht voll erkannt haben. Wir haben noch nicht gelernt, mit der Freiheit umzugehen.

Trotzdem ist eine Arbeit von historischer Bedeutung vollbracht worden: Das totalitäre System, das uns daran gehindert hatte, schon längst ein blühendes Wohlstandsland zu werden, ist liquidiert worden. – Auf dem Weg demokratischer Umgestaltungen wurde ein Durchbruch erzielt. Freie Wahlen, Pressefreiheit, Religionsfreiheit und Mehrparteiensystem wurden Wirklichkeit. Menschenrechte wurden als das oberste Prinzip anerkannt. – Die Bewegung zu einer Wirtschaft mit verschiedenen Eigentumsformen und deren Verbreitung setzten ein. Im Rahmen der Bodenreform begann die Wiedergeburt der Bauernschaft, es gibt jetzt Bauernhöfe, und Millionen Hektar Land wurden der Land- und Stadtbevölkerung übergeben. Die wirtschaftliche Freiheit des Produzenten wurde per Gesetz gesichert. Unternehmertum, Aktiengesellschaften und Privatisierung gewinnen an Stärke. – Bei der Umstellung auf die Marktwirtschaft dürfen wir nicht vergessen, daß das alles zum Wohl des Menschen geschieht. In dieser schweren Zeit muß alles für seinen sozialen Schutz getan werden. Ganz besonders gilt dies für alte Leute und Kinder.

Wir leben in einer neuen Welt: Dem kalten Krieg wurde ein Ende gesetzt. Das Wettrüsten und die wahnwitzige Militarisierung unseres Landes, die unsere Wirtschaft, das gesellschaftliche Bewußtsein und die Moral verunstaltet hatten, wurden zum Stehen gebracht. Die Gefahr eines Weltkrieges wurde gebannt.

Ich möchte nochmals betonen, daß ich in der Übergangszeit

alles getan habe, um eine sichere Kontrolle über die Atomwaffen zu wahren. – Wir haben uns der Welt geöffnet, verzichteten auf die Einmischung in die inneren Angelegenheiten anderer und auf den Einsatz unserer Truppen außerhalb unserer Grenzen. Man brachte uns Vertrauen, Solidarität und Respekt entgegen. – Wir wurden zu einer der wichtigsten Stützen bei der Umgestaltung der modernen Zivilisation auf demokratischen und friedlichen Grundlagen. – Völker und Nationen bekamen eine wirklich freie Wahl der Wege ihrer Selbstbestimmung. Die Suche nach neuen Wegen zur Reformierung unseres Vielvölkerstaates führte uns an den Abschluß eines neuen Unionsvertrags heran.

All diese Umwälzungen erforderten eine riesige Anspannung der Kräfte und verliefen in einem harten Kampf, unter wachsendem Widerstand der alten, überkommenen, reaktionären Kräfte, der früheren Partei- und Staatsstrukturen, des Wirtschaftsapparates, aber auch unserer Gewohnheiten, ideologischer Vorurteile, unserer Gleichmache- und Rentnerpsychologie. Sie stießen auf unsere Intoleranz, unsere mangelnde politische Kultur und unsere Furcht vor Veränderungen.

Deshalb haben wir soviel Zeit verloren. Das alte System war eingestürzt, bevor das neue funktionierte. Die Krise in der Gesellschaft spitzte sich noch mehr zu.

Ich kenne die Unzufriedenheit mit der heutigen schwierigen Situation. Ich weiß um die scharfe Kritik an den Behörden aller Ebenen, auch an meiner Tätigkeit. Aber noch einmal möchte ich betonen: Die grundsätzlichen Veränderungen in einem solchen Land mit diesem Erbe können nicht schmerzlos, ohne Schwierigkeiten und Erschütterungen verlaufen.

Der Augustputsch hat die allgemeine Krise bis zum äußersten verschärft. Das schlimmste an dieser Krise ist der Zerfall der Staatlichkeit. Heute bin ich darüber besorgt, daß unsere Menschen die Bürgerschaft eines großen Landes verloren haben. Die Folgen können sich für alle als sehr schwerwiegend erweisen.

Ich halte es für lebenswichtig, daß die demokratischen Errungenschaften der letzten Jahre bewahrt werden. Sie wurden um den Preis unserer Leiden, unserer ganzen Geschichte und unserer tragischen Erfahrung gewonnen. Man darf sie unter keinen Umständen und unter keinem Vorwand aufgeben. Andernfalls werden alle Hoffnungen auf eine bessere Zukunft begraben.

Ich sage das ehrlich und offen. Es ist meine moralische Pflicht.

Heute möchte ich meinen Dank allen (Sowjet-)Bürgern aussprechen, die die Politik zur Erneuerung des Landes unterstützt und an der Verwirklichung demokratischer Reformen teilgenommen haben.

Ich danke Staatsmännern und Politikern, Millionen Menschen im Ausland – jenen, die Verständnis für unsere Pläne gezeigt und sie unterstützt, mit uns ehrlich zusammengearbeitet haben, die uns entgegengekommen sind.

Ich verlasse meinen Posten mit Besorgnis, aber auch mit Hoffnung und mit dem Glauben an Sie, an Ihre Weisheit und geistige Kraft. Wir sind Erben einer großen Zivilisation. Jetzt hängt es von allen und jedem einzelnen ab, daß sie zu einem neuen, modernen und würdigen Leben wiedererweckt wird.

Ich möchte mich von ganzem Herzen bei all jenen bedanken, die in diesen Jahren mit mir zusammen für eine gerechte und gute Sache eingetreten sind. Sicher hätte man manche Fehler vermeiden und vieles besser machen können. Ich bin aber überzeugt, daß unsere gemeinsamen Anstrengungen über früh oder spät Früchte tragen werden. Unsere Völker werden in einer blühenden und demokratischen Gesellschaft leben.

Ich wünsche Ihnen alles erdenklich Gute.«

Die Übergabe des »Atomkoffers«

Gleich nach dieser Rede und einer kurzen Pressekonferenz kam es zur Übergabe des sogenannten Atomkoffers. Boris Jelzin lehnte die Teilnahme an diesem Akt großer staatlicher und weltweiter Bedeutung ab, obwohl wir es vorher abgesprochen und die Form dieses Vorgangs festgelegt hatten. Mir wurde übermittelt, daß der Präsident Rußlands über meinen Auftritt unzufrieden und aufgebracht sei und deshalb zur vereinbarten Zeit nicht kommen werde. Er schlage einen »neutralen Ort« (ich weiß nicht, was Jelzin darunter verstand) vor.

Marschall Schaposchnikow und die Offiziere, denen die technische Betreuung der Nuklearkommandos oblag, trafen bei mir ein.

Für den Präsidenten der UdSSR gelten keine anderen Abschiedszeremonien, als sie auch in anderen zivilisierten Staaten üblich sind. Doch keiner der Präsidenten der Souveränen Staaten – also der ehemaligen Sowjetrepubliken – erachtete es als notwendig, in diesen Tagen nach Moskau zu kommen oder mit mir zu telefonieren, obwohl mich mit den meisten von ihnen enge und kameradschaftliche Beziehungen verbanden.

Boris Jelzin hatte es sehr eilig . . . Unkorrekt und ungenau – was die Fakten betraf – und auch in ziemlich grober Art informierte er die Journalisten über unser Treffen vom 23. Dezember. Es folgten noch einige andere Maßnahmen, die nicht nur auf mich, sondern auch auf die Öffentlichkeit befremdend wirkten.

Während der letzten Tage im Kreml und auch an diesem Abend waren meine engsten Mitarbeiter und Freunde bei mir, welche die anstrengenden und dramatischen letzten Monate meiner Amtszeit als Präsident miterlebt hatten. Auch Journalisten waren da, einheimische wie ausländische. Sie zeigten echte Anteilnahme an den Ereignissen. Sie taten Tag und Nacht ihren »Dienst« im Kreml, nicht nur aus professionellem Interesse, sondern mit aufrichtigem Engagement. Ich habe das sehr stark empfunden, um so mehr, als ich mit einigen in der Vergangenheit Konflikte hatte.

Der Abschiedsempfang für die Journalisten

Ich kam dem Wunsch der Journalisten nach, sich in gelockerter Atmosphäre zu unterhalten – nunmehr ohne Konzessionen an meinen offiziellen Status –, und griff die Idee von Andrej Gratschew auf, sie zu einem Abschiedsempfang einzuladen. Er fand am 26. Dezember abends im Hotel »Oktjabrskaja« statt. Ich eröffnete das Treffen mit einer kurzen Einführung, deren Wortlaut ich im folgenden wiedergeben möchte:

»Wir sollten jetzt alle politischen Sympathien, ja vielleicht sogar alle Differenzen beiseite schieben. Den Vorrang haben ab sofort die Reformen im Land.

Das ist das wichtigste. Ich und meine Kollegen haben dazu aufgerufen, vor allem die, auf denen die Bürde der Regierungsverantwortung liegt. Man sollte alle Bedenken ausschalten und entschlossen nach vorn schauen, natürlich sollte man alles abwägen und die nächsten Schritte und ihre Folgen einkalkulieren. Das betrifft auch unsere ausländischen Partner – denn das, was in den nächsten Monaten passiert, wird sich auf den gesamten Weltprozeß auswirken. Wir wollen den Kurs der Umgestaltung beibehalten. Wir wollen, daß die Reformen fortgesetzt werden und sich die Demokratie festigt. Das ist im realen Kontext keineswegs so einfach. Deshalb möchte ich unsere ausländischen Partner bitten, unser Land zu unterstützen, vielleicht sogar ein wenig über die Grenze hinauszugehen . . ., denn der Preis ist für alle sehr hoch. An die erste Stelle setze ich die reale Hilfe für Rußland – nicht nur politisch, sondern in jeglicher Hinsicht. Rußlands Rolle wird sehr groß und verantwortungsvoll sein. Es bedarf viel Mut, Ausdauer, vieler Manöver und auch einiger außergewöhnlicher Entscheidungen, damit die Reformen greifen. Wir wollen doch alle, daß sie zustande kommen. Wenn Sie früher aus meinen Antworten auf Ihre Fragen etwas anderes herausgehört haben, so sollte das jetzt keine Rolle mehr spielen. In den grundsätzlichen Dingen gibt es keine Unterschiede mehr. Und gerade dieses Wesentliche hat jetzt Vorrang. Wenn Rußlands Führung, sein Präsident auf dieser neuen Etappe der Reformen eine Niederlage erleiden, dann haben wir alle zusammen verloren. Das muß jedem absolut klar sein. Für mich ist das keine bloße Theorie, sondern politisch abzusehen.

Was ich jetzt tun werde? Ich werde für die nächsten zwei Wochen ›verschwinden‹. Nein, nicht physisch [Lachen] . . . Ich muß mich erst einmal auf mich besinnen. Die Entscheidungen sind getroffen, alles ist ausgesprochen worden, da ist es nur logisch, die Dinge mit Abstand zu betrachten – das Ende und den Anfang. Ich möchte nicht aufdringlich sein: Sie wissen, daß für mich die Frage der Moral immer an oberster Stelle steht. Vielleicht war es bisher noch nicht ganz möglich, Politik und Moral zu vereinigen. Sei's drum! Der Anfang ist jedenfalls gemacht. Es ist kein einfacher Prozeß. Es dürfte leichter sein, Wissenschaft und

Politik unter einen Hut zu bringen, doch Moral und Politik . . . das sind, sagen wir mal, ziemlich launische Gesellen.

Nun ja, davon abgesehen habe ich jedoch große Pläne. Man redet darüber, ob Gorbatschow sich nicht an die Spitze der Opposition stelle. Irgendeine unserer Zeitungen schrieb es auch: Gorbatschow kann sich nur verwirklichen, wenn er die Opposition anführt. Ich aber frage: Opposition gegen wen? Gegen welchen Kurs, gegen welche politische Linie? Nein. Jelzin und ich haben miteinander gesprochen. Nach zwei oder drei Stunden gesellte sich Alexander Jakowlew zu uns. Wir haben an diesem Tag acht oder neun Stunden miteinander geredet – über vieles, vor allem aber über Alma-Ata. Ich wollte für mich selbst vieles klären. Es war ein notwendiges Gespräch. Auf eine entsprechende Frage von Präsident Jelzin habe ich gesagt, solange die Führung Rußlands den Kurs demokratischer Umgestaltungen und Reformen beibehalte, könne sie mit meiner Unterstützung und meiner Befürwortung rechnen. Alles, worüber ich und jene, die mit mir weiter zusammenarbeiten, verfügen, wird für dieses Ziel eingesetzt. Wenn aber die Dinge nicht so laufen und eine geänderte Situation entsteht, muß man es neu einschätzen, analysieren und reagieren. Doch ich hoffe auf den Fortgang der Reformen. Das heißt, ich denke nicht daran, mich mit irgendwelchen Oppositionsgeschichten zu befassen. Im Gegenteil, indem man die entsprechenden Möglichkeiten nutzt, muß man von innen und von außen den Reformprozeß beschleunigen – gerade in dieser entscheidenden Phase.

Das gefährlichste, was in der Gesellschaft passieren könnte und was die schlimmsten Folgen nach sich zöge – das wären Auseinandersetzungen innerhalb der Union und über sie hinausgreifend. Das dürfen wir nicht zulassen. Die Gesellschaft ist müde geworden. Sie hat den Punkt erreicht, an dem sie den Politikern mit Haß begegnet. Sie ist fast so weit, all das Große zu hassen, das tatsächlich im Verlauf der Perestroika erreicht wurde. Und das, weil der Alltag so schwer zu ertragen ist. Durch Reformen müssen den Leuten schnellstens unnötige Belastungen genommen werden. Dann werden sie auch das würdigen, was in den vorangegangenen Jahren erreicht worden ist. Davon bin ich überzeugt. Unsere

Menschen sind nicht so undankbar. Ich bekomme täglich Tausende Briefe und Telegramme voller Anteilnahme und Unterstützung, Verständnis und Anerkennung dessen, was in dieser Zeit getan wurde. Aber gewaltsame Konflikte darf man nicht zulassen, niemals. Es wäre einfach verbrecherisch, die Situation auszunutzen, unter der unsere Menschen leben. Sie bedrückt ein Übermaß an Problemen.

Im großen und ganzen habe ich keine Einwände, was die Tendenz der Reformen und demokratischen Umwandlungen in Rußland betrifft.

Aber ich war gegen etwas anderes und bin es auch jetzt – nämlich mit der Schere über die Karte unseres Landes, über diese riesige Gemeinschaft, zu fahren. Die Umverteilung der Vollmachten, Machtbefugnisse, Rechte, in Ordnung – aber kein Auseinanderdriften. Vom Gesichtspunkt konkreter, taktischer Aufgaben in der Wirtschaft, in der Sozialpolitik und auf dem Gebiet der Finanzen war ich der Ansicht, daß ein Unionsstaat mit effektiven Mechanismen unentbehrlicher und gerechtfertigter ist als dieses seltsame Etwas.

Doch zur Pflicht eines jeden Patrioten gehört es, dort zu helfen, wo die Realität ist. Es sollten Schritte zur Eintracht sein – sie sind jetzt einfach notwendig –, kein Zwist, keine Uneinigkeit. Wenn man das Volk meint, das heutige, reale Leben, dann muß man seine Wahl treffen.

Nun, das wäre wohl das wichtigste.

Ich möchte Ihnen nochmals dafür danken, daß Sie mit mir in all diesen Jahren nicht allzu arg verfahren sind, auch dafür, daß Sie mir viel Wertvolles vermittelt haben. Ich begreife meinen Platz und sehe die Rolle, die ich zu spielen hatte. Ich werte sie nicht weniger kritisch als vielleicht Sie. Aber ich werde immer die Richtung, die ich gewählt habe, verteidigen. In dieser Hinsicht bleibe ich standhaft. Was auch geschehen mag, ich bleibe meiner Wahl treu. Das ist meine Linie. Ich denke, es wird einfacher werden. Oder auch komplizierter. Wir werden sehen. Das Leben wird es zeigen.«

Während der nächsten zwei Stunden, in denen ich die Fragen der Journalisten beantwortete, wollte einer wissen, wie meine

Mutter auf die Vorgänge reagiert habe. Ich sagte: »Sie hat mir schon seit langem gesagt: ›Wirf alles hin, und komm zu uns.‹ Ich werde sie heute anrufen. Was wird sie mir sagen? Sicher das gleiche, vielleicht auch: ›Gott sei Dank, daß es so gekommen ist; ruh dich aus, werde wieder ein Mensch.‹«

Ein italienischer Journalist hielt eine temperamentvolle Ansprache und würdigte meine Tätigkeit der letzten Jahre. Ich dankte ihm, bemerkte aber: »Ihre Rede war ganz und gar in die Vergangenheit gerichtet. Aber ich denke, die wichtigsten Dinge liegen noch vor uns.«

Briefe an die führenden Staatsmänner

Schon kurz nach meiner Fernsehansprache zu meinem Rücktritt erhielt ich unzählige Briefe von Bürgern, die mir anläßlich des Neujahrs- und Weihnachtsfestes [in Rußland wird Weihnachten am 6. Januar begangen; Anm. d. Übers.] Glückwünsche übermittelten. Ich bekomme auch weiterhin Briefe – sie gehen in die Tausende –, und ich schaffe es kaum, sie zu lesen. Die Menschen schicken mir einfach ihre guten Wünsche, vermitteln mir Unterstützung und Solidarität. Viele teilen mir ihre Gedanken und Erlebnisse mit, befassen sich mit den Jahren der Perestroika, der Zukunft. Unter ihnen sind aber auch ganze Abhandlungen mit tiefgreifenden Erörterungen und Schlußfolgerungen.

All das untermauert meine Überzeugung, daß die Perestroika, wie auch immer, Fuß gefaßt hat. Die seelische und intellektuelle Freiheit der Menschen ist ein Faktum, die Freiheit des Geistes wird an der weiteren Umgestaltung der Gesellschaft mitwirken.

Bevor ich den Kreml verließ, habe ich an einige Staatsmänner und führende Politikerinnen geschrieben, mit denen mich vertrauensvolle und partnerschaftliche, ja auch freundschaftliche Beziehungen verbanden und mit denen zusammen viel für die Verbesserung des internationalen Klimas erreicht und auch für die Formierung einer neuen, positiven Tendenz einer friedlichen Entwicklung getan wurde. Diese Korrespondenz möchte ich im folgenden wiedergeben.

»An Seine Exzellenz George Bush,
Präsident der Vereinigten Staaten von Amerika,
und Gattin

Lieber George!
Heute, da ich die mir übertragenen Pflichten eines Präsidenten der UdSSR beende, möchte ich einige Gedanken und Empfindungen zum Ausdruck bringen.

Ich sage es offen, mich bewegen tiefgreifende Emotionen: Sorge und Unruhe um das Schicksal des Landes, dessen Einheit ich bewahren wollte, aber auch um die Zukunft der neuen internationalen Beziehungen, für deren Zustandekommen wir soviel Kraft aufgebracht haben. Vieles wird jetzt von der Lebensfähigkeit der Gemeinschaft abhängen. Ich möchte sehr daran glauben, daß die demokratischen Errungenschaften der letzten Jahre erhalten bleiben und die Völker meines Landes gemeinsam in dieser Gemeinschaft ihren Weg finden.

Du und ich, wir haben unter komplizierten Umständen nicht wenige Male entschlossen und verantwortungsvoll gehandelt, um die Dinge in die rechte Bahn zu lenken. Es können in Zukunft jähe Wendungen eintreten, doch ich rechne damit, daß Ausgewogenheit und eine kluge Wahl Dich den geeigneten Weg finden lassen – was auch immer geschehen mag.

Ich werde allen helfen, die in diesen Tagen die Bürde der Verantwortung für die Reformen und die demokratischen Umgestaltungen auf ihre Schultern geladen haben. Vor allem Rußland braucht jetzt Unterstützung und Hilfe, denn gerade in Rußland ist die wirtschaftliche Situation am schwierigsten. Und von Rußland hängt alles ab.

Ich bin überzeugt, daß es sowohl für die Partnerschaft USA–Rußland als auch für eine solche mit den neuen Staaten eine Zukunft gibt. Wir beide haben einen soliden Grundstein gelegt hinsichtlich der Entwicklung unserer Beziehungen auf der Basis von Vertrauen und Solidarität sowie der großen Verantwortung vor der Welt.

Ich hoffe, daß unsere durch die gemeinsame Arbeit entstandene Freundschaft erhalten bleibt.

Raissa und ich denken voller Wärme an die Begegnungen mit Barbara zurück, wir sind ihr in herzlicher Sympathie und Achtung verbunden. Bitte, übermittle ihr unsere besten Wünsche. Über ein Wiedersehen mit Euch würden wir uns freuen.

Alles Gute.«

»An Seine Exzellenz Herrn Helmut Kohl,
Bundeskanzler der Bundesrepublik Deutschland,
und Gattin

Lieber Helmut!
Ich verlasse das Amt des Präsidenten der UdSSR.

Obwohl die Ereignisse sich nicht so gestalteten, wie ich sie für richtig und weitaus zweckdienlicher hielt, verliere ich doch nicht die Hoffnung auf den endgültigen Erfolg der Sache, die ich vor sechs Jahren begonnen habe und die Rußland und die anderen Staaten, die der Gemeinschaft beigetreten sind, in moderne demokratische Länder wandeln wird.

In diesem für mich nicht leichten Augenblick kehre ich in Gedanken zu den Dingen zurück, die wir beide bewegen konnten. Die Vereinigung Deutschlands – das ist das bedeutendste Ereignis in der Weltgeschichte und der neuen friedlichen Politik. Und das, was wir beide – mehr als jeder andere – dazu beigetragen haben, wird, so hoffe ich, im Gedächtnis der Völker bewahrt bleiben.

Ich wünsche mir, daß die russisch-deutschen Beziehungen erfolgreich verlaufen, und zwar auf der Basis, die wir im großen Vertragswerk geschaffen haben.

Aus vollem Herzen wünschen Raissa und ich Dir, Hannelore und der ganzen Familie Gesundheit, Wohlergehen und Glück.«

»An Seine Exzellenz Herrn François Mitterrand,
Präsident der Französischen Republik,
und Gattin

Sehr geehrter Herr Präsident!
Die Geschichte unseres Landes hat eine neue Etappe erreicht. Man kann die entstandene Realität und die Perspektive unter-

schiedlich bewerten. Aber es gibt bleibende Dinge. Das sind jene, die das Wohlergehen der Menschen innerhalb ihres Landes wie auch international bestimmen.

Zu den beständigen Werten, den internationalen Beziehungen, möchte ich die Beziehungen zwischen unseren beiden Ländern rechnen. Ich hoffe, daß sie auch weiterhin gedeihen. Wenn ich mich an unsere gemeinsamen Gespräche erinnere, denke ich, daß wir nicht wenig dazu beigetragen haben.

Auf Rußland und die anderen Staaten der GUS warten keine leichten Zeiten. Die Situation ist explosiv. Ich will alles dazu tun, damit es keine neuen Erschütterungen, keinerlei Ochlokratie gibt. Wichtig ist es, das Land auf einem demokratischen Entwicklungskurs zu halten. Ausländische Hilfe würde diesen Kurs festigen.

Beste Grüße und Wünsche an Danielle von Raissa und mir.«

»An Seine Exzellenz Herrn John Major,
Premierminister des Vereinigten Königreichs Großbritannien und Nordirland,
und Gattin

Lieber John!
Ich beende gerade die Arbeit an der Erklärung, über die wir bei unserem Telefonat gesprochen haben. Nun möchte ich noch einige Worte an Dich richten, an Dich als Politiker, Mensch und Freund.

Seinerzeit, als wir die Umgestaltung in unserem Land begannen, fiel die Entscheidung hierüber nicht leicht, zumal wir nicht wußten, welche mühseligen und schmerzhaften Begleiterscheinungen uns erwarteten. Es war großer Mut erforderlich, sie zu beginnen und auch fortzuführen.

In den kommenden Jahren wird den Politikern unter Umständen noch mehr Mut abverlangt. Es steht sehr viel auf dem Spiel – eine mögliche normale, zivilisierte Entwicklung der Weltprozesse. Ich möchte hoffen und glauben, daß die heutigen und zukünftigen Generationen von Politikern den neuen und komplizierten Aufgaben gerecht werden.

Ich meinerseits will alles zur Vertiefung von Demokratie, Freiheit und Humanismus unternehmen. Und ich meine, daß ich diesbezüglich über genügend Potential und praktische Möglichkeiten verfüge. Es kann viel für den Frieden getan werden, wenn die Dinge in unserem Land hinsichtlich Zusammenarbeit und Zusammengehen bewegt werden, wenn man die grundlegenden Errungenschaften der letzten Jahre bewahren kann. Darauf setze ich meine ganze Hoffnung. Und ich rechne mit Deinem Beitrag.

Nochmals an Dich und Norma unseren, Raissa Maximownas und meinen, Dank für die Freundschaft. Wir hoffen auf ihren Fortbestand.«

»An Seine Exzellenz Herrn Giulio Andreotti,
Vorsitzender des Ministerrats der Republik Italien

Lieber Giulio!
Gerade als ich heute einen Brief an Dich schreiben wollte, überbrachte mir der Botschafter Salleo Deinen Brief, der mich zutiefst bewegt hat.

Deine Person hat sich in meinem Bewußtsein mit dem schönen Italien verbunden, das ich von der ersten Begegnung an vor einigen Jahren liebe. Seit ich an die Spitze des Staates trat, warst Du mein wichtigster italienischer Gesprächspartner und sehr bald schon ein treuer Freund. Für mich war jedes unserer Treffen ein Fest für die Seele, ein Stimulus für die Gedanken, das Leben. Eines ist klar: Es finden sich heute in der Welt nur wenige Politiker Deines Verstandes, Deiner Erfahrung und Deines Formats.

Die traditionell guten Beziehungen unserer Länder haben wir zur Norm erhoben, indem wir sie durch die Ideen eines neuen Denkens bereicherten. Du hast dank Deiner Schlüsselposition erreicht, daß Italien in neuerer Zeit zu einem zuverlässigen Freund meines Landes wurde. In den schwierigen Zeiten der Perestroika wurde mir stets das leidenschaftliche Mitgefühl und die wärmste Unterstützung von Millionen Italienern zuteil. Das war eine große moralische Kraft, die, wie ich hoffe, auch in Zukunft der Freundschaft unserer Völker dienen wird.

Jede Begegnung mit Deinem Land – und glücklicherweise waren es nicht wenige – hat sich meinem Gedächtnis eingeprägt. Ich hoffe, das Schicksal ist mir gnädig und gewährt mir bald ein Wiedersehen mit Dir und Italien. Ich danke Dir für die Einladung. Sei umarmt.«

»An Seine Exzellenz Herrn Brian Mulroney,
Premierminister von Kanada

Lieber Brian!
Ich hatte mich Dienstag telefonisch von Dir verabschiedet. Deinen freundschaftlichen Brief habe ich erhalten. Dennoch möchte ich Dir noch einige Worte übermitteln.

Ich schätze die vertrauensvollen Beziehungen zwischen uns sehr, denn sie haben unseren Ländern, Europa und der Welt gedient.

In diesen schwierigen Jahren haben wir das gelassene Entgegenkommen der Kanadier, ihre Unterstützung und Solidarität sehr zu würdigen gelernt. Das Volk Deines Landes wünscht den Reformen und den demokratischen Umgestaltungen bei uns Erfolg – sie sind ja nicht nur für uns wichtig, sondern für die ganze Welt. All das sind Anzeichen einer neuen Zeit, für die wir beide gearbeitet haben. Das beflügelt. Ich glaube an den endgültigen Erfolg. Ich danke Dir und Mila für Eure Freundschaft. Auf Wiedersehen.«

»An die Majestäten Juan Carlos I., König von Spanien,
und Königin Sophia

Verehrte Königin Sophia!
Lieber Juan Carlos!
Ich nutze die Gelegenheit, Sie ein letztes Mal in meiner Eigenschaft als Präsident zu grüßen. Unsere Begegnungen in Madrid stehen mir vor Augen, als sei es gestern gewesen.

Ich weiß, wieviel das Königspaar zur Stärkung der Demokratie und Freiheit in Spanien getan hat. Vielleicht kann ich das besser einschätzen als andere, da ich das gleiche für meine Heimat leidenschaftlich anstrebe. Mit Ihnen zusammenzutreffen, war stets interessant und bereichernd und ruft in mir gute Gefühle hervor, ganz zu schweigen von Ihrer menschlichen Güte und der Aufrichtigkeit, die Sie ausstrahlen.

Ich wünsche Ihnen und Ihrer wunderbaren Familie das Allerbeste und wiege mich in der schönen Hoffnung, Sie wiederzusehen.«

»An Seine Exzellenz Herrn Felipe Gonzales,
Ministerpräsident Spaniens,
und Gattin

Lieber Felipe!
Die derzeitige Lage hat meinen Rücktritt vom Amt des Präsidenten verlangt. Ich kann nicht verhehlen, daß ich mich unbehaglich fühle, wenn ich an die nächste Zukunft denke. Soweit es von mir abhängt, will ich mein Bestes geben, um meinem Land den friedlichen, friedfertigen Übergang in die neue Gesellschaft zu gewährleisten; möchte ich zur Eintracht unter den Bürgern und zum Zusammenwirken innerhalb der Gemeinschaft beitragen. Der Übergang wird wohl sehr schwierig werden.

Unsere Begegnungen, die freundschaftliche Atmosphäre, den offenen, ehrlichen Dialog, der mir geistig und intellektuell soviel gegeben hat, werde ich in guter Erinnerung behalten.

Ich glaube, wir können beide mit den Resultaten unserer Arbeit, mit der gegenseitigen Annäherung unserer Länder zufrieden sein, obwohl noch nicht alles erreicht wurde. Ich wünsche, daß unsere gemeinsame Sache fortgesetzt werde, besonders in den Beziehungen zwischen Spanien und Rußland.

Ich habe nicht die Absicht, mich aus der politischen und öffentlichen Arbeit zurückzuziehen. Ich bin überzeugt, daß unsere Freundschaft bleibt und daß wir uns wiedersehen werden. Raissa und ich senden Carmen die aufrichtigsten Grüße.«

»An seine Exzellenz Lech Walesa,
Präsident der Republik Polen

Sehr geehrter Herr Präsident!
In diesen für mich entscheidenden und nicht leichten Tagen möchte ich Ihnen einige Worte übermitteln.

Die Geschichte hat es so gewollt, die Schicksale unserer beiden Völker – der Völker Polens und Rußlands und dann der Sowjetunion – derart miteinander zu verflechten, daß unsere Beziehungen zu einem wesentlichen allgemeineuropäischen Faktor geworden sind, wie auch immer die Staatsformen sich entwickelt haben. Ich rede schon gar nicht von den kulturellen, geistigen und rein menschlichen Bindungen, die auf einer jahrtausendealten Tradition gründen.

Ich hoffe, daß die Politiker, die an der Spitze der Gemeinschaft Unabhängiger Staaten stehen, das im Auge behalten. In erster Linie denke ich an die Führer Rußlands, der Ukraine und von Bjelarus.

Obwohl ich meinen Präsidentenposten zur Verfügung stelle, verabschiede ich mich dennoch nicht von der Politik. Europäische Probleme und die Entwicklung gutnachbarlicher Beziehungen zu Polen werden einen vorderen Platz in meiner zukünftigen Tätigkeit finden.

Über weitere Kontakte mit Ihnen, Herr Präsident, würde ich mich freuen.«

»An Herrn Ronald Reagan

Lieber Ronald!
Die Umstände haben es so gefügt, daß ich in einem schweren und für das Land besorgniserregenden Moment meine Pflichten als Präsident abgeben muß.

In diesen Tagen denke ich an das, was in den letzten Jahren getan worden ist. Es hat sich viel ereignet, wir haben nicht wenig erreicht, und wir mußten etliche Prüfungen durchstehen. Nicht alles ist geschafft, was wir uns vorgenommen hatten. Und doch hoffe ich, daß die Fortführung dieses historischen Prozesses jedem den entsprechenden Platz zuweisen wird.

Eines verschafft mir besondere Befriedigung: In jenen Jahren haben wir die Spaltung der Welt in zwei feindliche Lager überwunden, haben wir die Menschen unterschiedlicher Länder einander näher gebracht. Ihnen und mir war es bestimmt, die ersten, vielleicht sogar die schwierigsten Schritte auf diesem Weg zu tun.

Ich entsinne mich unserer früheren Begegnungen in Genf, Reykjavik, Moskau und Kalifornien. Ich erinnere mich, wie unser gegenseitiges Verständnis wuchs und sich daraus immer mehr eine Freundschaft entwickelte, wie das Eis des Mißtrauens in den Beziehungen unserer Völker schmolz. Ich glaube, beide Länder müssen noch viel für die Menschheit tun, für die Demokratie und die Freiheit.

Ich möchte in meiner zukünftigen Tätigkeit dafür sorgen, daß das nicht verlorengeht, was wir gemeinsam begonnen haben, daß es eine würdige Fortsetzung erfährt. Ich bin überzeugt, daß auch Sie Ihren Beitrag dazu leisten können.

Raissa Maximowna und ich grüßen Nancy sehr herzlich und wünschen ihr aufrichtig das Beste. Vielleicht sehen wir uns doch noch einmal wieder. Darüber würden wir uns sehr freuen.«

»An Frau Margaret Thatcher und
Herrn Dennis Thatcher

Liebe Margaret!
Heute ist kein leichter Tag für mich. Natürlich sollte jeder Mensch bereit sein, die beliebigsten Prüfungen stoisch zu ertragen. Aber es geht nicht nur und nicht allein um meinen persönlichen Seelenzustand. Mein Land macht eine wirklich schwere, unruhige Zeit durch.

Ich war und bleibe ein Kämpfer für unsere einheitliche Staatlichkeit, die die Gemeinschaft historischer Völkerschicksale in unserem Land ebenso wie die Kontinuität ihrer Zukunft widerspiegelt. Doch die Entwicklung ist in einer anderen Bahn verlaufen. Ich nehme diese Tatsache realistisch zur Kenntnis, nichtsdestotrotz fühle ich mich verpflichtet zu sagen, daß ich diesen Weg nicht für optimal halte.

Ich beende meine Tätigkeit als Präsident der UdSSR. In meiner neuen Eigenschaft halte ich es für meine Pflicht, das Möglichste zu tun, damit die von den Republiken gewählte Form der Gemeinschaft ein lebensfähiges Gebilde wird, das letztlich effektives Zusammenwirken und Zusammenarbeit unserer Völker gewährleistet, um den endgültigen Zerfall zu vermeiden, der nicht nur für uns, sondern auch für die gesamte Welt äußerstes Leid bedeuten würde.

Für die Welt hängt viel davon ab, wie es bei uns weitergeht. Ein Auseinanderdriften unseres Landes würde für die Weltgemeinschaft und die neuen internationalen Beziehungen, an deren Schwelle Sie und wir stehen, schwerste Folgen haben.

Voller Stolz erinnere ich mich, daß gerade wir beide die ersten Schritte zur Überwindung der Spaltung der Welt in zwei feindliche, hochgerüstete Lager überwunden haben. Auf dem Weg von Mißtrauen zu gegenseitigem Verständnis, zu freundschaftlichen Beziehungen haben uns auch andere Partner hilfreich zur Seite gestanden.

In diesen Jahren haben sich zwischen uns und unseren Familien gute, persönliche Bindungen ergeben. Sie halfen, die Schwierigkeiten zu überwinden und auch auf die schwierigsten Fragen eine Antwort zu finden. Raissa Maximowna und ich hoffen, daß wir uns noch oft wiedersehen. Übermitteln Sie Dennis von uns beiden herzliche Grüße und die besten Wünsche.«

»An Seine Exzellenz Herrn Roh Tae Woo,
Präsident der Republik Korea

Sehr geehrter Herr Präsident!
In der Stunde, in der ich mit dem Ende der Existenz der UdSSR auch mein Amt als Präsident niederlege, möchte ich meine Anerkennung und Genugtuung über die fruchtbare Zusammenarbeit in den vergangenen Jahren zum Ausdruck bringen.

Ich habe in Ihnen einen aufmerksamen, mutigen und zur Partnerschaft bereiten Menschen getroffen. Dank Ihrer politischen Fähigkeiten gelang es uns in kürzester Frist, die Mauer der Entfremdung zwischen unseren Ländern zu durchbrechen und den Weg einer konstruktiven und nunmehr freundschaftlichen Zusammenarbeit zu beschreiten.

Damit haben sich nicht nur unsere bilateralen Beziehungen gewandelt, wir vermochten auch zum Gesundungsprozeß auf der koreanischen Halbinsel und in Nordostasien beizutragen. Ich bin überzeugt, daß die von uns begonnene Sache in Ihren Beziehungen zu Rußland und den anderen Staaten der Gemeinschaft fortgesetzt wird.

Nehmen Sie die besten Wünsche für Sie und das Volk der Republik Korea entgegen.«

»An Seine Exzellenz Herrn Mauno Koivisto,
Präsident der Republik Finnland,
und Gattin

Lieber Mauno und liebe Frau Koivisto!
Mir scheint, wir sind würdige Paten all dessen, was für die Beziehungen zwischen unseren Ländern in den Nachkriegsjahren alles erreicht wurde. Das hat es unseren Völkern, deren Geschichte über die Jahrhunderte eng verflochten ist, leichter gemacht, die schweren letzten Jahre durchzustehen.

Jetzt halte ich es für sehr wichtig, den besonderen Charakter dieser Beziehungen zu bewahren, zumal die Weltöffentlichkeit ihn als gegeben angenommen hat. Ungeachtet aller Schwierigkeiten und Prüfungen müssen wir ihn erhalten. Doch die Position der finnischen Regierung der letzten Jahre erachte ich als von staatsmännischer Weisheit geprägt.

In der Geschichte meines und Ihres Landes gab es Zeiten großer Bewährungsproben. Gerade in solchen Momenten beweisen sich ehrliche Beziehungen. Voller Glück und Stolz bekenne ich, daß das ausgezeichnete Verhältnis zwischen unseren Ländern sich nicht mehr umkehren läßt. Ich möchte gern daran glauben, daß dieser Zustand unser beider Verdienst ist. Und ebenso setze ich voraus, daß unsere Nachfolger, wer auch immer sie sein mögen, dieses wertvolle Kapital guter Nachbarschaft hüten und vermehren werden.

Ich drücke sehr herzlich Ihre Hand, Mauno. Übermitteln Sie bitte Ihrer Gattin von mir und Raissa unsere aufrichtige Sympathie.«

»An Seine Exzellenz Herrn Hosni Mubarak,
Präsident der Arabischen Republik Ägypten

Sehr verehrter Herr Präsident!
Aus den Ihnen bekannten Gründen habe ich mein Amt als Präsident niedergelegt. Es ist mir ein Bedürfnis, mich von Ihnen zu verabschieden, einem Mann, mit dem mich freundschaftliche und fruchtbare Beziehungen verbinden, die sowohl unseren Völkern als auch der internationalen Politik gute Dienste geleistet haben.

Ich schätze Sie als Staatsmann sehr. Dank Ihres Zutuns wurde der Bruch in den sowjetisch-ägyptischen Beziehungen schnell beseitigt, und sie wandelten sich zu einer offenen, wohlwollenden Atmosphäre. Das entstandene Vertrauen festigte sich beim gemeinsamen Vorgehen gegen den irakischen Überfall auf Kuwait ebenso wie später bei den Vorbereitungen der Madrider Konferenz.

Ich glaube, daß alles offen ist für eine breitgefächerte Beziehung zwischen Ägypten und Rußland einerseits und zu den restlichen Mitgliedern der Gemeinschaft Unabhängiger Staaten andererseits.

Nehmen Sie die besten Wünsche für Sie und das befreundete ägyptische Volk entgegen.

Mit dem Ausdruck größter Sympathie Grüße von mir und Raissa.«

»An den Präsidenten der Syrischen Arabischen Republik,
Hafis Assad

Sehr geehrter Präsident Assad!
In der Stunde, in der ich mit dem Ende der Existenz der UdSSR meine Vollmachten als Präsident aus der Hand gebe, möchte ich meinen Dank und meine Befriedigung über die Zusammenarbeit der vergangenen Jahre ausdrücken. Unsere Kontakte und Begegnungen zeichneten sich durch Vertrauen, Achtung und Verständnis in unserem Zusammenwirken aus. Ich schätze Ihre weise Entscheidung, die Syrien einen würdigen Platz bei der Regelung der Nahostprobleme verschafft hat und ihm die aktive Teilnahme bei

der Suche nach einer gerechten Welt gewährt, die für die Araber und die internationale Öffentlichkeit so notwendig ist.

Ich gehe davon aus, daß die Beziehungen Syriens zu Rußland und zu den anderen Staaten der GUS sich im beiderseitigen Interesse, zum Nutzen des Fortschritts und im Rahmen allgemeiner Sicherheit entwickeln.

Nehmen Sie gute Wünsche für Sie und für das mit uns freundschaftlich verbundene Volk Syriens entgegen.«

»An Seine Exzellenz Herrn Yitzhak Shamir,
Premierminister der Republik Israel

Sehr geehrter Herr Premierminister!
In der Stunde, in der ich meine Vollmachten als Präsident abtrete, muß ich an unsere Begegnung in Madrid denken, die, wie ich hoffe, den langerwarteten Durchbruch in den Beziehungen zwischen unseren Ländern brachte. Wir haben einem Vierteljahrhundert beiderseitiger Isolation ein Ende gemacht, die um so unnatürlicher war, als daß unsere Völker weit zurückliegende lebendige, ja, ich würde sagen: organische Bindungen einte.

Ich hätte den Wunsch, daß das von uns Erreichte zu einem dauerhaften Fundament für eine dynamische Entwicklung gegenseitig bereichernder Beziehungen Israels vor allem zu Rußland wird, natürlich auch zu den anderen Staaten der neuen Gemeinschaft.

Nehmen Sie meine guten Wünsche für Sie und das Volk Israels entgegen.«

»An Seine Exzellenz Herrn Vaclav Havel,
Präsident der ČSFR

Sehr geehrter Herr Präsident!
Ich verlasse den Posten des Präsidenten. Doch unsere sich anbahnenden guten Beziehungen erlauben mir, Ihnen herzliche Grüße und Worte der Hoffnung zu entbieten.

Jetzt, da ich auf sechs Jahre Perestroika und neues Denken zurückblicke und Bilanz ziehe zwischen Erfolgen und Fehlschlägen, muß ich zu den ersteren das allmähliche Wiedererwachen eines freundschaftlichen Verhältnisses zwischen unseren Völkern rechnen. Endlich haben sie eine gesunde Grundlage gefunden. Ohne Bedauern haben wir uns von der Vergangenheit verabschiedet. Doch vor uns, besonders in der aus der UdSSR hervorgegangenen GUS, liegen viele Probleme, darunter auch die Beziehungen der Tschechoslowakei zu Rußland, der Ukraine, Bjelarus und den anderen Staaten. Ich hoffe, daß es sich zum Besten entwikkelt, und werde alles in meiner Kraft Stehende tun, damit die 1985 begonnene Sache ein Erfolg wird.

Ich baue auf weitere Kontakte mit Ihnen und Ihren Kollegen.

Mit den besten Weihnachts- und Neujahrsgrüßen.«

»An Seine Exzellenz Herrn Haschemi Rafsandschani,
Präsident der Republik Iran

Sehr geehrter Herr Präsident!
In der Stunde, da ich mit dem Ende der Existenz der UdSSR meine Vollmachten als Präsident abtrete, möchte ich meinen Dank und meine Genugtuung über die fruchtbare Zusammenarbeit der letzten Jahre mit Ihnen aussprechen.

In gemeinsamer Anstrengung haben wir den Durchbruch in unseren Beziehungen erreicht; sie sind von einem gutnachbarlichen und freundschaftlichen Charakter geprägt. Es hat sich der Horizont für eine dynamische und allseitige Entwicklung in wachsendem Vertrauen geöffnet. Ich hege die Überzeugung, daß Iran und die neu entstandene Gemeinschaft Unabhängiger Staaten weiter diesen Weg gehen werden.

Nehmen Sie meine besten Wünsche für Sie und das mit uns befreundete Volk des Iran entgegen.«

»An die Premierministerin des Königreichs Norwegen,
Frau Gro Harlem Brundtland

Sehr geehrte Frau Brundtland!
Mit Vergnügen erinnere ich mich an die Begegnungen mit Ihnen, besonders an die denkwürdigen Tage in Oslo und meine Vor-

lesung anläßlich der Verleihung des Nobelpreises, an unsere tiefschürfenden Gespräche über die schwierigsten Probleme.

Ich mache jetzt schwere Tage durch. Doch ich spreche auch die Hoffnung aus, daß die Völker meines Landes in diesen Tagen die verantwortungsvolle Wahl für ihre weitere Geschichte treffen, die ihnen Wohlergehen und Eintracht bringen soll.

Als Einheitsstaat, als Supermacht gehört die Sowjetunion, die jahrzehntelang einen gewaltigen Einfluß auf den Gang der Weltereignisse ausgeübt hat, der Vergangenheit an. Trotz allem bin ich überzeugt, daß die Staaten, die in ihren ehemaligen Grenzen wiedererstanden sind – wie es bei Rußland, der Ukraine, Bjelarus und Kasachstan der Fall ist –, zusammen mit anderen Demokratien die in den letzten Jahren eingeleitete große Bewegung zu einer neuen Weltordnung fortführen können. Ich hoffe auch darauf, daß die guten Beziehungen zu Norwegen ein wichtiges Kettenglied in diesem Prozeß sein werden.

Zusammen mit Ihnen haben wir nicht wenig zur Gesundung des Klimas in Nordeuropa beigetragen. Auch das gehört zu den Errungenschaften, die es in Zukunft zu wahren gilt.

In guter Erinnerung und mit den besten Wünschen an Sie.«

Mein letztes Interview im Kreml gab ich einer guten Freundin, Giulietta Chiesa von der italienischen Zeitung »La Stampa«. Doch dessen Inhalt bezieht sich mehr auf den zweiten Teil meines Buches, weshalb ich später darauf zurückkomme.

Ursachen für die Wende im Dezember – Der Versuch einer Deutung

Während der Dezemberereignisse habe ich mich möglicherweise öfter als zu irgendeinem anderen Zeitpunkt seit 1985 mit unseren und ausländischen Journalisten getroffen, habe Interviews gegeben und auch mit meinen Partnern – westlichen Staatsmännern – Gespräche geführt.

Mir wurden viele Fragen gestellt, darunter auch, wie ich den Weg unseres Landes seit Beginn der Perestroika einschätze, was meine eigene Rolle dabei gewesen sei, was in unserer Gesellschaft und mit uns allen in diesen dramatischen Jahren passiert sei, was von den Vorhaben gelungen sei und was nicht, warum die Dinge sich so und nicht anders entwickelt hätten. Einiges davon habe ich in meinem Buch »Der Staatsstreich« beantwortet, in dem Kapitel, das ich in Foros geschrieben hatte. Der Dezember hat auf irgendeine Weise viele Punkte aufs »i« gesetzt. Ich begriff, daß das für mich die Stunde der Wahrheit war; ich habe mich bemüht, frei in meinen Urteilen und sehr offen zu sein. Ich bin auch den schwierigsten Fragen nicht ausgewichen.

In diesen Tagen führte ich ein Gespräch mit dem bekannten Publizisten Juri Stschekotschichin von der »Literaturnaja gaseta«. Es war eine ungezwungene, ausführliche und sehr lebendige Unterhaltung unter vier Augen. Eine Unterhaltung, kein Interview nach einem strengen Plan, sondern mit sehr persönlichen Momenten. Ich möchte einiges davon hier wiederholen, und zwar die Teile, in denen es um die Idee der Perestroika ging, über meine Motive, tief in meinem Innern Verborgenes, über das ich früher nicht öffentlich gesprochen habe, jedenfalls nie so freimütig.

Ich kannte das System von innen her

Zur Idee der Perestroika: Ich wollte diesem totalitären Monster das Rückgrat brechen, das man bei uns administratives Kommandosystem zu nennen begann, dieser »Partei-Staat-Struktur«, die sich alles untergeordnet hat und die ganze Gesellschaft, jeden Menschen verschlingen wollte. Als Stschekotschichin die Publikation unseres Gesprächs in Angriff nahm, schrieb er: »Es gibt in der Zeitgeschichte keine rätselhaftere Figur als Michail Gorbatschow.« Ich weiß nicht, ist da wirklich etwas Rätselhaftes ...? Der innere Protest gegen dieses grausame System war seit langem da, er wuchs allmählich.

Darüber haben wir gesprochen.

»Wenn ich innerlich nicht dazu gestanden hätte, alles zu verändern«, sagte ich, »hätte ich weitergemacht, genauso wie die, die vor mir regiert haben. Wie Breschnew – man herrscht zehn Jahre wie ein Imperator und sagt sich: Was geht's mich an, ob nach mir noch Gras wächst.«

»Ich erinnere mich an diese Worte«, erwiderte er.

»Gibt es noch einen anderen Fall in der Geschichte, wo ein Mann die Macht erhält und sie freiwillig abgibt?«

»Das zieht mich an Ihnen so an. Wie jedes Rätsel der Natur.«

»Ich habe geahnt, daß es so kommen wird. Ich kannte das System von innen her. Immerhin habe ich fast zehn Jahre als Parteisekretär im Gebietskomitee der Partei gearbeitet. In bezug auf den Putsch hat man mir gesagt: ›Irgendwas verbirgt Gorbatschow.‹ Richtig, ich habe auch nicht die Absicht, alles zu enthüllen.«

»Ja, ja, diesen rätselhaften Satz haben Sie schon oft wiederholt.«

»Und alle meinen: ja, was weiß er denn nun?«

»Und was ist es?«

»Das System! Das System, das ich von innen her studiert habe. Ja, ich kannte das System, in dem die Parteimaschinerie mit dem KGB, der Regierung und anderen Staatsorganen verquickt war. Davon ausgehend mußte ich handeln. Hatte ich dabei Angst vor dem KGB? Nein, Angst hatte ich nicht. Hätte ich mich gefürchtet, hätte ich nichts tun können. Aber ich kannte seine Macht! Das, was ich jetzt sagen kann, das hätte ich früher nie sagen können. Ich mußte sie ja überspielen.

Nie in der Geschichte haben sich totalitäre, diktatorische Regime auf das totalitäre Eigentum gestützt. Nur bei uns! Alle übrigen existierten mit dem Privateigentum. Und das ist etwas ganz anderes. Deshalb war die Aufgabe, vor der wir standen, absolut neu.

Dazu noch ein Vielvölkerstaat, belastet mit ungeheuren Problemen. Dazu dieses riesige Land, die Unterdrückung der Andersdenkenden (nun, das ist für alle totalitären Regime charakteristisch) und das politische Monopol der Ideologie. All das galt es zu reformieren. Konnte man denn einfach zur Demokratie kommen, indem man lediglich einen Hebel bediente – Glasnost, das freie Wort, aber keine Gewalt?«

Diese Frage stellte ich meinem Gesprächspartner, und es entspann sich folgender Dialog:

»Vielleicht«, so meinte Stschekotschichin, »führt unser Weg vom totalitären Regime zur Demokratie über ein totalitäres Regime.«

»Eher vielleicht über ein autoritäres«, entgegnete ich.

»Wie in Georgien?«

»Was dort passiert, ist anomal. Auf dem Fünften Kongreß der Volksdeputierten bin ich zur georgischen Delegation gegangen und habe gefragt, was da bei ihnen vor sich gehe. Die Antwort lautete: ›Michail Sergejewitsch, mischen Sie sich da nicht ein, andernfalls wird man auch Sie mit Dreck bewerfen ... Wir kommen allein klar.‹ Es ist schwierig. Selbst für die Georgier – ein kluges, begabtes, demokratisches Volk – ist die Situation nicht normal ... Mein Kommilitone Merab Mamardaschwili kommt mir oft in den Sinn. Wir haben nicht nur zusammen gelernt, sondern auch gemeinsam unsere zukünftigen Frauen im Studentenheim besucht. Merab war nicht nur begabt in der Philosophie, er war ein zutiefst moralischer Mensch.«

An dieser Stelle erzählte Stschekotschichin, daß vor kurzem in der Redaktion ein georgischer Student aufgetaucht wäre, den man in Tbilissi exmatrikuliert hatte, weil er an einem zu Ehren Merabs organisierten Meeting teilgenommen hatte. Das hat mich sehr erschüttert. (Die folgenden Ereignisse in Georgien zeigten, wie weit die Sache schon gediehen war.) Ich möchte noch einmal unterstreichen, daß ich von Anfang an bestrebt war, den Prozeß der Umgestaltung in friedlichem, demokratischem, konstitutionellem Rahmen zu halten.

»Zu meinem Plan gehörte ganz fest«, sagte ich, »daß dieser Umschwung das erste Mal in der jahrhundertelangen Geschichte unseres Landes unblutig verlaufen sollte.«

»Aber zur Zeit ist es reichlich blutig.«

»Wissen Sie, ich sage es Ihnen ganz offen, zum großen Blutvergießen ist es noch nicht gekommen.«

»Und kann es passieren?«

»Man muß alles tun, um es zu vermeiden. Deshalb sehe ich meine Aufgabe darin, die demokratischen Prozesse voranzutreiben, und vor allem darin, das Volk einzubinden. Ja, mit dem einen, dem anderen und dem dritten Volk ist es heute kompliziert, doch wir dürfen nicht das aufgeben, wonach wir so lange gestrebt, was wir aber nicht erreicht haben. Ich meine den lebensnotwendigen ›Sauerstoff‹, die geistige und politische Freiheit, alles, womit Menschsein wirklich beginnt. Ich meine auch die Atmosphäre, in der sich Werte und Prinzipien realisieren, unter denen der Mensch sich als Persönlichkeit selbst verwirklichen kann. Stimmt, eine gewisse Ordnung muß sein, aber nicht jene, die die Putschisten wollten. Nein, die Leute wollen das nicht mehr aufgeben, was sie erreicht haben.«

»Obwohl es natürlich im Moment eine kolossale Sehnsucht nach der Vergangenheit gibt. Vielleicht aus Erschöpfung oder weil die Regale in den Geschäften total leer sind.«

»Und noch aus diesem oder jenem Grund. In Irkutsk habe ich gemerkt, daß die Geduld der Menschen am Ende ist. Aber ich fühlte auch ihre innere Rührung, fühlte, daß sie begriffen, wie groß die Bürde der Verantwortung ist, die auf den Schultern des Präsidenten lastet.«

Wir waren auf Veränderung aus

Das Gespräch drehte sich auch um die Generation der »Sechzigjährigen«. Ob ich mich als Mann dieser Generation sehe? Das bejahte ich.

»Jede Generation trägt den Stempel ihrer Zeit. Um so mehr die, die sich in einer Epoche gesellschaftlichen Umbruchs formiert, wie es das Chrustschowsche Tauwetter darstellt. Wir haben ja die alte, die Stalinzeit zur Genüge genossen. Doch Sie werden bemerkt haben, daß diese Generation bestimmte Wertbegriffe aus dem Leben der vorangegangenen bezieht. Wir hegen keinerlei Geringschätzung gegenüber den Schicksalen unserer Väter und Großväter. Wir wußten und wir wissen, was für ein Land sie geformt haben. Wenn ich mich an die Vorkriegszeit und das Leben damals erinnere . . . Als ich zum Studium an die Universität fuhr, da besaß ich gerade mal ein Sporthemd mit kurzen Ärmeln und ein Jackett. Das war alles. Mein Vater war Landwirtschaftstechniker, ich war es auch, meine Mutter hat gearbeitet, unser Leben war ärmlich. Aber ich habe diese Armut nie empfunden, im Gegenteil – ich habe mich prächtig gefühlt.«

»Vielleicht, weil Sie meinten, ein Hemd ist die Norm?«

»Ach wo, es gab alles – Schlechtes und Gutes. Auch in meinem Schicksal. Das Jahr '37 hat auch unsere Familie nicht verschont.«

»Meinen Sie Ihren Großvater?«

»Ja. Meinen anderen Großvater hat man deshalb vor Gericht gezerrt, weil er den Plan für die Frühjahrsaussaat nicht erfüllt hatte. Das war '33, Hunger im Kaukasus, von sechs Kindern starben drei. Es war eine Zeit ungeahnter Grausamkeit, in der ein Menschenleben total mißachtet wurde. Es war so einfach nicht, und das steckt alles in mir.«

Natürlich entstand die Idee der Perestroika nicht spontan. In einem der letzten Interviews im Dezember (mit einer amerikanischen TV-Gesellschaft am 18. Dezember) ging es darum, wie alles begann. Jemand erinnerte mich, daß ich mal gesagt hätte: Es gibt Dinge, über die ich nicht reden kann und will. Sollte jetzt vielleicht die Zeit gekommen sein, alles zu sagen?

Ich antwortete: »Ich will nichts verschleiern und mir auch nicht den Anschein von Rätselhaftigkeit geben. Es braucht einfach Zeit, um vieles zu berücksichtigen und zu durchdenken.

Wir sind in einer Situation, wo die Geschichte ihren Lauf beschleunigt. Und wie! Wo steht der Politiker in so einer Situation? Man stelle sich folgendes vor: Da fließt heißer Stahl, und wir müssen diesen glühenden Strom in bestimmte Bahnen lenken, damit er sich nicht über die Ufer ergießt und auf seinem Weg alles verbrennt und mitreißt.

Wir Politiker haben nicht so viel Zeit, um zu den Quellen von Prozessen und zu den Wurzeln von diesen oder jenen Erscheinungen zurückzugehen. Dennoch habe ich natürlich vollständigere und konkretere Kenntnisse als irgend jemand anderer davon, wie die Dinge im Politbüro oder die Prozesse in der Partei und Regierung abgelaufen sind. Da gibt es schon was, woran es sich zu erinnern lohnt, worüber man nachdenken kann. Womit ich keineswegs etwas Unerhörtes oder Verblüffendes meine.

Aber da gibt es etwas, was vieles beleuchten könnte. Schewardnadse und ich machten einmal einen Spaziergang am Schwarzen Meer. Das war 1979. Ich war achtundvierzig Jahre, er wohl fünfzig, also sozusagen gestandene Männer. Unser Gespräch drehte sich um Dinge, mit denen wir in Widerstreit lagen. Wir fühlten beide, wie schwer es für einen Menschen in diesem System ist, gewissenhaft und mit moralischem Impetus zu arbeiten. Eduard Amwrossijewitsch sagte damals: ›Wißt ihr, es ist alles verfault.‹ Wir waren derselben Meinung. Da haben Sie die Antwort auf Ihre Frage. Und wenn es so ist, dann muß man schon sehr viel gedanklich verarbeiten ...

Politiker sind in dem Sinne unglückliche Menschen, daß, wenn sie schon in einen reformatorischen Prozeß geraten, sie oft keine Zeit haben, Beschlüsse zu fassen, und schon gar keine zur wissenschaftlichen Forschung und zum reiflichen Überlegen ... Darin verbirgt sich die Gefahr; man vertraut zu sehr der Intuition, und da passiert es manchmal ...

Die Generation der ›Sechzigjährigen‹ lebte lange Zeit in dem Glauben, man müsse nur das System verbessern, was durchaus möglich sei. Wann ich zu dem Schluß kam, daß es nicht zu verbessern sei und man ein anderes System brauche? Das genaue Datum kann ich nicht benennen. Es war ja nicht wie eine plötzliche Erleuchtung, daß ich die Wirklichkeit mit einem Mal durchschaute. Das, was wir 1985 als Reformierung begannen, ist ein solches Phänomen, wie es keinem Reformator je in der Geschichte der Menschheit widerfahren ist.

Aber darum geht es nicht allein. Es war ein totalitäres Regime, das sich im Gegensatz zu ähnlichen Regimen auf die totale Herrschaft über das Eigentum stützte. Und auf so eine mächtige Maschinerie, wie sie die KPdSU und ihr Monopol darstellten. Das war schon eine harte Nuß. Das mußten alle begreifen; wir mußten es begreifen, um den realistischen Blick auf die Reformen zu bewahren, an die wir dachten.

Manches war schon in der ersten Etappe klar: die Gestaltung der Konzeption. Dann kam die Etappe, diese Konzeption in Politik zu verwandeln. Dann die Transformation dieser Politik in reale Lebensformen. Jede Etappe forderte ihre Zeit, brauchte Bedingungen, Akklimatisierung und Erfahrung.

Wir, die Sechzigjährigen, haben unsere Besonderheit. Wir waren für Veränderungen, für Reformen hoch motiviert, aber wir konnten uns viele Jahre hindurch nicht verwirklichen. Und doch haben wir dieses Feuer in uns bewahrt, fanden in dieser komplizierten Situation, in dieser Gesellschaft, in dieser Welt die Kraft und den Willen, Verantwortung zu übernehmen und den Reformkurs einzuleiten.

1985 war ich überzeugt, daß man das System verbessern könnte. In einer bestimmten Etappe wurde mir sehr deutlich bewußt, daß wir es mit einer Systemkrise zu tun hatten und daß Reformen nicht greifen, wenn man nicht das ganze Regime, das gesamte System demontiert. Bei diesem Erkenntnisprozeß half mir auch, daß ich mich zusammen mit meinen Kollegen in den theoretischen Überlegungen mehr und mehr von den erstarrten Dogmen, von der Befangenheit löste, die unser Bewußtsein und unsere intellektuelle Arbeit lähmte. Wir wußten einfach zu wenig über unsere Gesellschaft, bekamen zu wenig Informationen über uns selbst und über die Welt. Als sich die Situation änderte und wir sahen, in welcher Lage sich die Gesellschaft befand, kamen wir zu dem

Schluß, daß wir es mit einem abenteuerlichen Modell des Sozialismus zu tun hatten. Dem Wesen nach war es kein Sozialismus, sondern ein utopisches, antidemokratisches, gegen das Volk gerichtetes antisozialistisches System.«

Die Reformen berührten die Interessen vieler

Jegor Jakowlew, der bei diesem Gespräch anwesend war, sah in meiner Position einen Widerspruch: »Also, 1985 sah Michail Sergejewitsch in der Partei den Motor, die Triebkraft für die Reformen, aber als der Achtundzwanzigste Parteitag es offensichtlich machte, daß die Mehrheit der Parteinomenklatura gegen die Perestroika war, wollte er keineswegs aus der Partei austreten, wie es damals so viele taten.«

Ich widersprach: »In seiner Analyse ist er nicht gerade sehr dialektisch, wenn auch die Frage dialektisch ist. Wenn du etwas verändern, reformieren willst, ja, wenn es um eine globale Reform in diesem Land geht, dann kannst du gar nichts erreichen, wenn du nicht die Partei auf deine Seite bringst, wenn sich in ihr nicht Kräfte herauskristallisieren, die Verantwortung übernehmen und ein Risiko eingehen wollen. Ich sage es offen: Zu *der* Zeit und in *der* Partei war es riskant, so einen Weg einzuschlagen. Die Idee, der Motor zu sein, muß von ihr selbst kommen. Man mußte Unterstützung finden ... Damit der Prozeß in Gang kommt, braucht man einen Katalysator, oder wie man auch noch sagt, ein Ferment, das man der bereits in Bewegung geratenen Gesellschaft zusetzt, sozusagen die Hefe der Partei dem in Gärung befindlichen Prozeß. Genau – den Gärstoff für die Reformen. Das wurde getan.

Nehmen wir jetzt den Achtundzwanzigsten Parteitag. Die Logik ist die, daß jegliche Reformen letztlich die Grundinteressen aller Schichten berühren. Die einen gewinnen – die anderen verlieren. Das ist obligatorisch. Ein demokratischer Prozeß setzt den Punkt aufs ›i‹, macht deutlich, wer wer ist. Waren etwa viele dazu bereit, von unten, vom Volk bestimmt und zugeordnet zu werden?

Jene Leute hatten sich daran gewöhnt, sich im Karussell der

Nomenklatura zu drehen, Posten zu bekommen und Jahr um Jahr die Karriereleiter hochzusteigen.

Es kam zur Kollision. Der demokratische Prozeß kollidierte mit dem autoritären Regime, das sich von unten bis oben an die Partei klammerte.

Und da ich die Macht der Partei kannte, war mir klar, wenn ich den Posten des Generalsekretärs verlasse, kommen die Reaktionäre hoch. Ebensowenig konnte ich die Partei verlassen, denn in der Partei wurde dieser Prozeß geboren, und in der Partei gab es Leute, die die Reformen akzeptierten. Ich mußte das Kreuz tragen. Auch als es schon unerträglich wurde.

Übrigens stellte man mir auch diese Frage, und zwar in recht provozierender Art, bei einem Treffen mit Journalisten der ›Komsomolskaja Prawda‹: ›Haben Sie betrogen, oder wurden Sie selbst betrogen?‹

›Also, nennen wir doch die Dinge beim Namen‹, entgegnete ich. ›Ich hatte begriffen, daß viele von den Reformen betroffen würden. Ich hatte begriffen, daß Opfer gebracht werden müssen und die Taktik oft geändert werden muß, damit sich Land und Menschen ändern und es keine Störungen während der ersten Etappe gibt.

Als es vielen schien, Gorbatschow würde nach rechts abdriften, hatte ich etwas anderes im Sinn. Was war los? Seit zwei Jahren führten wir die Reformideen ins Feld, und hundert Kilometer von Moskau entfernt herrschte Totenstille. Ich erinnere an das Januarplenum des ZK (das sogenannte Kaderplenum von 1987) – was war das für ein machtvolles Instrument. Zum ersten Mal wurden ernsthafte Analysen, ernsthafte Einschätzungen gemacht. Alle warteten auf Veränderungen. Aber von nirgendwoher erfolgte ein Anschub. Die Strukturen waren zu mächtig, es wurde keinerlei Bewegung akzeptiert. Und da begann ich zu begreifen: Wenn ich den Prozeß nicht von unten ‚einschalte‘, ist alles verloren. Wie schon so viele Versuche, den Staat zu reformieren, gescheitert waren. Und es gab wirklich viele Versuche. Sobald es die Partei betraf und die wahre Rolle des Volkes bei der Gestaltung und Funktionsweise der Machtorgane, erhob sich die Nomenklatura ‚im Namen des Volkes‘ zur ‚Verteidigung‘ des Sozialismus.

So wurde die Idee zur Neunzehnten Parteikonferenz geboren, wo man über die Teilung von Legislative, Exekutive und der Gerichtsorgane sprach und von der Rückkehr der Partei zu ihrer natürlichen Rolle – der Rolle einer politischen Organisation. Man sprach damals auch über den Meinungspluralismus, obwohl der politische Pluralismus noch weit vor uns lag. Damals wurde der Grundstein zu einer politischen Reform gelegt.‹

Das ist im wesentlichen die Antwort. Wir haben die Interessen vieler gestreift – und was war der Effekt? Widerstand sowohl der Parteinomenklatura als auch der staatlichen Strukturen und des militärisch-industriellen Komplexes, aber auch von seiten der Menschen, die einfach den alten Werten, der alten Ideologie anhingen. Ich habe das alles gesehen! Nur der, der es nicht sehen wollte, hat es auch nicht gesehen. Nehmen wir nur die Russische Kommunistische Partei: ein Jahr Kampf, nicht auf Leben, sondern auf Tod. Es gab bestimmte Vertreter, Anhänger der Konservativen, die fuhren über Städte und Dörfer, formierten Proteste, bildeten Gruppen von Parteimitgliedern – und all das kam auf den Tisch des Generalsekretärs. Überall nur Vorwürfe, er sei ein Verräter – nicht mehr und nicht weniger.

Wie sollte ich mich verhalten? Ich war Attacken ausgesetzt und stand unter ungeheurem Druck. Ich mußte entscheiden, was ich tun sollte. Es auf einen entscheidenden Zusammenstoß ankommen zu lassen, das wäre wohl das übliche Verfahren gewesen. Doch ich hatte noch keine Unterstützung durch das Volk; noch war die Gesellschaft nicht soweit. Deshalb wurden – und das rief die heftigsten Vorwürfe hervor – bestimmte staatliche Strukturen geändert. Sie erinnern sich an das erneuerte ZK, die Erneuerung seines Sekretariats. Dreimal wurden die Gebietskomitees erneuert, ebenso wie die Sekretäre. Dann kam es zu freien Wahlen. Bei all ihrem Kraftaufwand haben sie das Volk doch auf die Beine gebracht. Ich bin bis zum äußersten gegangen, damit niemand das vorwärtsstrebende Volk aufhalten kann. Glauben Sie, ich hätte nicht gewußt, daß sofort ein Angriff von seiten der konservativen Kreise der Partei erfolgen würde, die im militärisch-industriellen Komplex saßen? Die habe ich doch gekannt und geduldet. Das nennt sich unter ›feldmäßigen‹ Bedingungen arbeiten.

Das ist übrigens auch eine Erklärung, warum ich nicht den Posten des Generalsekretärs aufgegeben habe, der mir, nebenbei gesagt, die Kehle zuschnürte und mir sowohl von innerhalb der Partei als auch von seiten der demokratischen Bewegungen wütende Attacken einbrachte . . .

Kurz gesagt, es war ein dialektischer, doch sehr komplizierter Prozeß, und durch den mußte ich hindurch.«

Von Teilreformen zur Reformierung des Systems

Kann man bei einem so schwierigen Prozeß Fehler und Fehlschläge vemeiden? Kann man mathematisch exakt die Folgeerscheinungen der Reformen errechnen? In diesen Dezemberwochen mußte ich oft an die vergangenen Jahre denken, kehrte in Gedanken wieder und wieder zu den ersten Jahren der Perestroika zurück. Viele behaupten, die Fehler lägen ganz am Anfang. Man hätte nicht mit der politischen Umgestaltung beginnen, sondern die Produktionslokomotive »ankurbeln« sollen. Dann hätte man die später auftretenden Schwierigkeiten vermeiden können. Eine Frage in dieser Richtung stellte mir E. Kotljar von der »Moskowskaja Prawda«.

Ein alter Streit, der sich bereits im Vorfeld des Achtundzwanzigsten Parteitags zu einer breiten Diskussion ausweitete. Da wurde ich beschuldigt, ich würde die Ziele der Perestroika verändern. Damit konnte ich mich nicht einverstanden erklären und tue es auch jetzt nicht, und ich will auch erklären, warum nicht. Erinnern Sie sich, womit alles begann? Man versuchte, die Entwicklung der Landwirtschaft mit Investitionen und finanziellen Stimuli zu aktivieren. Man schuf Stimulierungsprogramme für die Leicht- und Nahrungsmittelindustrie, stellte dafür an die fünfundsiebzig Milliarden Rubel bereit, band auch die Rüstungsbetriebe mit ein. Damals entstand auch ein Modernisierungsprogramm der Maschinenbauindustrie. Aber wir zogen in den siebziger Jahren den kürzeren und fanden uns sozusagen in der Technologieepoche der Vergangenheit wieder. Wir hatten Rückstände in der Chemieindustrie.

Und wie frohgemut wir waren – der Kapitalismus faulte, und bei uns war alles wunderbar! Tatsächlich aber haben wir Zeit verloren, Zeit, die für Strukturwandlungen und die Einführung einer neuen, hochwertigen Technologie nötig war.

Die Suche, die Fehlschläge, die verspäteten Entscheidungen

All diese Programme haben in Wirklichkeit nie funktioniert. Damals versuchte man, die neue Art der Wirtschaftsführung vom Wolga-Automobilwerk und vom Werk in Sumy, Ukraine, auf die Betriebe von fünf Ministerien zu übertragen. Diese stichprobenhafte Methode bewährte sich nicht, man hätte sie in der gesamten Volkswirtschaft einführen müssen. Mit neuen Gesetzen und einer reformierten Ökonomie wiederholten wir nur die Fehler unserer Vorgänger. Die Zeit von Teilreformen war vorbei. Eines wurde klar: Man mußte das Verhältnis zum Eigentum reformieren, zur Marktwirtschaft übergehen. Man mußte den Mut haben und öffentlich erklären, daß das alte System zu verändern ist. Denn das herrschende System unterdrückte die Initiative und die schöpferische Idee in den Menschen, förderte die psychologische Gleichmacherei. Um den Menschen von diesen Fesseln zu lösen, ihn für ein freiheitliches Handeln empfänglich zu machen, waren grundlegende Veränderungen notwendig – sowohl politische als auch ökonomische. Leider haben wir im Verlauf der demokratischen Reformen Fehlschläge zugelassen, die Prozesse gerieten außer Kontrolle, in den nationalen Regionen förderten Separatismusbestrebungen die Destabilisierung, und all das schlug auf uns zurück.

Wir räumten den Betrieben und Kooperativen zwar die ökonomische Freiheit ein, doch es gab weder ein Steuersystem noch Mechanismen zur Realisierung der Gesetze. Und das erste, was spürbar wurde, war die Kluft zwischen den Geldeinnahmen und der Warenmenge. Wir mußten entschiedenere Schritte für die Neugestaltung der Republiken einleiten, doch in einer bestimmten Etappe verloren wir an Tempo, die oppositionellen Kräfte eroberten die Arena, und wir mußten Verluste einstecken.

Und noch etwas: In den letzten anderthalb Jahren verstärkte sich die konservative Front, ich sah, wie sie unsere Bewegung zu stoppen versuchte. Deshalb mußte ich, um die demokratischen Kräfte zu einigen und auch hinsichtlich der nationalen Frage eine eindeutigere Position einnehmen.

Vieles, was ich zuvor nie offen geäußert hatte, sagte ich nun in einem Interview mit Giulietta Chiesa und Enrico Singeru von »La Stampa«:

»Für die wesentlichsten Fehler halte ich folgende: Man hätte die Stabilität innerhalb des Volkes und den Rückhalt in ihm während der ersten Etappe der Perestroika nutzen müssen, um die Marktwirtschaft voranzutreiben. Eine zweite Fehleinschätzung: Verhandlungen zur Unterzeichnung des neuen Unionsvertrags hätten etliche Monate früher beginnen müssen. Aber dazu hätte es des Einvernehmens aller demokratischen Kräfte bedurft, doch sie bekämpften sich untereinander und schwächten so ihre Position gegenüber den Konservativen, deshalb war auch ich in meinen Entscheidungen gehemmt und habe Zeit verloren. Und noch eines: Das alte totalitäre System hätte schneller zerstört und das neue schneller eingeführt werden müssen. Und trotzdem berührt das alles nicht meine grundlegende Entscheidung: Ich war im Recht, als ich 1985 die Reformen einleitete.«

Aber jetzt überlegte ich: Ist es deshalb alles so gelaufen, weil weder das Zentrum der Perestroika noch die Gesellschaft die psychologische Bereitschaft aufbrachten?

Die italienischen Journalisten interessierte, zu welchem Zeitpunkt ich begriff, daß die Partei nicht zu reformieren war, daß sie keinen Motor für die Umgestaltung darstellte.

Ich sagte: »Die Antwort ist nicht so einfach . . . Zu Beginn der Perestroika befand sich das Land in einer furchtbaren Lage. Das einzige, was noch funktionierte und konkurrenzfähig war, war der militärische Sektor. Man mußte alles modernisieren. 1987 begannen wir mit der Reformierung des gesamten Wirtschaftssystems. Und da wurde offensichtlich, wer sich den Veränderungen entgegenstellte – die Partei und die führenden Kader im Wirtschaftsbereich. Und da begann die schwierigste und härteste Schlacht aller

Schlachten, die im Augustputsch und im quälenden Zerfall der Sowjetunion kulminierte.«

Die Revolution von oben hat sich erschöpft

»Nach dem Mißlingen des Januarplenums des ZK (1987) wurde klar, es muß eine politische Reform angestrebt werden. Dazu mußte man dem Parteimonopol die Legislative und Exekutive und die Gerichtsbarkeit entziehen. Aber eine in dieser Form gedachte Reform hätte nie durchgeführt werden können. Die Partei verfügte über einen gewaltigen Machtapparat, beherrschte und leitete alle und alles. Wir hatten einen Parteistaat. Die Vollmachten hatte die Partei nicht vom Volk erhalten. Sie hatte 1917 faktisch die Macht ergriffen und hielt sie fest . . . Und es gab einfach keine Kraft, die sich ihr hätte entgegenstellen können. Nur mit Hilfe einer politischen Reform würde man zu freien Wahlen kommen, neue Kräfte, Vertretungskörperschaften, die Volksmacht installieren können, um so die Macht der KPdSU zu brechen. Als jedoch dieser Prozeß seinen Anfang nahm, kam es von seiten der Partei zu brutalsten Reaktionen.

Jedes Plenum wurde zum Schlachtfeld, wo sich Konservative und Reformer bekämpften. Möglicherweise glauben Sie, daß meine Hoffnung, die KPdSU zu reformieren, eine Illusion gewesen sei. Nein, ich habe einfach begriffen, daß ich nichts erreiche, wenn ich nicht die Partei von den staatlichen Organen trenne. Und ich hatte recht. Die Geschichte hat das bestätigt.

Man kommentierte das seinerzeit so: Gorbatschow macht eine Rechtswendung, er manövriert, verzögert die Perestroika . . . Ich mußte alles unternehmen, damit sich der Prozeß der Umwandlung nicht totlief. Schauen Sie, noch vor anderthalb, zwei Jahren hätte die Partei alles wieder ohne Diskussion in den Griff kriegen können. Auf ihrer Seite waren die Armee, der industriell-militärische Komplex, die Kader, eben alles!«

Zusammen mit dem Land habe auch ich mich verändert

»Was geschah im Winter 1990, als man mich der ›Rechtswende‹ beschuldigte? In der Tat, in der Gesellschaft zeichnete sich ein Ruck nach rechts ab; möglicherweise als äußerster Versuch, sich vor der Instabilität zu schützen. Ich sah darin die Sehnsucht nach der Vergangenheit, nach Ordnung und Disziplin. Erinnern Sie sich an die Stalinporträts während der Demonstration am 7. November? Ich denke, meine Pflicht war es, die entstandene Situation zu erkennen und sie so zu meistern, damit solche Tendenzen nicht erstarkten. Die Demokraten haben das nicht verstanden, und es kam zu Angriffen.

Das betrifft im allgemeinen die Intellektuellen. Der Umschlag von Philosophie in praktische Politik erfordert Korrekturen, diktiert vom Leben und von den an der Politik Beteiligten. Das ruft bei vielen nicht selten Enttäuschung hervor. In solchen Fällen meinen die Intellektuellen, man würde sie beiseite schieben oder gar verraten.«

»Als ebendieser ›Rechtsruck‹ seinen Höhepunkt erreicht hatte«, bemerkte Giulietta Chiesa, »ist Schewardnadse vom Posten des Außenministers zurückgetreten. Wäre es besser für Sie gewesen, wenn er es nicht getan hätte?«

»Besser. Ja, besser. Ich habe auch mit ihm darüber gesprochen. Fast einen ganzen Monat habe ich ihn zu überzeugen versucht, nicht abzutreten. Aber ich mußte auch das bedenken, was er gesagt hat, denn er war mein Freund, ein wirklicher Freund. Ja, es wäre besser gewesen, er wäre an meiner Seite geblieben. Doch im wesentlichen hätte das die Situation nicht ändern können.

Man kann schon sagen, daß ich in dieser Zeit mehrere Leben gelebt habe . . . Ich habe mich mit dem Land geändert und habe geholfen, daß das Land sich ändert. Hin und wieder fragt man mich, ob ich mit dem zufrieden bin, was ich getan habe. Wenn ich darauf antworte, muß ich einfach sagen, daß mein Schicksal einzigartig in seiner Art ist. Ich habe so tiefgreifende Reformen eingeleitet, verbunden mit politischer, wirtschaftlicher und geistiger Freiheit, ich habe versucht, den Menschen ewige, universelle Werte zurückzugeben. Ich bin nicht von der Rolle enttäuscht, die mir zuteil wurde.«

Subjektives und Objektives

Giulietta Chiesa erinnerte mich an einen Satz aus dem Buch von Boris Jelzin, der ziemliches Aufsehen erregt hat: »Wenn es Jelzin nicht gegeben hätte, hätte Gorbatschow ihn erfinden müssen.« Was ich davon hielte?

»Ich denke, das ist eine reichliche Übertreibung. Für den Zustand unseres Landes gibt es tiefergehende Gründe. Und es begann alles vor Jelzin, als er noch in Swerdlowsk saß, zu einer Zeit, als wir bereits die beginnende Agonie des Systems mitbekamen. Als ich 1978 nach Moskau kam und Sekretär des ZK der KPdSU wurde, habe ich es mit eigenen Augen gesehen. Damals begannen die Langzeitpläne. Jelzin hatte damit überhaupt nichts zu tun. Und mein Verhalten und das von anderen Genossen war keine Reaktion auf Jelzin, sondern auf das, was in unserem Land, in unserer Gesellschaft, in der Welt passierte.

Das Land ging ›schwanger‹ mit der Perestroika. Hätten wir nichts getan, wären es andere gewesen. Weil die Gesellschaft reif für einen Wechsel geworden war. Und auch in der Partei gab es Leute, die das empfanden und die Notwendigkeit erkannten ...

Sie reden von einer Kränkung Jelzins, die auf mein Verhalten 1987 zurückgeht, als ich ihn aus dem Politbüro ausschloß.

Aber das war das Resultat eines bestimmten Prozesses. Übrigens habe ich ihn damals unterstützt. Ich wollte nicht, daß er geht.

Ich habe schon verstanden, in welche Interessenkonflikte er geriet, als er Sekretär des Moskauer Stadtparteikomitees wurde. Als ich unlängst jene Ereignisse überdachte, schien es mir klar zu sein – Jelzin mußte mit der Reaktion kollidieren, analog der, mit der wir es in der Folge zu tun bekamen.«

Die Verschärfung der Krise – Das Treffen von Nowo-Ogarewo

Sehr kompliziert war die Periode von November 1990 bis April 1991. Das Land wurde von Streiks gebeutelt, die politische Konfrontation wuchs. Solschenizyn hat einmal gesagt, derjenige Politiker hat es am schwierigsten, der eine mittlere Linie vertritt – eine glänzende Formulierung. Ich kann das aus meiner Erfahrung nur bestätigen. Es erinnert mich an eine Karikatur in der »Komsomolskaja Prawda«: Gorbatschow balanciert über ein Seil und trägt links und rechts je einen Korb. In dem einen sitzen die Linken, in dem anderen die Rechten. Die einen rufen »Bißchen mehr nach links!« Die anderen brüllen »Bißchen mehr nach rechts!« Witzig, nicht wahr, aber genau die Situation, in der ich mich befand ... Übrigens sagte man mir in diesem Zusammenhang auch: Einer Ihrer Fehler ist, daß Sie sich nicht rechtzeitig mit den demokratischen Kräften zusammengetan haben und gemeinsam mit ihnen in die Offensive gegangen sind ... Mit diesem Vorwurf mußte ich mich einverstanden erklären.

Ich habe in einer bestimmten Etappe diesen Moment nicht genutzt. In der Politik ist nicht nur die allgemeine Zielsetzung, die Etappe, wichtig, sondern auch der Moment. Wie es in jeder Schlacht der Fall ist. Im Februar waren es die Meetings und die Armee auf den Straßen. Es drohte eine Diktatur. Ich sah die reale Gefahr durchaus. Und ich schlug den Führern der Republiken das sofortige Treffen in Nowo-Ogarewo vor.

Doch man hätte es früher abhalten sollen – nämlich im Herbst '90. Eben damals hätte man nach Formen der Zusammenarbeit suchen müssen, wenigstens einen runden Tisch oder ein Treffen organisieren sollen ... Mit einem Wort, man hätte die demokratischen Kräfte einigen müssen, um schneller die Reformen voranzubringen. Dann wäre es in der Frage der Staatlichkeit und auch bei den Wirtschaftsreformen erfolgreicher verlaufen, und es hätte weniger Verluste gegeben. Diese Zeit aber ging verloren.

Im Sommer '91, vor den Ferien, plante ich einen Artikel, in dem ich nochmals über die Erfahrung der Perestroika nachdenken wollte – kritisch und selbstkritisch. Als ich dann in Foros war und die mitgebrachten Bücher durchsah, fiel mein Blick auf einen Titel: »Oktober 1917: Ein Jahrhundertereignis oder eine soziale Katastrophe?« Unter den Autoren ist unser bekannter Historiker Pawel Wolobujew, ein Akademiemitglied, den ich sehr schätze.

Natürlich hatte ich sofort die Assoziation: Ist die Perestroika ein großes Ereignis, ein Durchbruch für unser Land? Ich rief gleich Anatoli Tschernjajew an, der mit mir zusammen hergekommen war, und sagte: »Weißt du, in diesem Sinne sollten wir das Thema behandeln. Von allen Seiten hört man doch Stimmen: Die haben sich dem Imperialismus verkauft, haben unser Land zugrunde gerichtet, und alles des ›neuen Denkens‹ wegen usw. Also, was ist nun die Perestroika – eine Katastrophe oder das, was wir brauchen, eine Art ›Sauerstoff‹ für unser Land, für die Welt?« Das war der Impuls für den Artikel. Am 12. August war er fertig. Denn ich hatte vieles bereits im Kopf und mußte es nur noch zu Papier bringen.

Übrigens überraschte ich damals meinen Berater mit der Frage, ob er wisse, von wem folgender Ausspruch stamme: »Nicht alles, was folgt, hat seine Ursache im Davor«. »Na, ich sag' mal: Engels«, erwiderte er.

»Richtig. Dann noch eine Frage: In welcher Beziehung steht das zu unserem heutigen Gespräch?«

»Schon kapiert . . .«

»Genau! Es sind jetzt eine Menge politischer Schurken aufgetaucht, die die Politik der Perestroika diskreditieren, und sie machen ihre Arbeit konsequent. Und je schwieriger die Situation in der Gesellschaft wird, desto frecher und ungezügelter führen sie sich auf. Man muß unseren Menschen helfen, das Wesen der Probleme zu begreifen. Deshalb halte ich den Artikel für wichtig.«

Nochmals zum Putsch im August und seinen Folgen

Der Leser hat es schon bemerkt: In fast allen Interviews und Gesprächen geht es immer wieder um den Augustputsch. Ich habe darüber in meinem Buch »Der Staatsstreich« berichtet, auch über die schweren Tage. Doch auch heute noch ist das Thema von brisantem Interesse. Wie konnte so etwas geschehen? Warum waren jene Männer in Schlüsselpositionen des Staates? Gab es Symptome für einen Putsch? Der Journalist Juri Stschekotschichin erzählte mir Details, von denen ich keine Ahnung hatte. Ich möchte den diesbezüglichen Teil unseres Gesprächs, wenn möglich, vollständig anführen.

Bekam ich echte Informationen darüber, was in unserem Land vorging? So lautete eine Frage meines Gesprächspartners.

Ich besaß Informationen, war aber leider auch über einiges desinformiert. Wie es sich jetzt herausgestellt hat, wurde das im Verlauf des letzten Jahres gezielt vorgenommen – man wollte mich zu außergewöhnlichen Schritten verleiten.

»Es gab nicht nur gezielte tendenziöse Informationen, sondern es wurden auch Ereignisse so organisiert, um darauf Desinformationen zu konstruieren.«

»Wie meinen Sie das?«

»Zum Beispiel das folgende: Im Auftrag des ZK der Kommunistischen Partei Rußlands unternimmt man irgendwohin eine Fahrt zu einem Treffen; es wird organisiert, wo das Treffen mit den Parteisekretären stattfinden soll, und wo das mit den einfachen Parteimitgliedern (nun ja, das war schon schwieriger, leichter war es mit den Sekretären); dann werden Resolutionen mit Protesten und Forderungen an mich übergeben. Ultimative Forderungen! Aber ich habe geahnt, daß diese Resolutionen in Moskau verfaßt worden waren, bevor ich losfuhr.«

»Wissen Sie eigentlich, daß man zu den Versammlungen in Litauen ganze Busladungen mit ›Demonstrierenden‹ aus Weißrußland hingefahren hat? Das waren dann ›die Massen‹!«

»Das habe ich nicht gewußt. Übrigens wurden seinerzeit in Litauen, und zwar noch vor den Januarereignissen, ziemlich brutale Forderungen erhoben. Und sie stammten nicht nur aus dem Parteiapparat. Wirkliche Schwierigkeiten – wie auch die Unruhe unter den pensionierten und noch dienstleistenden Offizieren – verbanden sich mit denen aus den Kabinetten vom Alten Platz. Und die Forderungen waren wirklich brutal – nämlich Litauen unter die Regierungsgewalt des Präsidenten zu stellen.«

»Michail Sergejewitsch, etwas ist für mich bis heute noch ein Rätsel. Am 10. Juli habe ich den Artikel ›Die Karte Litauens‹ veröffentlicht, in dem es um die unheilvolle Rolle ging, die der KGB während der Januarereignisse in Wilna spielte. An eben jenem Tag, dem 10., habe ich Ihnen einen Brief geschickt... Haben Sie ihn bekommen?«

»Worum ging es?«

»Um die Forderung nach dem Rücktritt von Krjutschkow und darum, was er noch alles anstellen könnte...«

»Ja, wissen Sie, solche Briefe gab es viele. Was nützen hier einzelne Signale! Nehmen Sie doch nur den russischen Parteitag oder den Achtundzwanzigsten Parteitag, und erinnern Sie sich: Was war das für eine Situation, und was für Kämpfe hatte man durchzustehen! Plenum folgte auf Plenum – dauernd zermürbende Kämpfe. Es war doch direkt zu beobachten, wie die reaktionären Kräfte auf die Beine kamen...«

»Aber ich habe konkret über Krjutschkow geschrieben! Ein paar Tage danach haben einige Akademiemitglieder meinen Protest aufgenommen und einen Brief mit analogen Forderungen an Sie geschickt; es waren Schatalin, Petrakow, Arbatow, Ryskow.«

»Welche Forderungen?«

»Die gleichen wie meine. Sie forderten den Rücktritt von Krjutschkow – als einem Anführer der künftigen Putschisten.«

»Das ist mir irgendwie nicht in Erinnerung...«

»Man schrieb darüber auch in der Zeitung ›Westi‹. Vielleicht haben Sie diese Briefe wirklich nicht erhalten. Hat man sie Ihnen verheimlicht?«

»Schon möglich. Aber es wurde ja allgemein über einen Staatsstreich geredet. Mich haben sogar einige ausländische Regierungschefs angerufen, daß sie Informationen über einen Umsturz hätten.«

»Wer hat zum Beispiel angerufen?«

»Es kam ein plötzlicher Anruf von Präsident Bush: ›Es sind da Informationen aufgetaucht... Entschuldige, aber ich will dir das nicht verheimlichen; ich muß dir das sagen. Vielleicht ist das nicht ernst zu nehmen, aber heute nacht kommt es zum Umsturz.‹«

»Ja, alle haben geahnt, daß die so weit gehen würden.«

»Trotzdem haben wir unsere Sache verfochten. Ich denke, daß ich meine Mission erfüllt habe: Die Gesellschaft war bereits so weit, daß jeder Versuch eines Umsturzes zum Untergang verurteilt war. Und deshalb war ich der Meinung: Hätten die, die den Umsturz planten, wenigstens ein Quentchen gesunden Menschenverstand besessen – und wenn es auch nur die Sorge um ihre eigene Haut gewesen wäre –, hätten sie mindestens fünf, sechs Schritte weitergedacht, sie hätten ihre Schande und ihre Niederlage vorausgesehen.«

»Dennoch, als es passierte, kam es da für Sie unerwartet? Sie haben ja schon ein paarmal davon gesprochen, daß Sie nicht nur unter diesem Abenteuer selbst gelitten haben, sondern auch deswegen, weil Menschen Ihrer nächsten Umgebung sich darauf eingelassen hatten.«

»Ja, richtig. Ich habe in diesem Zusammenhang über einen großen moralischen Verlust gesprochen. Nehmen wir nur mal den Krjutschkow. Jetzt wollen einige Leute beweisen, daß er beschränkt war, ein dummer Mensch . . .«

»Nicht doch. Die Kommission, die die Tätigkeit des KGB untersucht hat, ist zu dem Schluß gekommen, daß er sich auf seine Art sehr sorgfältig auf alles vorbereitet hat. Es ist bekanntgeworden, daß man nicht nur Jakowlew und Schewardnadse ständig telefonisch abgehört hat, sondern auch die Männer Ihrer nächsten Umgebung. Beispielsweise die Gespräche von Witali Ignatenko. Wie ich erfahren habe, hat man in Boldins Panzerschrank ganze Bände mit Niederschriften von Gesprächen Ignatenkos mit Jakowlew, Schewardnadses, auch Ihre gefunden . . . Sogar Gespräche Lukjanows.«

»Auch der wurde abgehört?«

»Ja. Ich weiß nicht, hat man auch aus diesem Zimmer, in dem wir beide jetzt sitzen, Gespräche abgehört?«

»Weiß der Teufel. Ich bin mir jetzt keiner Sache mehr sicher. Aber damals dachte ich, so weit würden sie nie gehen. Ich möchte noch mal auf Krjutschkow zurückkommen. Für mich war ausschlaggebend – abgesehen von dem, was ich wußte –, daß Andropow ihn unterstützt hatte.«

»War Andropows Meinung für Sie sehr wichtig?«

»Bei allen seinen Mängeln – und ich will ihn nicht idealisieren (auch nicht seine ideologische Position und seine Beteiligung im Kampf gegen die Dissidenten – das war mir alles klar) – war er doch ein Mensch von hohem Intellekt und entschieden gegen die Korruption. Ich war lange mit ihm verbunden. Nicht, daß es sehr enge Beziehungen gewesen wären, doch ich kannte ihn gut, und wir trafen uns regelmäßig. Deshalb nahm ich Krjutschkow zu mir, mit dem Andropow sich gut stand. Wo sollte ich denn Leute für solche Aufgaben hernehmen? Für mich war Andropows Verhältnis zu Krjutschkow ein Kriterium. Man sollte niemanden für primitiv erklären. Ist es etwa angebracht, Krjutschkow oder Lukjanow beschränkt zu nennen?«

»Janajew würde ich schon so einschätzen.«

»Janajew kannte ich nicht so gut. Aber darum geht es schließlich nicht. Wichtig ist doch ihre politische Position. Sie hatten gemerkt, was hinter dem neuen Projekt des Parteiprogramms steht, wohin der Nowo-Ogarewo-Prozeß führte, doch in dieser neuen Zeit haben sie sich selbst nicht mehr gesehen. Das heißt, es zeichneten sich schon tiefe Risse ab.«

»Bis heute begreife ich nicht, weshalb sie nach Foros geflogen sind.«

»Das zweite Mal?«

»Ja, als schon alles klar war. Wieso? Wollten sie einen Kniefall machen? Oder was? Ich sehe keine Logik in ihrem Vorgehen.«

»Ich auch nicht.«

»Ist für Sie dieser Besuch auch so ein Rätsel?«

»Sicher. Vielleicht rechneten sie damit, daß alles in Vergessenheit geraten würde, zumal sie ja kein Blut vergossen hatten. Na, das geht wohl doch zu weit. Nein, wahrscheinlich war das einfach Panik. Sie gerieten ja sofort in Panik, gleich als sie ihre Erklärung abgaben. Als sie zum ersten Mal nach Foros kamen und dann das Gerücht verbreiteten, Gorbatschow sei krank und so weiter, begriffen sie schon, daß sie sich dafür würden verantworten müssen. Und sie haben Schritt für Schritt ihre Position aufgegeben. Sie hatten eine Variante vorbereitet, ähnlich wie beim Rücktritt Chruschtschows.«

»Ich fürchte, es hätte schlimmer kommen können ... Noch am

19. erfuhren wir in der Redaktion, daß es eine Mitteilung über eine Geisteskrankheit Gorbatschows geben sollte ... Gab es unter den Putschisten welche, denen Sie es nie zugetraut hätten? Oder vermuteten Sie, daß nur sie zu Verschwörern hatten werden müssen?«

»Trotz allem habe ich nie gedacht, daß sie einen Putsch inszenieren würden ...«

»Warum haben Sie keine Vorsichtsmaßnahmen ergriffen, als Sie über Bessmertnych von der Warnung Mr. Bakers erfuhren, daß ein Staatsstreich in Vorbereitung sei, und dann noch Präsident Bush versicherten, hier sei alles ruhig?«

»Für mich bedeutete diese Mitteilung keine Neuigkeit. Man hatte doch gesehen, was auf den letzten Parteiforen lief. Dauernd die Rufe ›Nieder mit Gorbatschow!‹ Oder das letzte Plenum, auf dem zweiunddreißig Sekretäre ihren Kollektivprotest gegen Gorbatschow vorbrachten? In dem Maße, wie die Macht von der Partei auf das Volk überging, wurde der Widerstand immer härter, brutaler. Meine Aufgabe war es, diesen Prozeß bis zu dem Zeitpunkt zurückzuhalten, wo die Partei aufhörte, eine Gefahr für das Volk zu sein und den Weg in die Demokratie freigab. Als die Putschisten mir in Foros ihre Forderungen vorlegten, habe ich doch geantwortet, daß sie mir nichts Neues über die Situation im Land sagen könnten. Die Lage war nicht anders als zwei Wochen zuvor, als ich von Moskau abflog. ›Nach wie vor‹, sagte ich, ›stehe ich zur Unterzeichnung des Vertrags von Nowo-Ogarewo über eine Zusammenarbeit unter den Republiken, bin für die Reformierung der Partei, weshalb für den November ein Parteitag einberufen ist, und bin immer noch für eine Antikrisenreform in der Wirtschaft. Sind Sie‹, fragte ich, ›damit nicht einverstanden? Lassen Sie doch das Volk entscheiden, die Tagung des Obersten Sowjets, den Volksdeputiertenkongreß. Dafür gibt es doch schließlich die demokratischen Institutionen!‹ Hätten sie wirklich einen Kopf auf den Schultern gehabt, hätten sie ihn auch zum Denken benutzt ... Worin ich mich wohl tatsächlich geirrt habe, das ... Also, solche Geistlosigkeit konnte ich wirklich nicht vorhersehen ...«

Im Interview für die »Moskowskaja Prawda« (veröffentlicht am 24. Dezember) wurde ich auch auf das Problem meiner Verantwortung für die »Kaderauswahl« angesprochen. Damals fragte mich ein Redakteur:

»Michail Sergejewitsch, eines der Rätsel ist Ihr Prinzip der persönlichen Kaderauswahl. Sie haben alle Ihre Gegner höchstpersönlich in die politische Arena bestellt. Wie kann man eine solche Wahl von ›Verbündeten‹ erklären?«

»Die Lösung ist einfach. Ich bin dafür, daß der politische Prozeß bei allem den Vorrang hat – freie Wahl, Austausch und Pluralismus der Meinungen. Früher waren wir alle im Spinnennetz der Lüge eingesponnen. Wir haben uns alle gegenseitig angelogen. Eingeschnürt von vermeintlicher Begeisterung und Heuchelei, haben wir das moralisch-politische Antlitz eines jeden Menschen bestimmt, haben entzückt den einstimmigen Beschlüssen Beifall gezollt . . . Doch der Wind demokratischer Veränderung begann zu wehen, und mit ihm erwachte das Bürgergewissen. In der Politik bildeten sich verschiedene Strömungen, individuelle Standpunkte kristallisierten sich heraus. Ein Opponent, der Würde besitzt, beeindruckt mich, vor allem wenn er dazu noch über eine politische Kultur verfügt!

Schlimm war der politische Monopolismus, der zur Fäulnis der Gesellschaft führte. Wir haben das am Beispiel Moskaus zur Zeit von Grischin und Promyslow (vor der Perestroika Oberbürgermeister von Moskau, wurde mit Beginn der Perestroika abgesetzt; Anm. d. Übers.) erlebt, wir haben das in Kasachstan und in der Ukraine gesehen. Aber wo gab es das nicht alles! Ich habe mich immer bemüht, die Position meines Opponenten zu verstehen, und wenn es etwas zu lernen gab, so habe ich das mit Vergnügen getan. Außerdem zeigt die demokratische Vielfalt, wer wie einzuschätzen ist. Wir standen uns ja von Angesicht zu Angesicht gegenüber. Ich persönlich war immer für die Zusammenarbeit mit Vertretern verschiedener Parteien, außer natürlich mit denen, die offen reaktionäre Ideen verkündeten.«

Wir haben unter Qualen eine neue nationale Politik hervorgebracht

So oder so wurde bei allen Gesprächen und Verhandlungen im Dezember das Problem der nationalen Politik angesprochen, denn in dieser Zeit drehte sich meine Sorge nur um eines – das Schicksal der Union.

Wir taten uns schwer mit einer neuen nationalen Politik. Wir mußten durch vieles hindurch, auch die Gesellschaft; in unseren Köpfen mußten wir, die Politiker, einiges zurechtrücken. Wir Politiker standen unter großem Druck, als wir diese oder jene Beschlüsse faßten – glückliche und weniger glückliche.

Ja, auch die neuen nationalen Führer mußten sich etliche Beulen einhandeln, mußten erst Erfahrungen sammeln, und manchmal waren sie ziemlich schmerzhaft.

Die Beziehungen zwischen den Republiken – das war der wundeste Punkt, der mich in den letzten Jahren quälte. In dem Gespräch mit Tretjakow ging es um Tschalidses Vorschläge zur nationalen Frage in unserem Land. Tschalidse hatte 1989 in der Zeitung »Moskowskije Nowosti« einen Artikel veröffentlicht, der mich auf den Gedanken brachte, daß wir bei der Reformierung unseres Staates unbedingt die Möglichkeit differenzierter Beziehungen innerhalb der Union im Auge haben müßten. Ich hatte längst begriffen, daß die Reformen scheitern würden, wenn wir nicht gleichzeitig unseren Vielvölkerstaat reformierten. Bei allen offensichtlichen Erfolgen der vorangegangenen nationalen Politik – und sie gab es ohne Zweifel – konnte sie nur auf der bekannten Stufe existieren, und auch damals hatte man kaum alle im Zaum halten können. Man erinnere sich nur an die Repressionen. Diese Art nationaler Politik konnte nicht fortgeführt werden. Das wußte ich nur zu genau.

Schon im frühen Stadium der Perestroika, als ich die realen Prozesse beobachtete und die nationale Frage in anderen Ländern studierte, ging ich nicht selten in Gedanken in die Geschichte des russischen Staates zurück und überdachte beispielsweise die Beziehungen zu Finnland. Viele progressive Politiker der Vorrevolutionszeit beschäftigten sich mit dem finnischen Parlament und meinten, daß hier auch ewas für Rußland Gültiges zu finden sei. Ja, der Zar ließ unterschiedliche Formen der Beziehungen zu: die einen zu Transkaukasien, andere zu Polen, dritte zu Finnland, zu Buchara wieder andere usw.

Ich interessierte mich, wie es in Kanada war, befaßte mich mit der Geschichte des Bürgerkrieges in den USA. Ich las nach, wie diese Fragen in anderen Ländern behandelt wurden oder noch behandelt werden, ich untersuchte verschiedene Staatstypen, beispielsweise die Konföderationen – wann es sie gab, wann man sich von ihnen trennte. Zum Beispiel existieren Konföderationen, die eigentlich Föderationen sind. Ich hatte also Material genug und versuchte das den Führern der Republiken und auch den Politikern in Moskau zu vermitteln. Ich bildete mir meine Meinung in einem breitgefächerten Gedankenaustausch mit Fachleuten und Vertretern aus den Republiken.

Leider tauchten mit der Welle demokratischer Prozesse und unter ihrer Ausnutzung starke separatistische Strömungen auf. Das Leben aber kam uns zuvor, wir schafften es einfach nicht, das Problem differenzierter Beziehungen in der neuen Union durchzuarbeiten. Wir verloren uns in politischen Debatten, alles geriet durcheinander, wir konnten das eine nicht vom anderen trennen, und, ehrlich gesagt, wir haben Zeit vertan.

Nach den Wahlen, nach der Bildung der neuen Obersten Sowjets und besonders mit dem Antritt Jelzins als Chef des Obersten Sowjets Rußlands trat dann eine zugespitzte Phase ein, die mit den Souveränitätsbestrebungen zusammenhing. Es kam zu Desintegrationen, Kampf und Krieg um die Gesetze. Nehmt, soviel ihr schlucken könnt, was ihr wollt, und lebt, erklärte Jelzin. Bei aller Demokratie und bei allem gewichtigen Gehalt eines Teils dieser Losungen brachten sie uns doch weiß Gott keine gute Ernte ein.

Wir gerieten aus dem normalen Gleis, kamen in Rückstand, und dieser Prozeß nahm chaotische Formen an. Das Resultat ist die Situation, in der wir jetzt sind. Und auch heute kann ich nicht die gesamte Verantwortung dafür übernehmen, daß wir die Umgestaltung des Staates nicht in normale Bahnen lenken konnten, jedenfalls nicht die Verantwortung für alles, was geschah. Im politischen Widerstreit haben die Führer und die Obersten Sowjets der Republiken die nationale Frage ausgenutzt. Und damit haben sie den Reformprozeß noch weiter verkompliziert.

Man erinnere sich nur, wie sich das alles entwickelte. Im Herbst und im frühen Winter schafften wir es nicht, das Budget für die Union und die Republiken aufzustellen, und wir konnten uns nicht einigen, wie es in der Wirtschaft vorangehen sollte. Nur mit Mühe faßten wir nach dem Vierten Volksdeputiertenkongreß der UdSSR Beschlüsse (und es waren nicht die besten!). Winter und Frühling 1991 machten eines klar: Wenn wir nicht die Hindernisse überwänden, die die Politiker trennten – besonders diejenigen, die an den Leitstellen der Republiken und der Union saßen –, dann würde sich ein gefährlicher und tiefer Riß innerhalb der Gesellschaft auftun. Die Lage war äußerst gespannt. Von der einen Seite erschallte der Ruf: Nieder! Auf zum Kreml und die Kommunisten hängen! Und von der anderen Seite hörte man: Man kann die Situation nur mit außergewöhnlichen Maßnahmen retten. Eines war offensichtlich: Da ging etwas vor, was sofort gestoppt werden mußte. Am 23. April wurde dazu der erste Schritt getan ... Und als wir uns zusammentaten und die Sache berieten, da begriffen wir: Im Vergleich zu den Aufgaben, auf deren Lösung das Land wartete, war dieses Spektakel – ich drücke mich vielleicht etwas drastisch aus –, dieser Kampf zwischen den Politikern von absolut untergeordnetem Charakter. Es ging doch immerhin um gesamtnationale Ziele.

Politische Ambitionen und der Einfluß separatistischer Kräfte hatten uns gegeneinander aufgebracht. Das hatte nichts mit nationalen und Volksinteressen zu tun. Den Volksinteressen entsprach, den vorhandenen Unionsstaat zu reformieren, ihn aber auf jeden Fall zu erhalten.

Seit dem Frühling 1990 kämpfte ich dafür und legte auch Beweise vor, daß wir uns nicht aufteilen dürften. Nur die Vollmachten müßten umverteilt werden.

Ich war überzeugt, man müßte die Lösung im Rahmen der Reformierung der Union suchen. Und ich handelte dementsprechend. Anfang August wurde über das Vertragsprojekt abgestimmt, und man war bereit zur Paraphierung. Doch wegen des Putsches entschieden viele, daß man nur in völliger Unabhängigkeit Sicherheit finden und überleben würde. Die verstärkte Desintegration beeinflußte die Stimmung der Menschen. Einige lehnten die Unabhängigkeit als Abkehr von der Union demonstrativ ab – mit dem Ziel, sich von dem abzuschotten, was durch den Putsch zutage trat und was sie als Bedrohung ihrer Souveränität empfanden. Die darauf folgenden Wahlkampagnen und politischen Schritte, die die Politiker im Zuge ihrer Wahlkampftaktik unternahmen, führten dazu, daß der eine oder andere die Brücken hinter sich abbrach; um die Wahlen zu gewinnen, hatten sie ihre Positionen geändert.

Darüber sprach ich auch mit Juri Stschekotschichin. Sei der schnelle Gesinnungswandel meiner ehemaligen Parteigenossen, so fragte er, für mich überraschend gekommen?

»Das ist viel ernster«, antwortete ich. »Was sind denn unsere persönlichen Gefühle, Eindrücke, Erlebnisse? Noch vor anderthalb Jahren habe ich gesagt: Möge Gott verhüten, daß das Volk der Ukraine die Separatisten unterstützt, ansonsten bleibt ein Kampf zwischen Russen und Ukrainern nicht aus. Und diese Gefahr wurde zur Realität. Was ich damit meine? Erst einmal die Folgeerscheinungen des Putsches, seine Wirkung auf die Gesellschaft. Aber nicht nur das. Während des Putsches und danach kam es zu einigen Schritten der Führung Rußlands, die die Abgrenzung förderten und die Desintegration vorantrieben. Das Mißtrauen wurde größer, die Entfremdung wuchs. Hinzu kam noch, daß die Politiker in den Republiken meinten – meiner Überzeugung nach eine Illusion –, daß ihre sozialökonomische Situation leichter und die Versorgung bei ihnen besser sei, und daß die Proklamation der Unabhängigkeit ihnen auf dem schwierigen Weg zur Marktwirtschaft möglicherweise einen Vorteil verschaffe. Ich aber dachte, daß ein Austritt aus der Union im Gegenteil die Situation nur verschärfe und daß es schon in der nächsten Zeit offensichtlich werde.«

Bei einem Gespräch mit Redakteuren und Journalisten am 12. Dezember sahen nicht wenige im Zerfall der UdSSR eine große Tragödie! Jedenfalls hatte ich diesen Eindruck.

Neben den eigenen Argumenten, was uns mit der Zerstückelung Rußlands drohte, nahm ich die Aussagen des herausragenden Denkers Iwan Iljin zu Hilfe, der 1922 zusammen mit anderen ins Ausland verbannt wurde: »Die Zerstückelung eines Organismus in seine einzelnen Bestandteile führt nirgendwo und niemals zur Gesundung, zu schöpferischer Balance, zum Frieden. Im Gegenteil, sie war und ist ein schmerzhafter Zerfall, ein Zersetzungs- und Verwesungsprozeß und wird zum allgemeinen Infektionsherd. In unserer Epoche würde die gesamte Welt mit hineingezogen werden. Auf Rußlands Territorium brodeln Streitigkeiten, Kämpfe, Bürgerkriege, die sich zu einem Weltkrieg auswachsen. Und einer allein wird diese Zuspitzung nicht aufhalten können, denn alle Staaten der Welt – die europäischen und die asiatischen – werden ihre Gelder, ihre Handelsinteressen, ihr strategisches Kalkül auf die entstandenen Kleinstaaten konzentrieren. Sie werden miteinander wetteifern, um die Dominanz an Stützpunkten zu erlangen. Nicht genug damit, werden imperialistische Nachbarn erwachsen, die den unsicheren und ungeschützten neuen Gebilden direkt und verdeckt nach dem Leben trachten werden.«

Das stammt nicht von mir, das sind nicht meine Worte. Und weiter heißt es:

»... Und wir müssen darauf gefaßt sein, daß die Zerstörer Rußlands ihr feindseliges und sinnloses Experiment zu einem postbolschewistischen Chaos führen, indem sie es für die höchste Errungenschaft an Freiheit, Demokratie und Föderalismus ausgeben. Den russischen Völkern und Stämmen bringt eine derartige Zerstückelung den Untergang, den Abenteurern, die nach politischer Karriere dürsten, eine Blütezeit, den Feinden Rußlands den Sieg.

Ihr Völker des ehemaligen Rußland, spaltet ihr euch? Wenn sich diese Losung bewahrheitet, gibt es nur noch zwei Möglichkeiten: Entweder entsteht innerhalb Rußlands eine nationale Diktatur, die die Regierungszügel in ihre starken Hände nimmt und Rußland zur Einheit führt, wobei sie jegliche separatistische Bewegungen im Land zerschlägt; oder diese Diktatur kommt nicht zustande, und im Lande beginnt ein unvorstellbares Chaos an Verschiebung, Rückzug, Rache; der Transport bricht zusammen, Arbeitslosigkeit, Hunger, Kälte und Anarchie sind die Folge.«

Weder in der einen noch in der anderen Variante darf man das zulassen. Ich denke, wir machen einen Fehler, und deshalb bin ich so ernsthaft beunruhigt. Während ich die Reaktion der Gesellschaft auf die Minsker Abkommen beobachte, stelle ich mit Schrecken und Trauer fest: Unsere Menschen haben noch nicht begriffen, daß sie ihr Land verlieren.

War ich nach der Krim ein anderer Mensch?

In einem Interview für den französischen Sender »Antenne 7« erinnerte mich die Journalistin Anne Sinclair an die Worte, die ich nach meiner Rückkehr aus der »Gefangenschaft in Foros« geäußert habe: Ich sei als ein anderer Mensch zurückgekommen.

»In welcher Weise haben Sie sich verändert?« fragte sie.

Meine Antwort lautete: »Die Menschen in diesem Land sind Teil der Weltzivilisation. Man muß alle Sphären des Lebens auf der Basis tiefer demokratischer Umgestaltungen reformieren. Das war und bleibt mein Standpunkt. Darin wird sich Gorbatschow nicht ändern. Aber der Putsch hat mir geholfen, bestimmte Lehren zu ziehen. Mein größter Fehler war: Ich habe mich in Diskussionen und in den politischen Kampf zwischen unterschiedlichen Demokratieströmungen hineinziehen lassen. Und das zu einer Zeit, da das riesige Land auf eine politische Antwort wartete. Man hätte alle demokratischen Strömungen einigen und über die politischen Leidenschaften und einzelnen Sympathien stellen müssen. Darin sehe ich auch meinen Fehler.«

Anne Sinclair: »Sie haben sich verändert. Was war das Wesentlichste, wovon Sie Abstand genommen haben? Wovon konnten Sie sich am allerschwersten lossagen? Sind Sie bereit, auf Lenin auf dem Roten Platz zu verzichten und ihn an einen anderen Ort zu überführen?«

»Ich bekenne mich zur sozialistischen Idee. Auch im Christentum sehe ich das Streben nach einem besseren Leben. Ich sehe es in den Bestrebungen von Campanella, Thomas More und anderen Denkern, in verschiedenen gesellschaftlichen Bewegungen. Solange Menschen über ihr Schicksal nachdenken, über ihren

Lebenssinn in dieser Welt, werden sie Antworten auf Fragen suchen, wie sie ihr Leben verbessern können. Wenn Sie aufhören zu suchen, hören sie auf, Mensch zu sein. Ich persönlich denke, daß das auch das Wesen des Sozialismus ist: die Suche nach einem besseren, gerechteren Leben. Ich bin für eine solche Suche. In diesem Sinn bin ich ein unverbesserlicher Sozialist. Ich achte Lenin sehr, und ich kenne das Drama dieses Menschen. Aus seinen letzten Worten – darüber, daß er seinen Standpunkt zum Sozialismus grundsätzlich geändert hat – entnehmen wir, daß dieser große Mann am Ende seines Lebens erkannt hat, was unter seiner Führung geschah, was alles vor sich ging, was er auf keinen Fall wollte und als Sozialist nicht hätte tun dürfen.

Ich kenne sehr viele Fakten, die Lenin weniger populär machen würden, aber das beeinträchtigt nicht das, was ihn als große Persönlichkeit, als großen Denker, als herausragenden Politiker auszeichnet. Selbst seine Fehler sind uns eine wichtige Lehre. Was nun das Mausoleum betrifft... Wissen Sie, ich bin kategorisch gegen jede Art von Vandalismus, insbesondere gegen Grabschändung.

Als ich in Spanien das Denkmal Francos sah, habe ich die Spanier durchaus verstanden – es ist ihre Geschichte. Auch wir haben unsere Geschichte. Und Lenin ist ein Teil von ihr. Hätte ich damals gelebt und mit zu entscheiden gehabt, wäre ich auf seiten derer gewesen, die Lenins Körper, seine Überreste auf russische Art begraben wollten. Heute kann ich nur den Rat geben, dem Andenken dieses Menschen und vor allem dem Verhältnis der Menschen zu ihm mit größter Sorgfalt zu begegnen. Sollen die Leute, soll die Gesellschaft in Ruhe entscheiden. Solche Fragen klärt man nicht durch Handaufheben.«

Wie ich über Lenin denke

Ich erinnere mich an ein »vertrauliches« Gespräch (es war am 19. Dezember), in dem es auch um mein Verhältnis zu Lenin ging. Wir sind mit Lenin erzogen worden und mußten zum heutigen Verständnis seiner Rolle erst einmal kommen... Irgendwann zu

Beginn 1983 schlug mir Andropow überraschend vor: »Wie wär's, wenn du zu Lenins Jahrestag die Gedenkrede hältst?« Es wurde eine Gruppe gebildet, die mir bei der Materialaufarbeitung half, dann berieten wir die Konzeption. An einem bestimmten Punkt habe ich alles gebremst. Das, was da alles vorgeschlagen wurde, lag mir nicht. Schon damals gingen mir andere Ideen im Kopf herum, schon damals. Meine Denkweise paßte nicht in die traditionellen Vorstellungen.

Ich nahm mir etwas anderes vor, und zwar die letzten Arbeiten Lenins (sie waren genau sechzig Jahre alt!), darauf wollte ich mich konzentrieren. Warum? Für Lenin war es sozusagen der Moment der Wahrheit. Das nahm ich als Ausgangspunkt.

Ich denke, Lenin ging von der richtigen Vorstellung aus, daß es eine Logik des historischen Prozesses gibt. Doch obwohl er bestimmte Gesetzmäßigkeiten dieses Prozesses, seine treibenden Kräfte sah, blieb er doch Gefangener einer avantgardistischen Konzeption. Das hinderte ihn gewiß, seine kolossalen intellektuellen und ethischen Fähigkeiten zu nutzen, um die von ihm initiierte Formel »Sozialismus – das ist das lebendige Schöpfertum der Massen« tatsächlich zu realisieren. Da ist noch ein anderer bekannter Gedanke von ihm: »Kommunist wirst du nur dann, wenn du dein Gedächtnis mit dem Wissen aller Reichtümer, die die Menschheit hervorgebracht hat, bereicherst.« Diese beiden Formeln bedeuten: Du kannst die gesamte Erfahrung der Zivilisation nicht ignorieren, du mußt sie stets bedenken und dich als ein Teil dieser Zivilisation empfinden.

Und es gibt noch etwas, was ihn behinderte: Er legte den Schwerpunkt auf die revolutionären Methoden und nicht auf die evolutionären, er wollte zu Fall bringen, aber nicht reformieren. Reformen können jedoch äußerst radikal sein, sie können tiefer gehen als ein Umsturz, der wenig geplant ist und deshalb wenig bringt. Gründlich durchdachte Reformen geben der Umgestaltung einen mächtigen Impuls. Nicht umsonst waren Reformer immer in einer komplizierten Situation. Oder sie wurden später zu Reaktionären wie Alexander I. oder ... sie wurden einfach ermordet wie Alexander II.

Mag sein, daß in jener schwierigen Zeit die Wahlmöglichkeiten nicht sehr groß waren, doch es gab sie. Deshalb meine ich, daß in Lenins Lehren, Ansichten und in seiner Position ein gewaltiger Widerspruch liegt. Daß er als großer Denker die Realität nicht erkannt hat, ist unmöglich. Er hat sie gesehen, und er hat sie analysiert. Aber er war Gefangener einer bestimmten Ideologie, und er besaß nicht die Freiheit, Mittel vorzuschlagen, um mit der Situation fertig zu werden.

Ich denke, ich befand mich in ähnlichen Schwierigkeiten, und mußte zu der tiefen Überzeugung kommen, zu einer ähnlichen Bestandsaufnahme, wie sie Lenin am Ende seines Lebens machte. Alles, was darauf folgte – dieses voluntaristische utopische Modell Stalins, geriet, von eiserner Hand aufgezwungen, zum »Prokrustesbett«. Das Land erstickte, seine Kraft wurde niedergedrückt, seine intellektuellen und schöpferischen Möglichkeiten zunichte gemacht. Lenin begriff am Ende seines Lebens diese Gefahr. Liest man seine letzten Arbeiten, erkennt man: Er hat gefühlt, daß die Sache bedroht war, der er sein Leben geweiht hatte, daß er gewaltige strategische Fehler zugelassen hatte.

Irgend jemand (ich weiß nicht mehr, wer) unterbrach mich an dieser Stelle und fragte: »Mußten Sie als Politiker oft den Menschen in sich unterdrücken?« Ich entgegnete, das sei ein fortwährender Prozeß. Politik, Gewissen und Moral in Einklang zu bringen ist das, was man tun sollte, aber vorerst beginnen wir erst, das zu begreifen ... Es mangelte uns an wissenschaftlicher Stichhaltigkeit, an Beweisführung bei der Wahl und Anwendung politischer Lösungen. Wir haben viel eingebüßt, weil unsere Politik in vielen Fällen amoralisch und nicht human war. So ist es. Wir alle, die mit Politik zu tun haben, kommen damit in Konflikt.

Dennoch bleibe ich ein überzeugter Verfechter der sozialistischen Idee. Und ich erlaube mir noch folgende Bemerkung: Heute kann ich mit großer Überzeugung davon sprechen, daß das eine weltweite Bewegung ist.

Bin ich Kommunist, Sozialist, Demokrat?

Dauernd überfällt man mich mit den Fragen: Wer sind Sie – Genosse Gorbatschow? Oder Herr Gorbatschow? Kommunist, Sozialist, Demokrat? Und in der Presse steht zu lesen: Gorbatschow kann sich einfach nicht von seinem sozialistischen Standpunkt lossagen ... Bin ich ein Gefangener meiner Illusionen?

Juri Stschekotschichin sagte ich folgendes zu dieser Frage:

»Niemand hat einen speziell ausgearbeiteten Plan zum Sturz des Sozialismus verwirklicht. Wir müssen es direkt sagen: Diese Konzeption, die eine Niederlage erlitten hat – das ist das Modell des Stalinschen Sozialismus. Sie mußte eine Niederlage erleiden, weil sie dem Wesen der sozialistischen Idee widerspricht und sie im Grunde negiert. Gleichzeitig wollen wir aber nicht die kapitalistische Gesellschaft idealisieren. Und wenn es so ist, dann wird die Suche weitergehen, und zwar auf der Basis der Annäherung und nicht der Opposition, auf der Grundlage der Erfahrungsgemeinschaft aller Völker. Und diese Suche wird uns zu einer humaneren, demokratischeren und gerechteren Gesellschaft führen. Elemente des Sozialismus sind überall. Wir neigten dazu, die Welt primitiv in eine sozialistische und eine kapitalistische zu teilen.«

»Das Wort ›Sozialismus‹ ruft jetzt, besonders bei der Jugend, Feindseligkeit, ja, Haß hervor.«

»Bei mir nicht, weil in meiner Vorstellung Sozialismus einhergeht mit politischer und geistiger Freiheit, mit Achtung vor der Kultur, mit Vermenschlichung und Demokratie.«

»Das trifft für Sie zu. Aber für jene Zwanzigjährigen ist das Wort ›Sozialismus‹ das gleiche wie ›Schlangestehen‹.«

»Und wenn Sie mich totschlagen, ich bleibe ich, und das ist meine Überzeugung! Ich achte die Überzeugung anderer Menschen. Bleibt bei eurer, aber laßt mir meine. Bleibt, wenn ihr wollt, Liberale, Demokraten, Konservative oder Monarchisten.«

Dieses Thema klang auch in einem Gespräch mit dem Direktor des Instituts für vergleichende soziale Forschungen, dem ehemaligen Generalsekretär der Sozialistischen Internationale, G. Janitschek, an.

Die Suche im Rahmen der sozialistischen Idee – das ist ein

globales Phänomen. Undenkbar, daß die Menschheit unter derart komplizierten Bedingungen, da die Umwelt so harte Forderungen stellt, nicht nach allem greift, was die allgemeine Erfahrung bietet.

Im Rahmen seiner Erfahrung, die in einen festen historischen Kontext eingebunden war, mußte Lenin den Rückzug antreten, mußte er auf einiges verzichten. Aber er hat vieles gesagt, was auch heute noch zu bedenken ist. Bereits 1984 habe ich seine Worte zitiert: »Der Sozialismus – das ist die lebendige Schöpferkraft der Massen.« Eben das bedeutet Suche und nicht irgendwelche Versuche, die Wirklichkeit in ein »Prokrustesbett« zu zwingen, ihr ein künstliches Modell überzustülpen.

Das neue Denken ist nach innen und nach außen gerichtet. Es orientiert uns auf ein allgemeinmenschliches Streben, auf die von der ganzen Menschheit gewonnene Erfahrung. Da vollzieht sich ein sehr komplizierter Prozeß der Bildung von Idealen, von Orientierungspunkten für das Leben – vielleicht ist es der komplizierteste Prozeß überhaupt. Irgendwie werden wir schließlich mit der Wirtschaft zurechtkommen, da wir den Weg ökonomischer Freiheit zu einer gemischten Wirtschaft beschreiten, zur Reformierung der Eigentumsverhältnisse; wir geben den Bauern, Arbeitern und Unternehmern Handlungsfreiheit. Obwohl es schwer wird, wird sich mit der Zeit die Marktwirtschaft herausbilden.

Dennoch funktioniert die Marktwirtschaft in Abhängigkeit von den politischen Verhältnissen unterschiedlich. Warum kommt es zu einem Wechsel der politischen Macht von Konservativen zu Sozialdemokraten? Der Wechsel vollzieht sich dann, wenn das soziale Netz geschwächt wird und das Bedürfnis nach Humanisierung sozialer Verhältnisse laut wird. In einer bestimmten Etappe aber müssen die Produzenten Anlauf zu etwas Neuem nehmen, und sie schlagen eine härtere Gangart ein. Dann verdrängen die Konservativen die Sozialdemokraten. Anschließend nimmt der Druck auf die Unternehmer zu, und die Sozialdemokraten kommen wieder ans Ruder. Es entsteht das Bedürfnis nach einer neuen Dynamik in den sozialen und politischen Verhältnissen. Bei all diesen Wechseln bleiben gewisse Orientierungspunkte bestehen, von denen die Gesellschaft, die politische Macht nicht abweicht.

Und ich stelle mir die Frage: Wie verhalte ich mich jetzt zu Bernsteins Devise »Das Ziel ist nichts, die Bewegung alles«? Wir haben diese These immer gebrandmarkt. Heute aber denke ich, daß Bernstein recht hat. Der Sozialismus – die lebendige Schöpferkraft, das ist nicht das Endziel, sondern ständiger Zuwachs an Neuem. Wir müssen allem einen neuen Sinn geben und dürfen uns nicht vor Konsequenzen fürchten. Aber mich haben unsere »Falken« unter den Kommunisten bereits aus der Partei ausgeschlossen.

Gut, daß wir uns zur Freiheit durchgerungen haben, ohne sie gibt es keine Bewegung. Leonid Leonow, einer unserer bedeutendsten Schriftsteller, den ich oft getroffen habe, hat die Situation unserer Gesellschaft sehr gut umrissen. Das Hauptproblem ist, so sagte er mal, daß für zwei- bis dreihundert Jahre jetzt die neuen Lebensformen angelegt werden, die Menschen aber leben heute und wollen heute leben. Wie das eine mit dem anderen vereinen? Das Land ist in einer Systemkrise, es gilt, strategische Aufgaben zu lösen, doch gleichzeitig muß man den heute Lebenden das Gefühl auf tatsächliche Änderung zum Besseren vermitteln. Die Menschen können sich nicht allein an dem Bild einer leuchtenden Zukunft begeistern.

Daß wir dem Menschen das Menschsein zurückgegeben haben, bedeutet schon viel. Mit der Hinwendung zur Marktwirtschaft müssen die Menschen eine reale Verbesserung ihrer Lebensbedingungen spüren. Es ist so, als kehrten wir jetzt wieder zu den (nicht eingelösten) Vor-Oktober-Losungen zurück: die Entfremdung von der Macht, dem Eigentum, den Produktionsmitteln, der Kultur überwinden. Das ist die Lösung des Knotens.

Können Sie sich vorstellen, was es für einen Kommunisten bedeutete, die Idee von den allgemeinmenschlichen Werten ins Feld zu führen? Nach meinen Unterlagen waren fünfundsiebzig Prozent des ZK-Apparates gegen meine Position. Das habe ich gewußt und deshalb die Partei nicht verlassen. Wir hatten ein neues Programm sozialistischen Typs. Im Herbst sollte der Parteitag stattfinden, doch der Putsch kam dazwischen. Mir tun nicht die Putschisten leid, die Menschen sind es, die ich bedaure. Einfache Kommunisten sind in schwere Bedrängnis geraten.

Meine Situation hat sich verändert, aber ich verteidige dieselben Ideen. Als ich aus Foros zurückkam, mußte ich im Obersten Sowjet Rußlands auftreten, wo ich beleidigt, ja sogar gedemütigt wurde. Man muß bis zum Schluß aufrichtig sein, woran auch Jelzin seinen Anteil hat. Zu einer anderen Zeit wäre ich einfach gegangen, aber in dem Moment konnte ich nicht anders handeln. »Sie reden immer noch vom sozialistischen Standpunkt«, wurde mir vorgeworfen, »mit dem Besen sollte man den ganzen Sozialismus vom Territorium des Landes auskehren.« Meine Antwort lautete: »Veranstalten Sie hier kein Schnellgericht, begehen Sie keine Unbesonnenheit. Es geht um Millionen Menschen ...« Ich denke, ich habe den moralischen Sieg davongetragen.

Zur Erläuterung dieser Überlegungen führe ich einen Auszug aus dem Interview für die italienische Zeitung »La Stampa« vom 26. Dezember an:

Frage: »Sie bezeichnen sich immer noch als Sozialisten. Ist für Sie der Sozialismus auch jetzt noch ein Gesellschaftsentwurf, an den man glauben kann?«

Michail Gorbatschow: »Nicht der Sozialismus hat eine Niederlage erlitten, sondern der Stalinismus im Gewand des Sozialismus. Sozialismus hatten wir nicht; mehr noch, von Beginn an war es die Negation desselben, denn Sozialismus bedeutet Freiheit, Demokratie, realer Anteil des Volkes an den Staatsgeschäften. Ein ultrarevolutionäres Modell des Sozialismus hat die Niederlage erlitten, das alles nivelliert und niedergedrückt und jegliches Suchen verhindert hat. Ich jedenfalls fühle mich als Mitwirkender bei der kollektiven Suche nach Gerechtigkeit, Freiheit und Demokratie. Die Menschheit wird diese Suche fortsetzen – in verschiedenen Richtungen und Strömungen und mit unterschiedlichen Idealen.«

Frage: »Man könnte meinen, Sie zitieren Sacharow ...«

Michail Gorbatschow: »Ja, die Konvergenztheorie zweier Welten. Für mich sind die Überlegungen solcher Menschen, wie er einer war, und ihre moralische Integrität sehr wichtig.«

In der Hauptsache habe ich mich nicht geirrt

In den letzten Wochen des Jahres 1991 hatte ich mehr als genug Gründe, über meine Verantwortung für die Politik der Perestroika nachzudenken, dafür, wie sie durchgeführt wurde und zu welchen Resultaten sie führte. Um so mehr, als ich die kritische Stimmung in der Gesellschaft kannte. In diesen Wochen wurde ich mit Fragen von Journalisten wie etwa der folgenden überhäuft: »Viele reden heute von der Verantwortung des Präsidenten für das Schicksal der Union. Sagen Sie bitte, wenn Sie die Möglichkeit hätten, noch einmal von vorn anzufangen, welche prinzipiellen Veränderungen hätten Sie in Kurs, Strategie und Taktik bei der Abfolge der Reformetappen vorgenommen?«

»In der Strategie keine«, antwortete ich. »Was den politischen Kurs betrifft, bleibe ich meiner Wahl treu.« Dann folgten Angriffe an meine Adresse: Ich hätte das Land zugrunde gerichtet, den Sozialismus zerstört, Osteuropa weggegeben usw. – müßige Beschuldigungen, dazu noch mit provokatorischem Untertext. Unsere Gesellschaft wie die Osteuropas und Europas schlechthin, ja, der gesamte Planet sind reif für große, radikale Veränderungen. Die Welt geht, bildlich gesprochen, schwanger mit Veränderungen globalen Maßstabs. Einerseits ist die Zivilisation bereits auf anderem Niveau, und es herrscht ein höheres Bewußtsein von ihrem Stand. Andererseits geben die sich bereits entfaltenden Prozesse mächtige Impulse. Große nationale Kräfte sind zum Leben erwacht, die ihre Geschichte, ihr geistiges Potential, ihre Kultur retten. Schauen Sie sich nur mal unsere Republiken mit ihren gewaltigen intellektuellen Möglichkeiten an. Sie sind fähig, das Schicksal in ihre eigenen Hände zu nehmen, sie hoffen nicht mehr auf andere, erwarten keine Almosen. Das gab es bisher nicht . . . So akkumuliert die eine Seite neue Qualitäten.

Nehmen wir weiter die Ökologie. Wir standen am Rande der Katastrophe. Defizit der Ressourcen, verschmutztes Wasser, verseuchte Erde – das hat uns verwundbar gemacht. Fügen wir noch hinzu, daß in unserem Staat ein totalitäres Regime herrschte, das sowohl die geistige als auch die ökonomische und die politische Freiheit und die Demokratie unterdrückte, so war ein Umbruch unausweichlich. Es war gut, daß wir so mutig begonnen haben. Wenn es auch schwerfällt, sogar wenn es sehr schwerfällt, wir müssen durchhalten. Wenn wir in Unzufriedenheit verfallen, uns der Stimmung »Nieder mit allem« hingeben, werden wir uns in einer Situation wiederfinden, die man heute absolut nicht vorhersehen kann. Halten wir aber durch, wird man sagen können, daß diese Gesellschaft, die einem System das Rückgrat brechen und ein totalitäres Regime demontieren mußte, mit minimalen Verlusten davongekommen ist.

Es gab Fehlschläge, doch darüber habe ich bereits gesprochen.

Eine gründliche Einschätzung all dessen, was mit uns und mit unserem Land in diesen sieben Jahren geschah – das steht uns noch bevor. Im Dezember, als die Entwicklung der Ereignisse ein Überdenken der Perestroika geradezu forderte, habe ich mehr als einmal darüber geredet.

In dem Interview, das Vitali Tretjakow am 11. Dezember mit mir machte, stellte er mir folgende Frage:

»Wenn Sie sich an den April 1985, an den Beginn der Perestroika erinnern und dann zum heutigen Tag zurückkommen, können Sie sich einen glücklichen Politiker nennen, einen Mann, der diese fast sieben Jahre glücklich verbracht hat?«

»Gehe ich davon aus, wie mein Schicksal sich gefügt hat und daß ich nicht einfach nur Beteiligter war, sondern an der Spitze dieser Prozesse stand, meine ich schon, daß ich ein außergewöhnliches Schicksal hatte . . . ungeachtet der Prüfungen, die ich zu bestehen hatte, ungeachtet der übermächtigen Bürde. Ich kenne keine glücklichen Reformer. Doch mit meinem Schicksal bin ich zufrieden. Das heißt natürlich nicht, daß ich mit jedem Tag, mit jedem einzelnen Entschluß zufrieden bin.

Was macht man jetzt nicht alles aus dem Präsidenten! Es ist widerlich zu lesen. Aber ich beachte es nicht. Was mir Kraft gibt und mich geistig im Gleichgewicht hält, das finde ich in einer ausgeglichenen Gemütsverfassung, weil ich weiß, daß ich mich in der Hauptsache nicht geirrt habe. Ich selbst habe den Entschluß gefaßt, mich von der Macht zu trennen, die mir von der Geschichte zuteil wurde, ich selbst bin den Weg der Reformen gegangen, den Weg der totalen Demontage des Systems.«

»Dennoch haben Sie wohl damals nicht geahnt, wie die Dinge laufen würden?«

»Das behalte ich für mich. Ich habe in den vergangenen Tagen schon mehr dazu gesagt, als es üblich ist ... Wer kannte denn schon Gorbatschows Pläne? Jetzt erst werden sie klar. Wie oft habe ich von unseren ›herausragenden‹ Demokraten gehört: Gorbatschow hat sich verausgabt, er ist in den Fängen der Konservativen, da windet er sich nie heraus, das sitzt in seinen Genen ... Das ist alles Quatsch. Ich kenne doch die ganze Maschinerie. Wenn ich gegangen wäre, wo stünden wir denn jetzt? Haben Sie die letzten ZK-Plenen verfolgt? Das war doch Mord und Totschlag. Und wenn Sie sich an den Parteitag der Russischen Kommunistischen Partei erinnern, an die Rufe ›Alle Politbüromitglieder an die Wand! Gebt es ihnen! Zermalmt sie!‹«

»Überschätzen Sie nicht deren Stärke?«

»O nein. Das ist ein mächtiges System. Man muß jetzt unbedingt sehr schnell den wirklichen politischen Pluralismus schaffen. Ohne ihn ist die Demokratie nicht lebensfähig. Und es ist wichtig, daß das so schnell wie möglich geschieht. Das ist jetzt das wichtigste. Wenn die Menschen aus der politischen Bahn geworfen werden, ist das sehr gefährlich, weil dann die Mechanismen nicht funktionieren, auf die sich die Demokratie stützen muß.«

Mag die Geschichte ihr Urteil sprechen

Um dieses Thema ging es bei einem Journalistentreffen vom 12. Dezember. An meiner Stelle hätten viele unserer sogenannten Helden längst alles hingeworfen. Man wollte mich geradezu in Stücke reißen. Auch die Partei, der militärisch-industrielle Komplex, die Freunde der neuen Union – alle haben sie auf mir rumgehackt. Ich mußte flexibel sein, doch die Hauptideen der Perestroika, eingeschlossen die politischen und ökonomischen Reformen und die Erneuerung als Vielvölkerstaat – das habe ich »durchgezogen«, wenn auch nicht ohne Fehler. Ich habe manchmal unzeitgemäße Beschlüsse geduldet, habe irgendwann die Augenblicke verpaßt, manches nicht richtig eingeschätzt ...

Wenn man mir sagt: Es gab kein richtiges Programm, das und jenes ist nicht getan worden... Wissen Sie, das alles sind alte kommunistische abgedroschene Formeln. Da fordern sie: Gib uns ein Modell, treib uns wieder in die Kollektivierung oder sonstwohin... Ich aber will, daß dieser Prozeß von den Menschen ausgeht, daß man die neuen Werte, die Freiheit, auch die ökonomische, nutzt und sich aus der intellektuellen Sklaverei befreit.

Ich meine, mir wurde ein großes Schicksal zuteil. Das Hauptwerk meines Lebens ist getan. Es werden andere kommen und es vielleicht besser machen. Ich will, daß die Sache zum Erfolg geführt wird, nicht zur Niederlage.

Mag die Geschichte selbst ihr Urteil sprechen. Wir sind inmitten eines stürmischen Lebensstroms, doch wir versuchen, die Perspektiven von der Position des schnellebigen heutigen Tages zu analysieren. Wie heißt es doch? Steht man von Angesicht zu Angesicht, erkennt man die Gesichter nicht. Die Historiker werden urteilen. Doch von der Hauptsache bin ich überzeugt. Die Prozesse, die von mir eingeleitet wurden, waren für die Gesellschaft notwendig. Sie hätten in jedem Fall stattgefunden, aber nicht durch eine Evolution, durch Reformen angestoßen, sondern durch eine Explosion.

Wir haben begonnen, unsere Gesellschaft zu reformieren; wir haben ihrer Gesundung, der Erneuerung auf demokratischen Prinzipien, der Freiheit der Wahl, der politischen und intellektuellen Freiheit, der sozialen Gerechtigkeit in einem Rechtsstaat einen großen Impuls gegeben. Das war notwendig. Aber es ist ein gewaltiges Ziel, das man nicht im Vorbeigehen schafft.

Ich habe so viele Erfahrungen gemacht, daß ich mich absolut frei fühle. Gleichzeitig denke ich, daß die von mir erarbeiteten Werte im Namen der Freiheit meines Landes und für neue internationale Beziehungen genutzt werden sollten. Und ich fühle genügend Kräfte in mir, um meine Arbeit fortzusetzen.

»Sind Sie eigentlich gelassen?« fragte mich Giulietta Chiesa von »La Stampa«. »Oder haben Sie nicht Angst, daß man Sie zum Sündenbock stempelt, wenn die Sache schlecht ausgeht?«

Das geschieht ja oft in der Geschichte. Wenn Politiker ihre

Macht einbüßen oder die Situation nicht unter Kontrolle haben, versuchen sie, die Aufmerksamkeit der Bürger auf andere Probleme zu lenken und suchen fieberhaft nach einem Sündenbock. Man kann also nichts ausschließen. Erste Anzeichen einer solchen Taktik gibt es schon. Aber ich bin ruhig. Provokateure sind der Schande preisgegeben, die Antwort auf sie gibt das Gesetz.

Immer wieder stellen mir russische und ausländische Journalisten die Frage: »Haben Sie nicht die Absicht, sich an die Spitze der Opposition zu stellen?«

Mein Überwechseln in die Opposition wäre durch nichts gerechtfertigt, weder vom politischen Standpunkt, noch von dem der Interessenlage unseres Landes aus gesehen. Das habe ich in fast allen Interviews in den letzten Wochen meines Präsidentenamtes gesagt. Und ich habe es im Gespräch mit Giulietta Chiesa und beim Abschiedsempfang für die Journalisten im Hotel »Oktjabrskaja« wiederholt. Es ist absolut undenkbar, daß Gorbatschow gegen die Reformpolitik in Rußland auftritt. Ich kann Ratschläge erteilen, mein Urteil abgeben, aber ich verfechte den Reformkurs und erkläre auch jetzt, daß wir die Führung Rußlands unterstützen müssen. So habe ich mich auch Jelzin gegenüber geäußert.

Ich kann mir den Gedanken überhaupt nicht vorstellen, in die Opposition zu gehen. Opposition wogegen? Gegen die demokratischen Reformen? Gegen mich selbst? So einer ist Gorbatschow nicht, und das wissen alle.

Jetzt habe ich mehr Möglichkeiten. Ob ich es bedaure, das Amt des Präsidenten aufgegeben zu haben? Vom ersten Tag meiner Machtübernahme habe ich die Macht bewußt verteilt. Ich schätze nicht die Macht um der Macht willen.

Nun, in meiner neuen Lage, habe ich durchaus große Pläne. Ich bekomme viele Angebote, darunter auch von meinen ausländischen Freunden, doch ich konzentriere meine Tätigkeit auf Rußland.

Glossar

Akajew, Askar: Präsident von Kyrgystan

Andropow, Juri Wladimirowitsch: 1982–1984 als Nachfolger Leonid Breschnews Generalsekretär der KPdSU und nominelles Staatsoberhaupt

Bernstein, Eduard: sozialdemokratischer Theoretiker, Kritiker der marxistischen Theorie und Vertreter des sogenannten Revisionismus

Bessmertnych, Alexander Alexandrowitsch: ehemaliger sowjetischer Außenminister

Bjelarus: der neue Name für die frühere sowjetische Republik Belorußland, auch »Weißrußland« genannt.

Boldin, Waleri Iwanowitsch: ehemaliges Mitglied des Präsidialrates Gorbatschows

Burbulis, Gennadi Eduardowitsch: Erster Stellvertretender Ministerpräsident Rußlands

GKTschP: Abkürzung für das »Notstandskomitee« der Putschisten vom 17. bis 21. August 1991

Gratschow, Andrej: ehemaliger Pressesprecher von Gorbatschow

Grischin, Viktor Wassiljewitsch: ehemaliges Mitglied im Präsidium des Obersten Sowjets der UdSSR

Ignatenko, Witali Nikolajewitsch: Generaldirektor der Nachrichtenagentur TASS

Iskandarow, Akbarscho Iskandarowitsch: ehemaliger Stellvertretender Vorsitzender des Obersten Sowjets von Tadschikistan

Jakowlew, Alexander Nikolajewitsch: Ko-Vorsitzender der »Demokratischen Reformbewegung« und Stellvertretender Präsident der Internationalen Stiftung für sozialökonomische und politologische Studien (Gorbatschow-Stiftung)

Jakowlew, Jegor Wladimirowitsch: Vorsitzender der staatlichen Gesellschaft für Rundfunk und Fernsehen

Janajew, Gennadi Iwanowitsch: ehemaliger sowjetischer Vizepräsident; Mitglied des »Notstandskomitees« der Putschisten vom August 1991

Janitschek, G.: ehemaliger Generalsekretär der Sozialistischen Internationale

Jawlinski, Grigori: Chef des unabhängigen »Zentrums für ökonomische und politische Forschungen« in Moskau

Krjutschkow, Wladimir Alexandrowitsch: ehemaliger KGB-Vorsitzender; Mitglied des »Notstandskomitees« der Putschisten vom August 1991

Lukjanow, Anatoli Iwanowitsch: ehemaliger Vorsitzender des Obersten Sowjets der UdSSR; Mitglied des »Notstandskomitees« der Putschisten vom August 1991

Michnik, Adam: polnischer Historiker, seit 1989 Mitglied des Senats

Muradow, Sachat Nepesowitsch: ehemaliger Vorsitzender des Obersten Sowjets von Turkmenistan

Nabijew, Rauhmon: Präsident von Tadschikistan

Pamjat: »Erinnerung«, nennt sich seit 1989 »Nationalpatriotische Front«; 1985 gegründete, russische, nationalistische Bewegung, in deren Ideologie der Antisemitismus eine große Rolle spielt; Anhänger provozierten im Januar 1990 im Moskauer Zentralen Literaturhaus eine Schlägerei mit jüdischen Intellektuellen

Panow, Waleri: Tänzer, Leiter des Donner Balletts

Ryschkow, Nikolai Iwanowitsch: ehemaliger sowjetischer Ministerpräsident

Schachrai, Sergej Michailowitsch: ehemaliger Vorsitzender des Komitees für Gesetzgebung im Obersten Sowjet der Russischen Republik

Schewardnadse, Eduard: sowjetischer Außenminister unter Gorbatschow, trat Ende 1990 unter Protest gegen die konservativen Angriffe auf Gorbatschows Reformen zurück und wurde am 20. November 1991 erneut zum Außenminister berufen

Schuschkewitsch, Stanislaw: Parlamentspräsident von Bjelarus

Silajew, Iwan Stepanowitsch: 1990 zum russischen, 1991 (nach dem August-Putsch) zum sowjetischen Ministerpräsidenten berufen und zum Leiter des neuen zentralstaatlichen Komitees für Wirtschaftspolitik ernannt; heute Ständiger Vertreter Rußlands bei der EG

Stschedrin, Rodion: Komponist

Tschalidse, Waleri: Physiker; galt früher als Dissident

Tschernjajew, Anatoli Sergejewitsch: ehemaliger Berater Gorbatschows für auswärtige Angelegenheiten

Anhang

Anmerkung des Verlages zu den Texten im Anhang

Die Texte der in diesem Buch enthaltenen offiziellen Erklärungen, Beschlüsse, Vertragsentwürfe etc. sind mit den entsprechenden deutschen Übersetzungen von dpa und AP sowie im Fall des Vertragsentwurfs über die Union Souveräner Staaten mit der Übersetzung der FAZ abgestimmt und nur in den Fällen geändert, in denen Michail Gorbatschow über eine neuere, endgültige Fassung verfügt. Wir danken den Presseagenturen und der FAZ für ihre freundliche Unterstützung. Wir danken auch der Zeitschrift »Sowjetunion heute« für die freundliche Genehmigung, die Übersetzung des »Vertrags über eine Wirtschaftsgemeinschaft« zu übernehmen.

Gesetz über Organe der Staatsmacht und der Regierung der UdSSR in der Übergangszeit

Artikel 1: Das höchste Machtorgan der Union in der Übergangszeit ist der Oberste Sowjet der UdSSR, der sich aus zwei selbständigen Kammern zusammensetzt, dem Rat der Republiken und dem Rat der Union.

Dem Rat der Republiken gehören je 20 Abgeordnete der UdSSR und der Unionsrepubliken an, die von den höchsten Machtorganen dieser Republiken delegiert werden. Angesichts des föderativen Aufbaus der RSFSR hat sie im Rat der Republiken 52 Abgeordnete. Unionsrepubliken, denen autonome Republiken und Formationen angehören, entsenden in den Republikenrat zusätzlich je einen Deputierten von jeder Republik und Autonomie. Aus Gründen der Gleichberechtigung hat jede Republik bei der Abstimmung im Rat der Republiken je eine Stimme.

Der Rat der Union wird von den höchsten Machtorganen der Unionsrepubliken nach den heute bestehenden Quoten aus Volksdeputierten der UdSSR zusammengesetzt.

Artikel 2: Der Rat der Republiken und der Unionsrat nehmen durch gemeinsame Entscheidungen Verfassungsänderungen vor, nehmen neue Staaten auf, hören den Präsidenten der UdSSR zu den wichtigsten Fragen der Innen- und Außenpolitik an, verabschieden den Unionshaushalt und bestätigen den Bericht über dessen Erfüllung, erklären Krieg und schließen Frieden.

Der Rat der Republiken nimmt Beschlüsse zur Organisation

und ordnungsgemäßen Tätigkeit der Unionsorgane an, ratifiziert und kündigt internationale Verträge der UdSSR.

Der Unionsrat behandelt Fragen der Gewährleistung von Rechten und Freiheiten der Bürger der UdSSR und nimmt Beschlüsse zu allen Kompetenzfragen des Obersten Sowjets der UdSSR an, ausgenommen diejenigen, die sich in der Kompetenz des Rates der Republiken befinden. Die vom Rat der Union verabschiedeten Gesetze treten nach Bestätigung durch den Rat der Republiken in Kraft.

Die höchsten Organe der Staatsmacht der Unionsrepubliken sind berechtigt, auf ihrem Territorium die Wirkung der vom Obersten Sowjet angenommenen Gesetze auszusetzen, falls diese der Verfassung der jeweiligen Republik zuwiderlaufen.

Artikel 3: Zur abgestimmten Lösung von Fragen der Innen- und Außenpolitik, die gemeinsame Interessen der Republiken berühren, wird ein Staatsrat gebildet. Dem Staatsrat gehören der Präsident der UdSSR und die höchsten in der Verfassung der UdSSR genannten Amtspersonen der Republiken an. Die Arbeit des Staatsrates wird vom Präsidenten der UdSSR geleitet. Der Staatsrat der UdSSR bestimmt die Geschäftsordnung. Die Beschlüsse des Staatsrates sind bindend.

Artikel 4: Das Amt des Vizepräsidenten der UdSSR wird aufgehoben.

Falls der Präsident der UdSSR aus irgendwelchen Gründen seine Pflichten nicht wahrnehmen kann (auch aus gesundheitlichen Gründen, was durch ein Gutachten der Staatlichen Medizinischen Kommission bestätigt wird, die der Oberste Sowjet bildet), wählt der Staatsrat eines seiner Mitglieder zum Staatsratsvorsitzenden, der die Pflichten des Präsidenten der UdSSR wahrnimmt. Diese Entscheidung muß binnen drei Tagen vom Obersten Sowjet der UdSSR bestätigt werden.

Artikel 5: Zur Koordinierung der Volkswirtschaft bilden – in Übereinstimmung mit der Verwirklichung ökonomischer und sozialpolitischer Reformen – die Republiken auf paritätischer Grundlage ein interrepublikanisches Wirtschaftskomitee. Sein Vorsitzender wird vom Präsidenten der UdSSR mit Zustimmung des Staatsrates nominiert. Die Führung der gemeinsamen Unionsorgane, die für Verteidigungs- und Sicherheitspolitik, Rechtsordnung und internationale Angelegenheiten zuständig sind, wird unmittelbar vom Präsidenten der UdSSR und vom Staatsrat wahrgenommen.

Das interrepublikanische Wirtschaftskomitee und die Führer der Allunionsorgane sind in ihrer Tätigkeit gegenüber dem Präsidenten, dem Staatsrat der UdSSR und dem Obersten Sowjet der UdSSR rechenschaftspflichtig.

Artikel 6: Der Status der Volksdeputierten der UdSSR wird für die Dauer ihrer Vollmachten aufrechterhalten, einschließlich des Rechts, an der Arbeit des Obersten Sowjets der UdSSR und seiner Organe teilzunehmen.

Artikel 7: Der Präsident beruft die erste Tagung des neuen Obersten Sowjets der UdSSR spätestens am 2. Oktober 1991 ein.

In der Periode bis zum Arbeitsbeginn des Obersten Sowjets der UdSSR in neuer Zusammensetzung bleiben die Vollmachten des existierenden Obersten Sowjets gewahrt, der durch die Vertreter der Kammern eine Tagung einberufen kann.

Artikel 8: Die Verfassung der UdSSR behält ihre Gültigkeit in den Teilen, die diesem Gesetz nicht widersprechen.

Die vom Obersten Sowjet der UdSSR verabschiedeten Verfassungsänderungen treten nach Ratifizierung durch die höchsten gesetzgebenden Organe aller Unionsrepubliken in Kraft.

Artikel 9: Vorliegendes Gesetz tritt mit seiner Veröffentlichung in Kraft, ausgenommen Artikel 2, der mit der Eröffnung der ersten Tagung des Obersten Sowjets in Kraft tritt.

Moskau, Kreml
5. September 1991

Der Präsident der UdSSR
M. Gorbatschow

Erklärung des Präsidenten der UdSSR und der höchsten Führer der Unionsrepubliken

Der Staatsstreich vom 19. bis 21. August hat den Prozeß der Formierung neuer Unionsbeziehungen zwischen den Souveränen Unionsstaaten zum Erliegen und das Land an den Rand einer Katastrophe gebracht.

Wenn die nach dem Putsch entstandene Situation der Kontrolle entgleitet, kann dies zu unabsehbaren Folgen im Inland und in den Beziehungen zu anderen Staaten führen. Wir stellen fest, daß die Vereitelung der Verschwörung und der Sieg der demokratischen Kräfte den reaktionären Kräften und all dem, was dem Prozeß demokratischer Umgestaltungen im Wege stand, einen ernsthaften Schlag versetzt hat. Dadurch ist eine historische Chance für die Beschleunigung demokratischer Umgestaltungen und für die Erneuerung des Landes entstanden.

Unter diesen Bedingungen einigten sich legal gewählte höchste Führer des Landes, und zwar der Präsident der UdSSR, Präsidenten und Parlamentspräsidenten der Republiken, um einen weiteren Zerfall der Machtstrukturen zu verhindern und um ein neues politisches und staatliches System in den Beziehungen zwischen den Republiken herzustellen, interrepublikanische Machtstrukturen der Union für die Übergangszeit bis zur Annahme einer neuen Verfassung und bis zur Durchführung auf dieser Grundlage von Wahlen zu neuen Machtorganen zu bilden, darauf, daß es notwendig ist:

1. einen Vertrag über die Union Souveräner Staaten auszuarbeiten und von allen interessierten Republiken unterzeichnen zu lassen, in dem jede von ihnen die Form ihrer Beteiligung an der Union selbständig festlegen kann;
2. an alle Republiken unabhängig von ihrem deklarierten Status mit dem Vorschlag über den unverzüglichen Abschluß eines Wirtschaftsbündnisses zu appellieren, um einen einheitlichen Wirtschaftsraum zu schaffen und ein normales Funktionieren der Volkswirtschaft sowie die normale Versorgung der Bevölkerung und eine schnelle Durchsetzung radikaler Wirtschaftsreformen zu gewährleisten;
3. unter den Bedingungen der Übergangszeit folgende Organe zu bilden:
   – Repräsentantenrat der Volksdeputierten nach dem Prinzip einer gleichen Vertretung der Unionsrepubliken (je 20 Volksdeputierte von der UdSSR und den Unionsrepubliken, die von den jeweiligen Republiken zur Lösung von gemeinsamen Grundsatzfragen delegiert werden);
   – Staatsrat, dem der Präsident der UdSSR und die höchsten Amtspersonen der Republiken angehören, zur abgestimmten Lösung zu Fragen der Innen- und Außenpolitik, die gemeinsame Interessen der Republik betreffen.
   – Zur Koordinierung der Wirtschaftspolitik und Abstimmung der Wirtschaftsreformen soll zeitweilig ein interrepublikanisches Wirtschaftskomitee aus Vertretern aller Unionsrepubliken auf paritätischer Grundlage geschaffen werden.
   Der Verfassungsentwurf wird nach Ausarbeitung von den Parlamenten der Republiken erörtert und bestätigt. Die Verfassung wird auf einem Kongreß der bevollmächtigten Vertreter der Unionsrepubliken endgültig angenommen.
   Der Status aller gewählten Volksdeputierten wird für die ganze Zeit, für die sie gewählt wurden, bestätigt. Wir wenden uns deshalb an den Volksdeputiertenkongreß mit der Bitte, die Wirkung der entsprechenden Paragraphen der Verfassung zeitweilig auszusetzen;
4. ein auf dem Prinzip der kollektiven Sicherheit basierendes Verteidigungsabkommen abzuschließen, um einheitliche Streit-

kräfte und einen einheitlichen militärstrategischen Raum zu erhalten sowie radikale Reformen in den Streitkräften, im KGB, im Innenministerium und in der Staatsanwaltschaft, unter Respektierung der Souveränität der Republiken durchzuführen;
5. eine strikte Einhaltung aller internationalen Abkommen und Verpflichtungen zu bestätigen, die von der UdSSR übernommen worden waren, einschließlich der Fragen der Rüstungsreduzierung und -kontrolle sowie außenwirtschaftlicher Verpflichtungen;
6. eine Erklärung zu verabschieden, die Rechte und Freiheiten der Bürger unabhängig von ihrer Nationalität, ihrem Wohnort, ihrer Parteizugehörigkeit und ihren politischen Ansichten sowie die Rechte nationaler Minderheiten garantiert;
7. die Volksdeputierten zu bitten, den Appell an die UNO über die Anerkennung der Republiken als Objekte des internationalen Rechts und deren Aufnahme in diese Organisation zu unterstützen.

Angesichts der Dringlichkeit der genannten Maßnahmen, die von der entstandenen Situation diktiert werden, bitten wir den Kongreß, Entscheidungen zu den vorgelegten Fragen schnellstens herbeizuführen.

Die Erklärung wurde unterzeichnet von dem Präsidenten der UdSSR und den höchsten Führern der RSFSR, der Ukraine, von Bjelarus, Usbekistan, Kasachstan, Aserbaidschan, Kyrgystan, Tadschikistan, Turkmenien und Armenien. Vertreter Georgiens nahmen an der Arbeit teil.

Beschluß des Kongresses der Volksdeputierten der UdSSR über Fragen, die aus der gemeinsamen Erklärung des Präsidenten der UdSSR und der höchsten Amtspersonen der Republiken sowie aus den Beschlüssen der außerordentlichen Tagung des Obersten Sowjets der UdSSR resultieren

Im Ergebnis des Staatsstreichs vom 19. bis 21. August 1991 wurde im Sinne einer Warnung der Prozeß der Bildung neuer Unionsbeziehungen zwischen den Souveränen Staaten in Gang gesetzt. Die entstandene Situation kann zu schweren Folgen im Land selbst wie auch für die Beziehungen zu ausländischen Staaten führen.

Die Vereitelung der Verschwörung und der Sieg der demokratischen Kräfte haben der Reaktion und allen, die den Prozeß der demokratischen Umwandlung behindert haben, einen schweren Schlag versetzt. Somit entstand die historische Chance für die Beschleunigung grundlegender Umwandlungen und eine Erneuerung des Landes.

Um einen weiteren Verfall der Machtstrukturen zu verhindern, verkündet der Kongreß der Volksdeputierten eine Übergangsperiode zur Bildung eines auf der Willensäußerung der Republiken begründeten neuen Systems der zwischenstaatlichen Beziehungen im Interesse der Völker.

Der Kongreß der Volksdeputierten der UdSSR beschließt:

1. Vorschläge, die sich aus der gemeinsamen Erklärung des Präsidenten der UdSSR und der höchsten Amtspersonen der Unionsrepubliken sowie aus dem Beschluß des Obersten Sowjets der UdSSR über die durch den Staatsstreich entstandene Situation ergeben, werden hiermit gebilligt.
2. Die Ausarbeitung und Unterzeichnung des Vertrages über die Union Souveräner Staaten, in dem jeder von ihnen die Form seiner Teilnahme an der Union selbständig bestimmen kann, sollen beschleunigt werden. Die neue Union soll sich auf Prinzipien der Unabhängigkeit und der territorialen Integrität der Staaten, Menschen- und Völkerrechte, der sozialen Gerechtigkeit und der Demokratie gründen.
3. Vereinbarungen (Verträge) über die wirtschaftliche, wissenschaftlich-technische und finanzielle Zusammenarbeit, über ökologische Sicherheit, den Schutz von Rechten und Freiheiten der Bürger, über Grundsätze der kollektiven Sicherheit und Verteidigung, zur einheitlichen Kommandogewalt über die atomaren Waffen sowie andere Massenvernichtungswaffen sollen ausgearbeitet und unterzeichnet werden.
   Das interrepublikanische Wirtschaftskomitee nimmt unverzüglich die Ausarbeitung und Unterzeichnung des Vertrags über eine Wirtschaftsunion in Angriff; er soll einen offenen Charakter haben, und die Teilnahme bedingt nicht die Unterzeichnung des Unionsvertrags.
4. Der Präsident, der Oberste Sowjet der UdSSR und der Staatsrat müssen die Rechtsnachfolge der Macht und des Regierens gewährleisten, um einen friedlichen, geordneten Übergang zu einer bürgerlich-demokratischen Gesellschaft zu garantieren.
5. In der Übergangszeit müssen alle internationalen Abkommen und Verpflichtungen der UdSSR, einschließlich der Rüstungskontrolle und -reduzierung, der Menschenrechte und der außenwirtschaftlichen Verpflichtungen strikt befolgt werden.
   Das Streben der Republiken nach Anerkennung als Subjekte des Völkerrechts und nach Aufnahme in die UNO soll unterstützt werden.
6. Allen staatlichen Organen, Institutionen, Organisationen und Amtspersonen sollen in der Übergangszeit die von der Verfas-

sung der UdSSR, den Gesetzen der UdSSR und den Republiken proklamierten und garantierten Rechte und Freiheiten der Bürger, Pressefreiheit, Gewissensfreiheit, das Recht auf Gründung politischer Parteien, Gewerkschaften und gesellschaftlicher Vereinigungen gewährleistet werden.

7. Die Erlangung einer vollständigen Unabhängigkeit durch die Republiken, die die Teilnahme an der neuen Union ablehnen, erfordert Verhandlungen mit der UdSSR über ihren Austritt sowie ihren unverzüglichen Beitritt zum Abkommen über die Nichtweiterverbreitung von Atomwaffen, Ratifizierung der KSZE-Schlußakte und anderer wichtiger internationaler Verträge und Vereinbarungen einschließlich solcher, die persönliche Rechte und Freiheiten garantieren.

Moskau, Kreml
5. September 1991

Kongreß der Volkdeputierten der UdSSR

Vertrag über die Union Souveräner Staaten

Die Staaten, die diesen Vertrag unterzeichnen, gehen von ihren Erklärungen über die staatliche Souveränität aus und anerkennen das Recht der Nationen auf Selbstbestimmung;

unter Beachtung der Nähe der historischen Schicksale ihrer Völker und im Bemühen, in Freundschaft und Einvernehmen zu leben, gewährleisten sie die gleichberechtigte Zusammenarbeit zu beiderseitigem Vorteil;

in der Sorge um das materielle Wohlergehen und die geistige Entwicklung, die gegenseitige Bereicherung der nationalen Kulturen und die Gewährleistung allgemeiner Sicherheit;

in dem Wunsch, zuverlässige Garantien für die Rechte und Freiheiten der Bürger zu schaffen,

haben sie beschlossen, die Union Souveräner Staaten zu gründen und dabei nach folgenden Vereinbarungen zu verfahren:

I. Grundprinzipien

Erstens: Jede Republik, die dem Unionsvertrag angehört, ist ein souveräner Staat. Die Union der Souveränen Staaten ist ein föderativer, demokratischer Staat, der die staatliche Macht in den Grenzen derjenigen Vollmachten ausübt, mit denen sie die Vertragspartner freiwillig ausstatten.

Zweitens: Die Staaten, die diese Union bilden, behalten das

Recht, alle Fragen ihrer eigenen Entwicklung selbst zu entscheiden, indem sie allen auf ihrem Territorium lebenden Völkern gleiche politische Rechte und Möglichkeiten sozialökonomischer sowie kultureller Entwicklung gewährleisten. Die Vertragspartner orientieren sich am Zusammenwirken allgemeinmenschlicher und nationaler Werte und wenden sich entschieden gegen Rassismus, Chauvinismus, Nationalismus und alle Versuche, die Rechte von Völkern einzuschränken.

Drittens: Die Staaten, die die Union bilden, halten die Priorität der Menschenrechte gemäß der Menschenrechtserklärung der Vereinten Nationen und anderen allgemein anerkannten Normen des internationalen Rechts für ein äußerst wichtiges Prinzip. Allen Bürgern werden die Möglichkeit des Erlernens und der Gebrauch der Muttersprache, der ungehinderte Zugang zu Informationen, die Freiheit des Glaubens sowie andere politische, sozialökonomische und persönliche Rechte und Freiheiten garantiert.

Viertens: Die Staaten, die die Union bilden, erblicken in der Bildung einer zivilen Gesellschaft eine äußerst wichtige Vorbedingung für die Freiheit und das Wohlergehen des Volkes sowie jedes Menschen. Sie werden danach streben, die Bedürfnisse der Menschen gemäß der freien Wahl der Eigentums- und Wirtschaftsformen, der Entwicklung eines unionsweiten Marktes, der Verwirklichung der Prinzipien sozialer Gerechtigkeit und Sicherheit zu befriedigen.

Fünftens: Die Staaten, die die Union bilden, bestimmen selbständig ihre nationalstaatliche und territorial-verwaltungstechnische Struktur sowie das System der Macht- und Verwaltungsorgane. Die Vertragsparteien erkennen die Demokratie auf der Grundlage von Volksvertretungen und der unmittelbaren Willensbekundung der Völker als allgemeines Grundprinzip an und streben nach der Schaffung eines Rechtsstaates, der als Garant dient gegen jedwede Tendenzen zu Totalitarismus und Willkür.

Sechstens: Die Staaten, die die Union bilden, gewährleisten den Erhalt und die Entwicklung der nationalen Traditionen, die staatliche Unterstützung der Bildung, des Gesundheitswesens und der Kultur. Sie werden einen intensiven Austausch und die gegenseitige Bereicherung der humanistischen geistigen Werte und Errungenschaften der Völker der Union und der ganzen Welt fördern.

Siebtens: Die Union der Souveränen Republiken tritt hinsichtlich der internationalen Beziehungen als ein souveräner Staat auf, als ein Subjekt des Völkerrechts und als Nachfolgerin der Union der Sowjetischen Sozialistischen Republiken. Ihre Hauptziele in der internationalen Arena sind ein stabiler Frieden, Abrüstung, die Liquidierung von Kern- und anderen Massenvernichtungswaffen, die Zusammenarbeit der Staaten und die Solidarität bei der Lösung der globalen Probleme der Menschheit. Die Staaten, die die Union bilden, sind vollberechtigte Mitglieder der internationalen Gemeinschaft. Sie haben das Recht, unmittelbar diplomatische, konsularische und Handelsbeziehungen mit anderen Staaten aufzunehmen und bevollmächtigte Vertretungen auszutauschen, internationale Verträge zu schließen und sich an die Tätigkeit internationaler Organisationen zu beteiligen, ohne die Interessen anderer Unionsstaaten oder ihre gemeinsamen Interessen sowie die internationalen Verpflichtungen der Union zu beeinträchtigen.

II. Die Struktur der Union

Artikel 1: Mitgliedschaft in der Union. Die Mitgliedschaft in der Union ist freiwillig. Die Union ist offen für den Beitritt anderer demokratischer Staaten, die den Vertrag anerkennen. Die Staaten, die die Union bilden, behalten das Recht zum freien Austritt nach der Regelung, die durch die Vertragsparteien festgelegt wurde und in der Verfassung der UdSSR verankert ist.

Artikel 2: Staatsbürgerschaft. Der Bürger eines Staates, der Teil der Union ist, ist zugleich Bürger der Union. Die Bürger der Union haben gleiche Rechte, Freiheiten und Verpflichtungen, wie sie in der Verfassung, durch Gesetze und internationale Abkommen der Union festgelegt sind.

Artikel 3: Das Territorium der Union. Das Territorium der Union besteht aus den Territorien aller Staaten, die sie bilden. Die

Union garantiert die Unverletzlichkeit der Grenzen der Staaten, die in sie eingehen.

Artikel 4: Die Beziehungen zwischen den Staaten, die die Union bilden. Sie werden durch diesen Vertrag geregelt, durch die Verfassung der UdSSR, durch Verträge und Abkommen, die diesem nicht widersprechen. Die Vertragsparteien bauen ihre gegenseitigen Beziehungen im Verband der Union auf der Grundlage der Gleichheit, der Achtung der Souveränität, der Nichteinmischung in innere Angelegenheiten, der Lösung von Konflikten auf friedlichem Wege, der Zusammenarbeit und gegenseitigen Hilfe, der gewissenhaften Erfüllung der Verpflichtungen des Unionsvertrags und der Verträge zwischen den Republiken. Die Staaten, die die Union bilden, verpflichten sich, in den Beziehungen untereinander nicht zu Gewalt oder zur Gewaltandrohung zu greifen, die territoriale Unversehrtheit gegenseitig zu achten und keine Verträge zu schließen, die den Zielen der Union zuwiderlaufen oder gegen die Vertragsparteien gerichtet sind.

Artikel 5: Die bewaffneten Kräfte der Union. Die Union Souveräner Staaten verfügt über einheitliche bewaffnete Kräfte mit zentraler Leitung.

Ziele, Bestimmung und Einsatzfolge der gemeinsamen bewaffneten Kräfte werden ebenso wie die Kompetenzen der Teilnehmerstaaten auf dem Gebiet der Verteidigung durch eine in diesem Vertrag vorgesehene Übereinkunft reguliert.

Die Vertragsparteien haben das Recht, republikanische bewaffnete Kräfte zu bilden, deren Funktion und Stärke in der genannten Übereinkunft bestimmt werden.

Nicht zulässig ist der Einsatz der bewaffneten Truppen der Union innerhalb des Landes, außer bei der Mithilfe nach Natur- und ökologischen Katastrophen sowie bei Fällen, die bei der Regelung einer Ausnahmesituation vorgesehen sind.

Artikel 6: Die Sphäre der gemeinsamen Zuständigkeit der Vertragsparteien und multilaterale Vereinbarungen. Die Vertragsparteien bilden einen gemeinsamen politischen und ökonomischen Hoheitsraum und gründen ihre Beziehungen auf den im Vertrag verankerten Prinzipien und deren Vorrangstellung. Die Beziehungen zu den Staaten, die nicht in die Union Souveräner Staaten eingehen, basieren auf allgemein anerkannten Normen des internationalen Rechts.

Zum Ziel der Gewährleistung der allgemeinen Interessen der Vertragspartner werden Sphären gemeinsamer Kompetenz festgelegt und entsprechende multilaterale Verträge und Vereinbarungen abgeschlossen:

- über die Wirtschaftsgemeinschaft
- über gemeinsame Verteidigung und kollektive Sicherheit
- über die Koordination der Außenpolitik
- über die Koordination allgemeiner wissenschaftlich-technischer Programme
- über den Schutz der Menschenrechte und der nationalen Minderheiten
- über die Koordination allgemeiner ökologischer Programme
- auf dem Gebiet der Energiewirtschaft, des Transports, Nachrichtenwesens und Fragen des Kosmos
- über die Zusammenarbeit auf dem Gebiet der Bildungspolitik und Kultur
- im Kampf gegen die Kriminalität

Artikel 7: Vollmachten der Unionsorgane. Für die Realisierung der allgemeinen Aufgaben, die aus dem Vertrag und den multilateralen Vereinbarungen erwachsen, delegieren die die Union bildenden Staaten an die Unionsorgane die nötigen Vollmachten.

Die Unionsstaaten beteiligen sich an der Ausübung der Vollmachten der Unionsorgane, indem sie letztere mitgestalten, außerdem durch besondere Prozeduren der Abstimmung von Entscheidungen und ihrer Ausführung. Jede Republik kann auf dem Weg der Abstimmung mit der Union ihr zusätzlich die Ausübung einiger ihrer Vollmachten delegieren, und ebenso kann die Union im Einvernehmen mit allen anderen Republiken einer oder mehreren von ihnen die Ausübung einzelner ihrer Vollmachten auf ihrem Territorium delegieren.

Artikel 8: Eigentum. Die Union und die sie bildenden Staaten gewährleisten die freie Entwicklung und den Schutz aller Formen von Eigentum.

Die Vertragspartner überlassen der Union den Besitz, der für die übertragenen Vollmachten unerläßlich ist. Das Eigentum, das sich im Besitz der Union befindet, wird gemäß den gemeinsamen Interessen der sie bildenden Staaten verwendet, darunter im Interesse der beschleunigten Entwicklung rückständiger Regionen. Die Nutzung des Bodens, seiner Bodenschätze und anderer Naturressourcen wird in Übereinstimmung mit der Gesetzgebung dieser Staaten genutzt.

Artikel 9: Der Haushalt der Union. Die Regelung der Finanzierung des Unionshaushalts und die Kontrolle für seinen Ausgabenteil wird durch besondere Übereinkunft festgelegt.

Artikel 10: Die Gesetze der Union. Vorliegender Vertrag und die Deklaration der Rechte und Freiheiten des Menschen bilden die verfassungsmäßigen Gesetze der Union Souveräner Staaten.

Unionsgesetze werden in den Fragen verabschiedet, die in die Kompetenz der Union fallen, sowie im Rahmen der Vollmachten, die ihr durch den Vertrag übertragen werden. Sie sind bindend für die Exekutive auf dem Territorium aller Vertragspartner.

Die Vertragspartner haben das Recht, Protest einzulegen und die Wirksamkeit eines Unionsgesetzes auf ihrem Territorium aufzuheben, wenn es vorliegenden Vertrag verletzt.

Die Union hat das Recht, Einspruch zu erheben gegen ein Gesetz und seine Gültigkeit aufzuheben, wenn es den vorliegenden Vertrag verletzt.

Streitfälle werden durch Schlichtung behoben oder dem Obersten Gericht der Union übertragen, das eine endgültige Entscheidung innerhalb eines Monats fällt.

III. Die Organe der Union

Artikel 11: Die Bildung der Organe der Union. Die Macht- und Verwaltungsorgane der Union werden auf der Grundlage der freien Willensäußerung der Völker und der Vertretungen der die Union bildenden Staaten geschaffen.

Organisation, Vollmachten und Arbeitsabfolge der Macht- und Verwaltungsorgane werden durch entsprechende Gesetze festgelegt, die vorliegendem Vertrag nicht widersprechen.

Artikel 12: Der Oberste Sowjet der Union. Die gesetzgebende

Macht übt der Oberste Sowjet der Union aus, der aus zwei Kammern besteht: dem Sowjet der Republiken und dem Sowjet der Union.

Der Sowjet der Republiken hat je 20 Deputierte aus jedem Staat, der die Union bildet, und erhebt ihn zum höchsten Machtorgan.

Die RSFSR verfügt im Sowjet der Republiken über 52 Deputierte. Die anderen Vertragspartner, in deren Republik auch autonome Gebilde existieren, delegieren in den Sowjet der Republiken zusätzlich je einen Deputierten aus jeder Republik und jedem autonomen Gebilde. Zur Gewährleistung der Gleichberechtigung bei der Abstimmung im Rat der Republiken verfügt jeder Staat über eine Stimme.

Der Sowjet der Union wird von der Bevölkerung der Union nach Wahlkreisen mit gleicher Anzahl von Stimmberechtigten gewählt. Dabei wird die Repräsentanz aller Vertragspartner im Sowjet der Union garantiert.

Der Oberste Sowjet der Union wählt den Vorsitzenden des Obersten Sowjets.

Die Kammern des Obersten Sowjets der Union nehmen gemeinschaftlich neue Staaten in den Bestand der Union auf, hören den Präsidenten der Union zu den wichtigsten Fragen der Innen- und Außenpolitik der Union an, bestätigen den Unionshaushalt sowie den Bericht über seine Realisierung, erklären Krieg und schließen Frieden.

Der Republikensowjet verabschiedet Gesetze über die Organisation und die Ordnung der Tätigkeit der Unionsorgane, er erörtert Fragen der Beziehungen zwischen den Republiken; er ratifiziert und kündigt internationale Verträge der Union; er gibt seine Zustimmung zur Berufung der Regierung der Union.

Der Unionssowjet erörtert Fragen der Gewährleistung der Rechte und Freiheiten der Bürger und verabschiedet Gesetze zu allen Fragen, mit Ausnahme solcher, die in der Kompetenz des Republikensowjets liegen.

Gesetze, die vom Unionssowjet angenommen wurden, treten nach ihrer Bestätigung durch den Republikensowjet in Kraft.

Anmerkung:
Die Quoten werden präzisiert.

Artikel 13: Der Präsident der Union. Der Präsident der Union ist das Oberhaupt des konföderativen Staates.

Der Präsident der Union tritt als Garant für die Einhaltung des Unionsvertrags und der Gesetze der Union auf; er ist der Oberkommandierende der bewaffneten Kräfte der Union; er repräsentiert die Union in den Beziehungen zu ausländischen Staaten; er übt die Kontrolle aus über die Erfüllung der internationalen Verpflichtungen der Union.

Der Präsident wird von den Bürgern der Union auf der Grundlage des betreffenden Gesetzes gewählt – für einen Zeitraum von fünf Jahren und für nicht mehr als zwei Amtsperioden nacheinander.

Artikel 14: Der Vizepräsident der Union. Der Vizepräsident der Union wird zusammen mit dem Präsidenten der Union gewählt. Der Vizepräsident der Union erfüllt gemäß seiner Bevollmächtigung durch den Unionspräsidenten einzelne seiner Funktionen und vertritt den Präsidenten, wenn dieser seine Aufgaben nicht selbst erfüllen kann.

Artikel 15: Der Staatsrat der Union. Der Staatsrat der Union wird zur Koordinierung der wichtigsten Fragen der Innen- und Außenpolitik der Union Souveräner Staaten gebildet.

Der Staatsrat wird vom Präsidenten der Union angeführt und setzt sich aus den höchsten Führern der Vertragspartnerstaaten zusammen.

Artikel 16: Die Regierung der Union. Die Regierung der Union ist das Exekutivorgan der Macht, ist dem Präsidenten der Union untergeordnet und trägt die Verantwortung vor dem Obersten Sowjet der Union.

An der Spitze der Regierung steht der Premierminister. Der Regierung gehören an die Regierungschefs der Vertragspartner, der Vorsitzende des Interstaatlichen Wirtschaftskomitees (erster Stellvertreter des Premierministers), die Stellvertreter des Premierministers und die Ressortleiter, laut Übereinkunft zwischen den Vertragspartnern.

Die Regierung der Union wird vom Präsidenten der Union in Übereinstimmung mit dem Republikensowjet des Obersten Sowjets der Union gebildet.

Artikel 17: Das Oberste Gericht der Union. Das Oberste Gericht der Union nimmt die Funktionen eines Verfassungsgerichtes und des interrepublikanischen Gerichtes auf dem Gebiet des Rechtsschutzes und des Schutzes der Freiheiten für die Bürger wahr, untersucht zivile und strafrechtliche Tatbestände interrepublikanischen Charakters und stellt die höchste Gerichtsinstanz in bezug auf Militärgerichte dar.

Das Oberste Gericht der Union wird vom Präsidenten der Union und jeder der Kammern des Obersten Unionssowjets auf gleicher Grundlage gebildet.

Artikel 18: Das Oberste Schiedsgericht der Union. Das Oberste Schiedsgericht entscheidet Wirtschaftsstreitigkeiten ebenso wie Streitsachen zwischen Betrieben, die sich unter der Gerichtsbarkeit verschiedener Vertragspartner befinden.

Das Oberste Schiedsgericht wird vom Präsidenten der Union und den beiden Kammern des Obersten Sowjets der Union auf paritätischer Grundlage gebildet. Die Vorsitzenden der Schiedsgerichte der Vertragspartnerstaaten gehören zum Obersten Schiedsgericht.

Artikel 12: Die Staatsanwaltschaft der Union. Die Aufsicht über die Befolgung der gesetzgebenden Akte der Union wird vom Generalstaatsanwalt der Union, von den Generalstaatsanwälten (Staatsanwälten) der Vertragspartnerstaaten wahrgenommen.

Der Generalstaatsanwalt wird vom Obersten Sowjet der Union ernannt.

IV. Schlußbestimmungen

Artikel 20: Die Sprache der Verständigung unter den Nationen in der Union. Die Republiken bestimmen selbständig ihre Staatssprache (Staatssprachen). Als Sprache der Verständigung unter den Nationen erkennen die Vertragsparteien die russische Sprache an.

Artikel 21: Die Hauptstadt der Union. Die Hauptstadt der Union ist Moskau.

Artikel 22: Die Staatssymbolik der Union. Die Union hat ein Staatswappen, eine Staatsflagge und eine Staatshymne.

Artikel 23: Die Ordnung der Veränderung und der Erweiterung des Vertrags. Der vorliegende Vertrag oder einzelne seiner Bestimmungen können nur im Einvernehmen mit allen die Union bildenden Staaten außer Kraft gesetzt oder verändert werden.

Artikel 24: Die Rechtsnachfolge der Union. Die Union Souveräner Staaten verfügt über alle Rechte und erfüllt alle Verpflichtungen, die aus internationalen Verträgen und Vereinbarungen der Union der Sozialistischen Sowjetrepubliken hervorgegangen sind.

Artikel 25: Die Verantwortung für den Vertrag. Die Union und die sie bildenden Staaten tragen die gemeinsame Verantwortung für die Erfüllung der übernommenen Verpflichtungen und ersetzen die Schäden, die durch die Verletzung des vorliegenden Vertrags entstehen.

Artikel 26: Inkrafttreten des Vertrags. Der vorliegende Vertrag wird von den obersten Organen der Staatsmacht der die Union bildenden Staaten bestätigt und tritt mit der Unterzeichnung durch die bevollmächtigten Delegationen in Kraft. Für die Staaten, die ihn unterzeichnet haben, verliert vom selben Datum an der Vertrag zur Bildung der UdSSR des Jahres 1922 seine Gültigkeit. Die Beziehungen zwischen der Union der Sowjetischen Souveränen Republiken und den Republiken, die dem Verband der Union der Sowjetischen Sozialistischen Republiken angehören, den vorliegenden Vertrag aber nicht unterzeichnet haben, unterliegen der Regelung auf der Grundlage gegenseitiger Verpflichtungen und Abkommen.

Vertrag über eine Wirtschaftsgemeinschaft

Führende Repräsentanten von acht Unionsrepubliken haben am 18. Oktober in Moskau einen Vertrag über eine Wirtschaftsgemeinschaft unterzeichnet. Wir veröffentlichen nachstehend den Wortlaut des Vertrags.

Unabhängige Staaten, die früher auch Subjekte der Union der Sozialistischen Sowjetrepubliken waren, verabschieden ohne Rücksicht auf ihren gegenwärtigen Status diesen Vertrag über eine Wirtschaftsgemeinschaft

- als Ausdruck des Wunsches ihrer Völker nach politischer und wirtschaftlicher Souveränität, der in Gesetzen verankert ist, welche wiederum von den höchsten gesetzgebenden Organen der Staaten zum Schutz der Interessen ihrer Bürger verabschiedet wurden;
- aus dem Wunsch heraus, Wirtschaftsbeziehungen auf der Basis des gegenseitigen Vorteils zwischen den Staaten aufzubauen;
- in dem Bestreben nach einer radikalen wirtschaftlichen Umgestaltung und unter Berücksichtigung des gemeinsamen Charakters derjenigen Probleme, vor denen die Staaten im Zusammenhang mit den Aufgaben stehen, die Krise zu überwinden, den Übergang zur Marktwirtschaft zu verwirklichen und den Anschluß an die Weltwirtschaft zu finden;
- in dem Bewußtsein der Vorteile, die eine wirtschaftliche Integration und ein gemeinsamer Wirtschaftsraum mit sich bringen,

und in dem Bewußtsein der Zweckmäßigkeit der Aufrechterhaltung von Beziehungen im Bereich der Wirtschaft, des Handels, der Wissenschaft und Technik und in anderen Bereichen.

Kapitel 1. Grundprinzipien

Artikel 1: Die Wirtschaftsgemeinschaft wird von den unabhängigen Staaten auf der Grundlage der freiwilligen Beteiligung und der Gleichberechtigung aller Mitglieder mit dem Ziel gegründet, einen einheitlichen Markt zu bilden und eine koordinierte Wirtschaftspolitik als unerläßliche Bedingung für die Überwindung der Krise zu verfolgen.

Artikel 2: Die Mitgliedschaft in der Wirtschaftsgemeinschaft wird für die unabhängigen Staaten die Übernahme aller Verpflichtungen und den Erwerb aller Rechte zur Folge haben, die im vorliegenden Vertrag vorgesehen sind.

Die Mitgliedstaaten der Wirtschaftsgemeinschaft gehen von der gegenseitigen wirtschaftlichen Verantwortung im Hinblick auf die Erfüllung dieses Vertrags aus und unterlassen alle Schritte, die sich nachteilig auf die Realisierung dieses Vertrags insgesamt oder seiner einzelnen Bestimmungen auswirken könnten.

Artikel 3: Die gegenseitigen Beziehungen zwischen der Wirtschaftsgemeinschaft und den Staaten, die sich von der Union der Sozialistischen Sowjetrepubliken gelöst haben und nicht der Wirtschaftsgemeinschaft beitreten, sollen auf den allgemein anerkannten Prinzipien und Normen des Völkerrechts basieren. Fragen, die für die Wirtschaftsgemeinschaft von gemeinsamem Interesse sind und einer Klärung bedürfen, sollen durch eine besondere Übereinkunft zwischen der Wirtschaftsgemeinschaft und dem betreffenden Staat geklärt werden, wobei eine solche Vereinbarung nicht länger als drei Monate nach Inkrafttreten dieses Vertrags getroffen werden soll.

Artikel 4: Ein Mitgliedstaat der Wirtschaftsgemeinschaft ist berechtigt, aus der Gemeinschaft auszutreten. Er ist aber verpflichtet, die übrigen Mitglieder der Wirtschaftsgemeinschaft mindestens zwölf Monate vorher von dieser Absicht in Kenntnis zu setzen. Der Austritt aus dieser Wirtschaftsgemeinschaft ist von der Regelung der Beziehungen im Hinblick auf alle mit der Mitgliedschaft verbundenen Verpflichtungen gemäß einem Sonderabkommen abhängig.

Artikel 5: Die Mitgliedstaaten der Wirtschaftsgemeinschaft haben sich auf eine Harmonisierung der wirtschaftlichen Gesetzgebung und die Durchführung einer koordinierten Politik in folgenden Bereichen geeinigt:

- unternehmerische Tätigkeit;
- Güter- und Dienstleistungsmarkt;
- Verkehrswesen, Energiewirtschaft und Informationswesen;
- Währungs- und Bankensystem;
- Finanzen, Steuern und Preise;
- Kapital- und Effektenmarkt;
- Arbeitsmarkt;
- Zollbestimmungen und -gebühren;
- Außenwirtschaftsbeziehungen und Währungspolitik;
- staatliche Programme im Bereich von Wissenschaft und Technik, Investitionen, Ökologie, humanitärer Hilfe und in anderen Bereichen (darunter auch im Bereich der Beseitigung der Folgen von Naturkatastrophen und sonstigen Katastrophen), die für die Wirtschaftsgemeinschaft von gemeinsamem Interesse sind;
- Standardisierung, Patente, Meteorologie, Statistik und Rechnungswesen.

Artikel 6: Die Mitgliedstaaten der Wirtschaftsgemeinschaft verpflichten sich, keine einseitigen und unkoordinierten Maßnahmen zur Aufteilung von Eigentum zuzulassen, das als Gemeinschaftseigentum betrachtet wird.

Die Zusammensetzung dieses Gemeinschaftseigentums wird in einem besonderen Abkommen definiert.

Artikel 7: Um eine koordinierte Wirtschaftspolitik zu realisieren und allgemeine Maßnahmen zur Überwindung der Krise zu ergreifen, werden die Mitgliedstaaten der Wirtschaftsgemeinschaft gemeinschaftliche Institutionen bilden, die mit entsprechenden Vollmachten ausgestattet sind.

Artikel 8: Dieser Vertrag wird für einen Zeitraum von drei Jahren abgeschlossen. Mindestens zwölf Monate vor Ablauf dieser Frist werden die Mitgliedstaaten entscheiden, ob sie diesen Vertrag verlängern, ändern oder aber einen neuen Vertrag schließen wollen.

Kapitel 2. Unternehmerische Tätigkeit

Artikel 9: Die Mitgliedstaaten der Wirtschaftsgemeinschaft erkennen die Tatsache an, daß Privateigentum, freies Unternehmertum und Wettbewerb die Grundlage für eine Ankurbelung der Wirtschaft darstellen. Sie werden Bedingungen schaffen, die dem Geschäftsleben förderlich sind, und sie werden durch die Gesetzgebung Eingriffe des Staates in die wirtschaftliche Tätigkeit der Unternehmen einschränken.

Artikel 10: Die Mitgliedstaaten der Wirtschaftsgemeinschaft verpflichten sich, auf ihrem jeweiligen Territorium ein identisches Rechtssystem zu gewährleisten, in dem die Verwirklichung der Wirtschaftstätigkeit von natürlichen und juristischen Personen entweder von ihrem Staat oder von allen anderen Mitgliedstaaten aus umfassend enthalten ist. Die Vereinbarungen für das Rechtssystem können auf der Basis bilateraler und multilateraler Abkommen konkretisiert werden.

Artikel 11: Die Mitgliedstaaten der Wirtschaftsgemeinschaft verpflichten sich zu einer koordinierten Politik gegen Monopole und zur Förderung der Entwicklung des Wettbewerbs im Rahmen ihres vereinigten Marktes.

In der Übergangszeit ergreifen die Mitgliedstaaten koordinierte Schritte zur Regulierung der Preise bei Produkten, die von Monopolherstellern gefertigt werden.

Kapitel 3. Transfer von Waren und Dienstleistungen; Preise

Artikel 12: Der Transfer von Waren und Dienstleistungen auf dem Territorium der Mitgliedstaaten der Wirtschaftsgemeinschaft wird keinen Beschränkungen und keinen Zollgebühren unterliegen. Einfuhren von Waren aus dritten Staaten werden Zollgebühren unterliegen, und zwar im Einklang mit denjenigen Sätzen, die von der Wirtschaftsgemeinschaft einheitlich für ausländische Waren festgelegt wurden.

Artikel 13: In dem Bestreben nach einem einheitlichen Markt erkennen die Mitgliedstaaten der Wirtschaftsgemeinschaft die Unzulässigkeit von Beschränkungen bei Transfers von Waren und Dienstleistungen an und verpflichten sich, derartige Beschränkungen innerhalb einer vereinbarten Frist zu beseitigen.

Artikel 14: Die Mitgliedstaaten der Wirtschaftsgemeinschaft werden eine koordinierte Politik beim Übergang zu freien Preisen verfolgen. Mitgliedstaaten der Wirtschaftsgemeinschaft werden nach einer gemeinsam spezifizierten Warenliste koordinierte Preise festsetzen.

Kapitel 4. Geld- und Bankensystem

Artikel 15: Die Mitgliedstaaten der Wirtschaftsgemeinschaft erkennen an, daß koordinierte Aktionen im Bereich der Geld- und Kreditpolitik Priorität haben, um auf diesem Weg die Krise zu überwinden und die Inflation zu kontrollieren.

Artikel 16: Die Mitgliedstaaten der Wirtschaftsgemeinschaft erkennen die Notwendigkeit der Beibehaltung des Rubels als gemeinsame Währung im einheitlichen Geldsystem an und vereinbaren, Bemühungen zur Stärkung des Rubels zu unternehmen. Den Mitgliedstaaten wird die Möglichkeit eingeräumt, nationale Währungen einzuführen, die jeglichen Schaden am Geldsystem der Wirtschaftsgemeinschaft ausschließen. Diese Bedingungen werden durch Sondervereinbarungen zwischen dem betreffenden Staat und der Wirtschaftsgemeinschaft festgelegt.

Artikel 17: Zum Zwecke der Ausarbeitung und der Realisierung einer effektiven Geld- und Kreditpolitik, die den Preisanstieg drosseln und den Rubel stützen soll, werden die Mitgliedstaaten der Wirtschaftsgemeinschaft auf den Prinzipien eines Einlagesystems eine Bankenunion ins Leben rufen, in der die (nationalen staatlichen) Zentralbanken der Mitgliedstaaten der Wirtschaftsgemeinschaft vertreten sind. Zudem wird eine zwischenstaatliche Emissionsbank im Rahmen der Bankenunion geschaffen.

Artikel 18: Der Rechtsstatus der Verwaltungsorgane der Bankenunion und das Verfahren für deren Organisation werden durch eine Sondervereinbarung festgelegt. Die Tätigkeit der Bankenunion wird durch ihre Statuten festgelegt, die durch die höchsten gesetzgebenden Organe der Mitgliedstaaten der Wirtschaftsgemeinschaft ratifiziert werden. Bis zur Annahme der Statuten der Bankenunion leitet ein provisorischer Vorstand die Tätigkeit des Bankensystems, den die Staatsbank der UdSSR und die (nationalen staatlichen) Zentralbanken der Mitgliedstaaten der Wirtschaftsgemeinschaft auf fachlicher Basis bilden.

Artikel 19: Der Bankenunion werden folgende Aufgaben übertragen:

- Festlegung einheitlicher Verfahrensweisen bei der Ausführung der Währungs- und Kreditpolitik sowie Festsetzung quantitativer Parameter (Quoten) für Operationen der (nationalen staatlichen) Zentralbanken der Mitglieder der Bankenunion;
- Festlegung von Zinssätzen für Kredite, die die (nationalen staatlichen) Zentralbanken der Mitglieder der Bankenunion an Geschäftsbanken vergeben;
- Festlegung der für Geschäftsbanken geltenden Reservebedingungen;
- Organisation von Operationen, die die Banken untereinander tätigen;
- Regulierung des Rubelkurses gegenüber anderen Währungen;
- Kontrolle über den Teil der Gold- und Devisenreserven, die die Mitgliedstaaten der Wirtschaftsgemeinschaft an die Bankenunion überweisen;
- Organisation der Versorgung mit Barmitteln für den Geldumlauf, einschließlich des Verkaufs von Banknoten und Münzen;

– Regelung der für Geschäftsbanken geltenden allgemeinen Bestimmungen.

Die Bankenunion wird Quoten festsetzen für die Höhe des Kredits, den die (nationalen staatlichen) Zentralbanken der Mitgliedstaaten der Wirtschaftsgemeinschaft im Jahre 1992 für Haushaltssysteme bereitstellen können.

Die Direktiven, die von den Verwaltungsgremien der Bankenunion herausgegeben werden, sind für alle Banken der Bankenunion bindend.

Artikel 20: Die Mitgliedstaaten der Wirtschaftsgemeinschaft halten es für erforderlich, bei der Gründung der Bankenunion in einem gesonderten Abkommen auch das Verfahren festzulegen, nach dem die Überweisung der entsprechenden Anteile am satzungsmäßigen, Reserve- und anderen Kapital des ehemaligen sowjetischen Staatsbankensystems sowie auch ihres Anteils am Gesellschaftskapital von Gesellschaften mit beschränkter Haftung, ferner an Kapitaleinlagen sowie an Gold-, Diamanten- und Devisenreserven vorgenommen wird.

Artikel 21: Die Mitgliedstaaten der Wirtschaftsgemeinschaft werden eine oberste Bankenaufsichtsbehörde einsetzen, deren Zusammensetzung auf der Grundlage der Gleichheit erfolgt. Sie wird folgende Aufgaben haben:

– Überwachung der Einhaltung der Statuten der Bankenunion und der zwischenstaatlichen Emissionsbank;
– Anhörung von Beschwerden, die Mitglieder der Wirtschaftsgemeinschaft über die Verletzung ihrer Interessen vorbringen;
– Annullierung und Aufhebung derjenigen Beschlüsse der Bankenunion, die ihren Statuten zuwiderlaufen.

Die Bankenunion und die zwischenstaatliche Emissionsbank sind verpflichtet, dem höchsten Bankenaufsichtsorgan auf Wunsch alle notwendigen Dokumente und Materialien vorzulegen.

Die Beschlüsse des höchsten Bankenaufsichtsorgans, die im Rahmen seiner Kompetenz getroffen sind, werden für die Bankenunion und die zwischenstaatliche Emissionsbank bindend sein.

Kapitel 5. Finanzen und Steuern

Artikel 22: Die Mitgliedstaaten der Wirtschaftsgemeinschaft werden eine koordinierte Finanz- und Steuerpolitik verfolgen, in der vorgesehen ist:

- eine koordinierte Beschränkung von Defiziten im konsolidierten Staatshaushalt unter Berücksichtigung der nicht an den Haushalt gebundenen Mittel und der Fixierung von Wachstumsgrenzen für die Binnenschulden der Mitgliedstaaten der Wirtschaftsgemeinschaft (für den Fall, daß ein Staat nicht mehr in der Lage ist, seine Effekten zu plazieren und daß die festgesetzten Grenzen von einem oder von mehreren Mitgliedstaaten der Wirtschaftsgemeinschaft überschritten werden, wird der Mehrbetrag in der Weise behandelt, daß er eine rückzahlbare Schuld gegenüber den anderen Mitgliedern entsprechend den vereinbarten Bestimmungen darstellt);
- eine Vereinheitlichung der Prinzipien zur Besteuerung und eine koordinierte Politik im Bereich derjenigen Steuern, die die Interessen der anderen Mitgliedstaaten der Wirtschaftsgemeinschaft betreffen.

Artikel 23: Die Mitgliedstaaten der Wirtschaftsgemeinschaft erachten es als notwendig, eine Vereinbarung darüber abzuschließen, die staatlichen Binnenschulden der UdSSR zum Zeitpunkt eines zwischen den Mitgliedstaaten und den Nichtmitgliedstaaten der Wirtschaftsgemeinschaft vereinbarten Datums aufzuteilen und juristisch umzuverteilen, worin ebenfalls das Verfahren beinhaltet ist, wie diese Schulden in der Zukunft zu bedienen sind. Ein Teil dieser Schulden könnte auch der allgemeinen Zuständigkeit der Mitgliedstaaten der Wirtschaftsgemeinschaft zugeführt werden. Gleichzeitig wird eine Vereinbarung über die Verteilung der zentralisierten Kreditmittel unter den Banken der Staaten abgeschlossen. Die staatlichen Binnenschulden werden spezifiziert, indem die Verschuldung der Staatshaushalte gegenüber den Banken auf der Grundlage der Preisdifferenzen für Agrarprodukte zum 1. Januar 1991 berücksichtigt werden.

Die Mitgliedstaaten der Wirtschaftsgemeinschaft bestätigen den Fortbestand derjenigen Verpflichtungen, die im Namen der

Union der Sozialistischen Sowjetrepubliken gegenüber Inhabern von Einlagen bei der Bank für Arbeit, Sparen und Kredite (Sberbank) und Inhabern von Staatspapieren der UdSSR, Anweisungen der Sberbank und Versicherungspolicen und -verpflichtungen gegeben worden sind.

Artikel 24: Die Mitgliedstaaten der Wirtschaftsgemeinschaft schaffen einen Haushalt für die Wirtschaftsgemeinschaft, mit dem gemeinsame Ausgaben finanziert werden, so auch die Ausgaben für den Unterhalt von Institutionen der Wirtschaftsgemeinschaft.

Die folgenden Sonderfonds werden innerhalb des Haushaltsrahmens der Wirtschaftsgemeinschaft errichtet:
- ein Fonds zur Bedienung derjenigen staatlichen Binnenschulden der UdSSR, die in die gemeinsame Zuständigkeit der Mitgliedstaaten der Wirtschaftsgemeinschaft übergehen;
- ein Fonds zur Bedienung der staatlichen Außenschulden der UdSSR und der Außenverschuldung der Wirtschaftsgemeinschaft (sofern diese in Rubel festgesetzt sind);
- ein Fonds für Notlagen und die Beseitigung der Folgen schwerer Naturkatastrophen sowie von Katastrophen wie zum Beispiel der von Tschernobyl, dem Aralsee und dem Erdbeben in Spitak;
- ein Fonds für zielgerichtete Programme;
- finanzielle Rücklagen.

Der Haushalt der Wirtschaftsgemeinschaft setzt sich aus Beiträgen ihrer Mitglieder zusammen, die als Festbeträge festgelegt werden. Der Umfang und das Verfahren zur Zahlung der Festbeträge werden in einem gesonderten Abkommen zwischen den Mitgliedern der Wirtschaftsgemeinschaft festgelegt.

Der Haushalt der Wirtschaftsgemeinschaft darf nicht ins Defizit geraten.

Das zwischenstaatliche Wirtschaftskomitee erstattet dem Rat der Regierungschefs der Mitgliedstaaten der Wirtschaftsgemeinschaft vierteljährlich Bericht über den Haushaltsvollzug.

Artikel 25: Zur Finanzierung zielgerichteter Programme dürfen die Mitgliedstaaten der Wirtschaftsgemeinschaft Fonds außerhalb des Haushalts gründen. Die außerhalb des Haushalts gebildeten Fonds der Wirtschaftsgemeinschaft dürfen nicht ins Defizit geraten.

Artikel 26: Die Mitgliedstaaten der Wirtschaftsgemeinschaft erkennen die Notwendigkeit an, zielgerichtete Programme durchzuführen, um die Entwicklung einzelner Regionen zu fördern und deren Bevölkerung soziale Unterstützung zukommen zu lassen. Zu diesem Zweck gründen sie einen entsprechenden Fonds, in dem ein vereinbarter Anteil des auf ihrem Territorium produzierten Volkseinkommens (des Bruttosozialproduktes) zu aktuellen Preisen abgeführt wird. Die Tätigkeit dieses Fonds soll durch eine spezielle Übereinkunft und durch ein eigenes Statut geregelt werden.

Artikel 27: Die Mitgliedstaaten der Wirtschaftsgemeinschaft kommen überein, daß die Regulierung der Geldbewegungen und der Bewegungen anderer finanzieller Ressourcen sowie die Regulierung der Emission und des Umlaufes von Wertpapieren im Rahmen der Wirtschaftsgemeinschaft in Übereinstimmung mit einer gesonderten Übereinkunft erfolgen soll, die einen freien Kapitalfluß nicht ausschließt.

Kapitel 6. Arbeitsmarkt und soziale Garantie

Artikel 28: Die Mitgliedstaaten der Wirtschaftsgemeinschaft sind bestrebt, auf dem Territorium der Mitgliedstaaten der Wirtschaftsgemeinschaft das Prinzip der Freizügigkeit von Arbeitskräften in die Tat umzusetzen, und werden folglich die Bedingungen hierfür schaffen, einschließlich der Schaffung eines Wohnungsmarktes.

Artikel 29: Im Hinblick auf Stellenangebote, Bezahlung oder andere Arbeitsbedingungen und soziale Garantien werden die Mitgliedstaaten der Wirtschaftsgemeinschaft keine Diskriminierung von Bürgern aus ethnischen oder sonstigen Gründen zulassen.

Die Mitgliedstaaten der Wirtschaftsgemeinschaft werden die durch die entsprechenden Dokumente nachgewiesenen Ausbildungsniveaus und Qualifikationen der Arbeitnehmer, die diese in anderen Mitgliedstaaten der Wirtschaftsgemeinschaft erworben haben, auf gegenseitiger Grundlage anerkennen und werden bei der Einstellung eines Arbeitnehmers oder der Aufnahme zum Studium keine zusätzliche Bestätigung hierfür verlangen, es sei denn, eine solche Bedingung ist für alle Bewerber verbindlich.

Die Mitgliedstaaten der Wirtschaftsgemeinschaft vereinbaren einen visafreien Reiseverkehr für ihre Bürger im Rahmen des Territoriums dieser Gemeinschaft.

Artikel 30: Die Mitgliedstaaten der Wirtschaftsgemeinschaft werden gesonderte Abkommen schließen, um die Migrationsprozesse und die gegenseitigen Verpflichtungen im Bereich der sozialen Fürsorge und der Rentenzahlungen für die Bürger der Mitgliedstaaten der Wirtschaftsgemeinschaft zu regeln.

Kapitel 7. Außenwirtschaftsbeziehungen und Währungspolitik

Artikel 31: Die Mitgliedstaaten der Wirtschaftsgemeinschaft kommen darin überein, ihre außenwirtschaftliche Tätigkeit und ihre Währungspolitik zu koordinieren.

Artikel 32: Als Rechtsnachfolger aller außenwirtschaftlichen Verpflichtungen der Union der SSR sowie auch aller Verpflichtungen anderer Länder gegenüber der Union der SSR garantiert die Wirtschaftsgemeinschaft deren Erfüllung. Durch seinen Beitritt zu der Gemeinschaft bekräftigt jeder Mitgliedstaat der Wirtschaftsgemeinschaft seine Teilnahme an der gemeinsamen Erfüllung dieser Verpflichtungen. Die Mitglieder der Wirtschaftsgemeinschaft gründen eine Bank als Rechtsnachfolger der Außenwirtschaftsbank der UdSSR, über die sie die Transaktionen im Zusammenhang mit der Tilgung der Auslandsschulden der Wirtschaftsgemeinschaft und dem Empfang der Schuldenzahlungen aus anderen Ländern abwickeln werden.

Die Wirtschaftsgemeinschaft übernimmt es, alle Beziehungen bezüglich der Auslandsschulden mit jedem Subjekt der Union der SSR, das der Wirtschaftsgemeinschaft nicht angehört, zu regeln.

Die Mitglieder der Wirtschaftsgemeinschaft halten es für erforderlich, ein spezielles Abkommen zu schließen, um den Anteil eines jeden Subjekts der früheren Union der SSR an dem Gesamtbetrag der zu zahlenden Auslandsschulden der Union der SSR sowie an dem Betrag der Schulden anderer Länder gegenüber der Union der SSR nach dem Stand zu einem vereinbarten Termin festzulegen. Diese Anteile werden bei der Abrechnung über die Schuldenrückzahlung mit den Staaten Verwendung finden, die dem Vertrag nicht beizutreten wünschen oder die aus der Wirtschaftsgemeinschaft austreten. Diese Staaten werden mit der Wirtschaftsgemeinschaft so lange Transaktionen abwickeln, bis die auf sie entfallenden Schulden vollständig getilgt sind.

In dem Fall, daß ein Staat, der dem Vertrag nicht beizutreten wünscht, ein Staat, der aus der Wirtschaftsgemeinschaft austritt, oder ein Staat, der ihr angehört, mit allen Gläubigern eine Übereinkunft darüber erzielt, den auf ihn entfallenden Anteil der gesamten Außenschuld umzuschulden, soll dieser Staat die Tilgung dieses Anteils der Schuld selbständig vornehmen dürfen.

Artikel 33: Die Wirtschaftsgemeinschaft soll neue Auslandskredite auf der Grundlage einer von allen Mitgliedstaaten der Wirtschaftsgemeinschaft gebilligten Entscheidung erhalten.

Ein Mitgliedstaat der Wirtschaftsgemeinschaft ist befugt, selbständig Auslandskredite zu erhalten, mit allen hieraus folgenden Verpflichtungen in bezug auf die Bedienung und Rückzahlung solcher Kredite. Nach demselben Verfahren soll auch die Gewährung von Krediten oder anderer wirtschaftlicher Hilfe durch die Wirtschaftsgemeinschaft oder einen ihrer Mitgliedstaaten an andere Staaten erfolgen.

Artikel 34: Die Mitgliedstaaten der Wirtschaftsgemeinschaft bedienen sich einer gemeinsamen Währungseinheit und sind sich darin einig, daß das unmittelbare Ziel dieser Gemeinschaft darin besteht, die interne Konvertibilität des Rubels zu erreichen. Sie verpflichten sich zur Durchführung der notwendigen vorbereitenden Maßnahmen auf der Grundlage eines miteinander abgestimmten Programms für den Übergang zur internen Konvertibilität des Rubels.

Artikel 35: Bis zum Übergang zur internen Konvertibilität des Rubels erkennen die Mitgliedstaaten der Wirtschaftsgemeinschaft die Notwendigkeit an, ein einheitliches Verfahren für die Ansammlung von Deviseneinnahmen zur Bedienung der Auslandsschulden festzulegen.

Artikel 36: Ihre außenwirtschaftliche Tätigkeit, die Festsetzung von Quoten und die Vergabe von Lizenzen für Wirtschaftsaktionen regeln die Mitgliedstaaten der Wirtschaftsgemeinschaft im Rahmen vereinbarter Quoten selbständig.

Artikel 37: Die Mitgliedstaaten der Wirtschaftsgemeinschaft vereinbaren, ein für die Wirtschaftsgemeinschaft einheitliches Zollgebiet beizubehalten, und verfolgen gegenüber Drittländern eine aufeinander abgestimmte Zollpolitik.

Verfahrensfragen bei der Festlegung und Erhebung von Zollabgaben sowie von Export- und Importsteuern für die jeweiligen Haushalte werden durch ein gesondertes Abkommen geregelt.

Artikel 38: Die Mitgliedstaaten der Wirtschaftsgemeinschaft vereinbaren die gemeinsame Mitgliedschaft im Internationalen Währungsfonds, bei der Internationalen Bank für Wiederaufbau und Entwicklung, beim GATT und in weiteren internationalen Wirtschaftsorganisationen. Sie bestätigen die Rechtsgültigkeit der diesbezüglich von der Union der SSR gestellten Anträge.

Die Mitgliedstaaten der Wirtschaftsgemeinschaft können auch einzeln Mitglieder dieser Organisationen sein.

Artikel 39: Im Bereich der Auslandsinvestitionen verfolgen die Mitgliedstaaten der Wirtschaftsgemeinschaft eine selbständige Politik, die sie im Bedarfsfall untereinander koordinieren. Ferner stimmen die Mitgliedstaaten der Wirtschaftsgemeinschaft ihre Handlungen im Bereich der technischen, konsultativen und sonstigen Hilfe, die sie von ausländischen Staaten und internationalen Organisationen erhalten, aufeinander ab.

Kapitel 8. Rechtliche Bestimmungen für die Wirtschaftsaktivität

Artikel 40: In den Mitgliedstaaten der Wirtschaftsgemeinschaft gelten die Legislativakte dieser Staaten als oberstes Gesetz. Natürliche oder juristische Personen, die auf dem Territorium dieser Staaten eine wirtschaftliche Tätigkeit ausüben, unterliegen der Gesetzgebung dieser Staaten.

Artikel 41: Für die Gültigkeitsdauer des Vertrags vereinbaren die Mitgliedstaaten der Wirtschaftsgemeinschaft eine Angleichung der Normen ihrer Wirtschaftsgesetzgebung, um auf dem gesamten Gebiet der Wirtschaftsgemeinschaft möglichst günstige und einheitliche Bedingungen für Unternehmertum und freien Handel zu schaffen. Sie verpflichten sich zu gewährleisten, daß ihre Gesetzgebung den Normen des internationalen Rechts und den Gesetzen der Wirtschaftsgemeinschaft entspricht.

Artikel 42: Werden durch den vorliegenden Vertrag, durch die zu ihm geschlossenen Abkommen oder durch normative Akte, die von den Institutionen der Wirtschaftsgemeinschaft im Rahmen ihrer Zuständigkeiten erlassen werden, andere Regeln aufgestellt als die, die in der Gesetzgebung der Mitgliedstaaten der Wirtschaftsgemeinschaft enthalten sind, so wird der Vorrang dieses Vertrags, der entsprechenden Abkommen und der normativen Akte der Wirtschaftsgemeinschaft anerkannt.

Artikel 43: In dem Zeitraum, der erforderlich ist, bis alle Aspekte des Wirtschaftslebens durch die Gesetzgebung der Mitgliedstaaten der Wirtschaftsgemeinschaft geregelt werden können, ist in den Fragen, für die bislang keine rechtliche Regelung vorgesehen ist, nach einem abgestimmten Verfahren vorübergehend die Gesetzgebung der Union der SSR anzuwenden, sofern diese nicht im Widerspruch zu dem vorliegenden Vertrag oder den diesbezüglichen Abkommen steht.

Kapitel 9. Institutionen der Wirtschaftsgemeinschaft

Artikel 44: Institutionen der Wirtschaftsgemeinschaft sind:

- der Rat der Regierungschefs der Mitgliedstaaten der Wirtschaftsgemeinschaft;
- das Zwischenstaatliche Wirtschaftskomitee;
- die Bankenunion;
- der Schiedsgerichtshof der Wirtschaftsgemeinschaft.

Die Institutionen der Wirtschaftsgemeinschaft werden auf professioneller Grundlage aus Vertretern der Mitgliedstaaten der Wirtschaftsgemeinschaft gebildet.

Artikel 45: Oberstes Koordinierungsorgan der Wirtschaftsgemeinschaft ist der Rat der Regierungschefs der Mitgliedstaaten der Wirtschaftsgemeinschaft.

Zur Beschlußfassung über Fragen der Zusammenarbeit und der Ausarbeitung einer gemeinsamen Politik in konkreten Bereichen der Wirtschaft werden regelmäßig Konferenzen der Minister der Mitgliedstaaten der Wirtschaftsgemeinschaft abgehalten.

Artikel 46: Das Zwischenstaatliche Wirtschaftskomitee ist das Exekutivorgan der Wirtschaftsgemeinschaft. Im Rahmen seiner Zuständigkeit sorgt es für die Lösung der im vorliegenden Vertrag und den diesbezüglichen Abkommen sowie der per Beschluß des Rates der Regierungschefs der Mitgliedstaaten der Wirtschaftsgemeinschaft festgelegten Aufgaben.

Das Zwischenstaatliche Wirtschaftskomitee wird einen jährlichen Wirtschaftsbericht herausgeben.

Artikel 47: Die Arbeit des Zwischenstaatlichen Wirtschaftskomitees wird von dessen Vorsitzendem geleitet.

Der Vorsitzende des Zwischenstaatlichen Wirtschaftskomitees wird vom Rat der Regierungschefs der Mitgliedstaaten der Wirtschaftsgemeinschaft empfohlen und vom Rat der Regierungschefs der Mitgliedstaaten der Wirtschaftsgemeinschaft mit qualifizierter Stimmenmehrheit ernannt beziehungsweise von seinem Amt entbunden.

Der Vorsitzende des Zwischenstaatlichen Wirtschaftskomitees legt dem Rat der Regierungschefs der Mitgliedstaaten der Wirtschaftsgemeinschaft das Statut, die Struktur und den Ausgabenplan des Komitees zur Bestätigung vor.

Artikel 48: Um eine einheitliche Anwendung des vorliegenden Vertrags auf dem gesamten Territorium der Mitgliedstaaten der Wirtschaftsgemeinschaft zu gewährleisten, wird zur Beilegung von Streitigkeiten und zur Verhängung von Wirtschaftssanktionen ein Schiedsgericht der Wirtschaftsgemeinschaft eingerichtet.

Kapitel 10. Abkommen

Artikel 49: Die Regelung der Wirtschaftsbeziehungen zwischen den Mitgliedstaaten der Wirtschaftsgemeinschaft erfolgt auf der Grundlage des vorliegenden Vertrags und der zu ihm abgeschlossenen Abkommen.

Artikel 50: Innerhalb von höchstens drei Monaten nach der Unterzeichnung des vorliegenden Vertrags und für die gesamte Gültigkeitsdauer des letzteren werden Abkommen zu den folgenden Fragen geschlossen:

- über den Status und die Befugnisse der Institutionen der Wirtschaftsgemeinschaft;
- über die Schaffung der Bankenunion, einschließlich ihrer Statuten;
- über die Außenwirtschaftsbank der Wirtschaftsgemeinschaft;
- über die Regelung der Eigentumsrechte in der Wirtschaftsgemeinschaft;
- über die Harmonisierung der in den Mitgliedstaaten der Wirtschaftsgemeinschaft geltenden Gesetzgebung zur Regelung der Wirtschaftsaktivität;
- über die Regelung der Migrationsprozesse;
- über die Errichtung eines Fonds für Regionalentwicklung und soziale Unterstützung für die Bevölkerung, einschließlich seiner Statuten;
- über die Errichtung nicht haushaltsgebundener Fonds zur Finanzierung zielgerichteter Programme der Wirtschaftsgemeinschaft, einschließlich der diesbezüglichen Vorschriften;
- über die Regelung der wechselseitigen Verpflichtungen der Staaten bei einem Austritt aus der Wirtschaftsgemeinschaft;
- über den Kapital- und Effektenverkehr;
- über die Antimonopolpolitik im Rahmen des einheitlichen Marktes der Mitgliedstaaten der Wirtschaftsgemeinschaft;
- über die wechselseitigen Verpflichtungen auf dem Gebiet der Rentenzahlungen und der Sozialleistungen;
- über die wissenschaftlich-technische Zusammenarbeit;
- über die Behandlung von Patenten;
- über das Verfahren und die Bedingungen für die Einführung

nationaler Währungen durch die Mitgliedstaaten der Wirtschaftsgemeinschaft;
- über das Verfahren des Übergangs zu allgemeinen Prinzipien der internationalen Wirtschaftsbeziehungen zu den Staaten, die Mitglieder der Union der SSR waren und der Wirtschaftsgemeinschaft nicht angehören;
- über die Aufteilung und die rechtliche Neuordnung der staatlichen Binnenschulden der Union der SSR und über das Verfahren des künftigen Schuldendienstes;
- über die Prinzipien und Verfahren zur Bedienung der Auslandsschulden der Wirtschaftsgemeinschaft;
- über das Verfahren zur Beilegung von Eigentums- und sonstigen Streitigkeiten.

Artikel 51: Abkommen für die Dauer eines Jahres oder über einen anderen vereinbarten Zeitraum werden zu folgenden Fragen geschlossen:
- über den Haushalt der Wirtschaftsgemeinschaft;
- über eine koordinierte Steuerpolitik, soweit die Interessen der Mitgliedstaaten der Wirtschaftsgemeinschaft berührt sind;
- über die Zollpolitik und die Zolltarife;
- über die Obergrenze der konsolidierten Haushaltsdefizite der Mitgliedstaaten der Wirtschaftsgemeinschaft;
- über die Preise und Mengen der Warenlieferungen im Rahmen gegenseitiger (zwischenstaatlicher) Verträge sowie für den gemeinsamen Bedarf;
- über die Festlegung von Höchstgrenzen für den Anstieg der Binnenschulden der Mitgliedstaaten der Wirtschaftsgemeinschaft und das Verfahren zur Regelung der Verbindlichkeiten;
- über die Zusammenarbeit im Falle von Notsituationen.

Kapitel 11. Assoziierte Mitgliedschaft in der Wirtschaftsgemeinschaft

Artikel 52: Mit Zustimmung der Mitglieder der Wirtschaftsgemeinschaft kann einem Staat, der nur einen Teil der im vorliegenden Vertrag festgelegten Verpflichtungen übernimmt, der Status eines assoziierten Mitglieds der Wirtschaftsgemeinschaft gewährt werden.

Artikel 53: Die Mitglieder der Wirtschaftsgemeinschaft legen die Bedingungen fest, unter denen andere Staaten der Wirtschaftsgemeinschaft als assoziierte Mitglieder beitreten können.

Artikel 54: Die Wechselbeziehungen zwischen der Wirtschaftsgemeinschaft und einem assoziierten Mitglied werden in jedem Einzelfall durch ein gesondertes Abkommen geregelt, das insbesondere die Klärung von Fragen der Zollbestimmungen, der zwischenstaatlichen Lieferungen und Preise sowie der Mitwirkung an der Aufstellung des Haushalts und der nicht haushaltsgebundenen Fonds der Wirtschaftsgemeinschaft beinhaltet.

Kapitel 12. Schlußbestimmungen

Artikel 55: Die Mitgliedstaaten der Wirtschaftsgemeinschaft verpflichten sich, Fragen im Zusammenhang mit einer Verletzung der Bestimmungen des vorliegenden Vertrags beim Schiedsgericht der Wirtschaftsgemeinschaft entsprechend den ihm übertragenen Befugnissen sowie auf dem Verhandlungswege zu regeln. Mitgliedstaaten der Wirtschaftsgemeinschaft, die ihre Verpflichtungen aus diesem Vertrag oder den ihn ergänzenden Abkommen auf konkreten Gebieten in schwerwiegender Weise verletzen, können mit den in den Abkommen vorgesehenen Maßnahmen zur Beeinflussung belegt werden, bis hin zu einem Ausschluß aus der Wirtschaftsgemeinschaft.

Artikel 56: Die Wirtschaftsgemeinschaft ist für den Beitritt anderer Staaten offen, die den vorliegenden Vertrag anerkennen. Die Aufnahme neuer Mitglieder in die Wirtschaftsgemeinschaft erfolgt mit der Zustimmung aller ihrer Mitglieder.

Artikel 57: Auf Beschluß des Rates der Regierungschefs der Mitgliedstaaten der Wirtschaftsgemeinschaft kann einzelnen Staaten ein Beobachterstatus eingeräumt werden.

Artikel 58: Der Vertrag und die gesonderten Abkommen unterliegen der Ratifizierung durch die Mitgliedstaaten der Wirtschaftsgemeinschaft im Einklang mit deren Verfassungen; sie treten einen Monat nach dem Zeitpunkt der Hinterlegung der Ratifizierungsurkunden beim Depositarstaat in Kraft. Die Zusatzabkommen bedürfen keiner Ratifizierung und treten mit dem Zeitpunkt ihrer Unterzeichnung in Kraft.

Artikel 59: Der Vertrag tritt nach der Unterzeichnung und Ratifizierung durch mindestens drei Staaten, die der Wirtschaftsgemeinschaft beizutreten wünschen, in Kraft.

Geschehen zu Moskau am 18. Oktober 1991 in einer Ausfertigung in russischer Sprache.

Zur Bekräftigung desselben haben die hierzu Bevollmächtigten den vorliegenden Vertrag unterzeichnet:

Für die Republik Armenien	Lewon Ter-Petrossjan Präsident der Republik Armenien
Für die Republik Bjelarus	Stanislaw Schuschkewitsch Vorsitzender des Obersten Sowjets der Republik Bjelarus
Für die Kasachische Sozialistische Sowjetrepublik	Nursultan Nasarbajew Präsident der Kasachischen SSR
Für die Republik Kyrgystan	Askar Akajew Präsident der Republik Kyrgystan
Für die Russische Föderative Sozialistische Sowjetrepublik	Boris Jelzin Präsident der RSFSR
Für die Republik Tadschikistan	Akbarscho Iskandarow Stellvertretender Vorsitzender des Obersten Sowjets der Republik Tadschikistan
Für die Turkmenische Sozialistische Sowjetrepublik	Saparmurad Nijasow Präsident der Turkmenischen SSR
Für die Republik Usbekistan	Islam Karimow Präsident der Republik Usbekistan
Der Präsident der Union der Sozialistischen Sowjetrepubliken	Michail Gorbatschow